国际商务礼仪实训教程

主编　周朝霞

南京大学出版社

图书在版编目(CIP)数据

国际商务礼仪实训教程 / 周朝霞主编. 一 南京：
南京大学出版社,2017.1(2022.2重印)
ISBN 978 - 7 - 305 - 18142 - 9

Ⅰ. ①国… Ⅱ. ①周… Ⅲ. ①国际商务－礼仪－高等
学校－教材 Ⅳ. ①F718

中国版本图书馆 CIP 数据核字(2017)第 011652 号

出版发行　南京大学出版社
社　　　址　南京市汉口路 22 号　　　　　邮　编　210093
出 版 人　金鑫荣
书　　　名　**国际商务礼仪实训教程**
主　　　编　周朝霞
责任编辑　尤　佳　　　　　　　　编辑热线　025 - 83592315
照　　　排　南京南琳图文制作有限公司
印　　　刷　广东虎彩云印刷有限公司
开　　　本　787×1092　1/16　印张 12　字数 277 千
版　　　次　2017 年 1 月第 1 版　2022 年 2 月第 4 次印刷
ISBN 978 - 7 - 305 - 18142 - 9
定　　　价　36.00 元

网址：http://www.njupco.com
官方微博：http://weibo.com/njupco
官方微信号：njupress
销售咨询热线：(025) 83594756

前 言

　　对于一名商务人员来说,为了开拓市场和保持商务业务的持续发展,除了具备全面的专业知识、高超的商务营销能力和技巧之外,掌握正确的商务礼仪同样不可或缺。商务人员通过加强自身修养,注重商务活动过程中的礼仪礼节,使自己由内而外投射出亲和力和感召力,给客户留下良好的印象,从而使商务活动顺利开展。注重礼仪的商务人员不仅能够塑造良好的个人形象,获得客户的信任和认可,还能够塑造良好的企业形象,创造良好的商务沟通环境,最终取得商务活动的成功。随着经济全球化和一体化,我们的商务活动国际化了,我们需要了解国际商务礼仪规则,掌握国际商务礼仪的程序和方法。由于商务礼仪是操作性很强的学科,学生仅仅掌握商务礼仪的理论是不够的,还须熟练掌握礼仪的操作程序和方法。现在的很多礼仪教科书缺乏实训内容和实训方法的设计,使得学生无法得到很好的指导和训练。为了给学生学习商务礼仪提供系统、全面、规范的指导和训练,我们特编写此书。

　　本书与以往教材的不同之处在于:

　　第一,本书以商务活动的开展顺序为主线,以商务人员个体为着眼点,进行谋篇布局,介绍了商务人员形象设计、商务交往礼仪、商务办公礼仪、商务活动礼仪、商务仪式礼仪和涉外商务礼仪等内容,涵盖了商务人员在日常活动和商务活动中所涉及的各方面的礼仪知识以及与之相应的礼仪操作。这样的安排使学生能够按照商务活动的顺序循序渐进地学习商务礼仪,便于学生将商务活动与礼仪原理和礼仪实训紧密结合在一起,在学习礼仪的同时,熟悉商务活动,强化学习效果。

　　第二,考虑到礼仪是一门实践性很强的学科,我们在编写过程中,将大部分章节的内容都分为礼仪原理和礼仪实训两部分,以便于学生在掌握礼仪原理的基础上进行礼仪操作的实践,获得良好的学习效果。

　　第三,为了更直观地展示礼仪操作的内容,使学生更好地理解和掌握商务礼仪,我们在每章中都插入了很多精选的礼仪案例,并选择一些非常实用的礼仪小知识作为补充材料。每一章后还附有各种形式的实务训练题,并且给出了评分的标准,便于学生课后巩固学习效果,掌握实际操作技能。

　　本书适合高校各专业的学生和在各类企业工作的商务人员,以及对商务礼仪有兴趣的各类读者学习。本书由浙江外国语学院周朝霞教授担任主编;浙江外国语学院礼仪讲师董华英、李娜担任副主编;王敏娴博士和程华宁老师参加了编写。具体编写分工如下:周朝霞编写第一章、第二章;董华英编写第三章、第四章;李娜编写第五章、程华宁编写第六章;王敏娴编写第七章。本书的出版得到浙江外国语学院、南京大学出版社的大力支持,在此表示感谢! 在本书的编写过程中,为使本书能反映前人、专家和学者关于礼仪的成果,我们参考了大量的观点和案例,在书中未能一一指出,在此一并深表谢意。

　　由于时间和编者水平所限,书中一定存有不少错误,欢迎广大专家、读者批评指正!

编者于杭州翡翠城

2017 年 1 月

目　录

第一章　国际商务礼仪

【实训目标】

1. 理解礼仪的含义。
2. 了解中西方礼仪的历史和演变。
3. 理解国际商务礼仪在商务活动中的意义和作用及准则。

导入案例

　　中国长江医疗设备厂准备引进大输液管生产线,欲与美国客商约瑟先生合作。经过一天的详细考察,约瑟先生对该企业的发展和管理都很满意,他同意与范厂长长期合作,双方决定第二天正式签订合作协议。看天色还早,范厂长请约瑟先生到无菌车间参观。见车间秩序井然,约瑟先生赞许地点着头。突然,范厂长感到嗓子不适,本能地咳了一声,接着走到车间的墙角吐了一口痰,然后连忙用鞋擦去,油漆地面留下一块痰迹。

　　第二天一早,翻译送来了约瑟先生留下的信,信中写道:"尊敬的范先生,我十分佩服您的才智和精明,但是您在车间里吐痰的一幕使我彻夜难眠。恕我直言,一个厂长的卫生习惯可以反映一个工厂的管理素质。况且,我们今后生产的是用于治病的输液管。贵国的成语说得好:人命关天!请原谅我的不辞而别,否则上帝会惩罚我……"

　　问题思考:
　　1. 为什么约瑟先生不辞而别?
　　2. 卫生习惯与礼仪和商务活动有着怎样的关联?

第一节　礼仪概述

　　礼仪在现代生活中越来越受到重视,人们常常被要求遵守礼仪,行为要符合礼仪,举行活动也要遵循礼仪。

一、礼仪的历史渊源

　　礼仪是伴随着原始宗教的产生而产生的。原始宗教产生于史前社会的后期,当时的人类——原始先民在其生活的实践中,认识到许许多多的自然现象与自己的生活有关系,有的自然现象对人类的生活有益,有的则有害,而有的自然现象同时具有给人以祸和福的两面,比如由雷电引发的森林大火,既可能烧死人,又能为人类提供熟食,使人类由生食向熟食转变。原始先民还不可能认识这些影响人类命运的自然现象发生的原因和规律,他们对自然现象充满了敬畏和恐惧。于是各种原始宗教、原始崇拜便由此而生,如万物有灵论、拜物教、图腾崇拜、祖先崇拜等。为了表达这种崇拜之意,人类生活中有了祭祀活动,并在祭祀活动的历史发展中逐渐地完善了相应的规范、制度,形成了祭祀礼仪。

(一)中国礼仪的渊源

礼仪包括"礼"和"仪"两部分内容。按照《说文解字》的解释:"礼,履也,所以事神、致福也。"即礼是用来"事神""致福"的行为。如祭祀、跪拜、鞠躬、点头都是在致礼或行礼。《辞源》对礼仪做了这样的明确概括:"礼仪,行礼之仪式。"

人类最初的"礼仪"主要是对自然物,表达了人类对神秘不可知的自然界的敬畏和祈求。后来,这种敬畏逐渐地扩展到人类自身,首先转到那些在人类与自然界斗争中创造了奇迹、做出了贡献的先贤先哲。例如:中国古代对伏羲氏和神农氏的崇敬,源于他们在人类与自然界的斗争中教会人们最初的农业生产;人们崇敬大禹,是因为他为人民治水;人们崇敬尧、舜,是因为他们率领人们与自然做斗争并且形成了人类最初的"社会秩序"。在这种崇敬中,尧、舜、大禹、伏羲、神农等都被当作神来崇拜。

随着人类社会生活的发展,人们表达敬畏、祭祀的活动日益纷繁,逐步形成种种固定的模式,最终形成礼仪规范。

(二)西方礼仪的渊源

英语表示礼仪的单词"Etiquette"来源于法语,而在法语中其原意是法庭上的通行证。古代的法国法庭,为了显示司法活动的威严和保证司法活动正常有序地进行,不但制定了许多法庭的规定,而且将这些规定印在或写在一张长方形的通行证上,发给进入法庭的每一个人,使其入庭后有所遵循。这个通行证就叫作"Etiquette"。在英文中,有礼仪的含义,意思为"人际交往的通行证"。在社会生活的各个方面,人们都必须遵守一定的规矩和准则。所以,《新英汉辞典》在解释"Etiquette"时给出两个义项:(1)礼节、礼仪;(2)(同业间的)规矩、成规、格式。

古希腊是西方历史的开源,公元前8世纪到公元前2世纪,产生了光辉灿烂的希腊文化,并且为罗马帝国继承,其影响一直延续至今。礼仪在古希腊和古罗马的诗歌中、在荷马史诗《奥德赛》中、在中世纪斯堪的纳维亚有关上帝和英雄的古老传说中都有相关记述。斯堪的纳维亚古代史诗《伊达》中就详尽地描述了当时用餐的规矩,其中提到,举杯敬酒大有学问,一旦失礼就得受罚。古希腊哲学家对礼仪有许多精彩的论述。毕达哥拉斯(公元前580—公元前500年)率先提出了"美德即是一种和谐与秩序"的观点。苏格拉底(公元前469—公元前399年)认为,哲学的任务不在于谈天说地,而在于认识人的内心世界,培植人的道德观念。他不仅教导人们要待人以礼,而且在生活中身体力行,为人师表。柏拉图(公元前427年—公元前347年)强调教育的重要性。指出理想的四大道德目标:智慧、勇敢、节制、公正。亚里士多德指出,德行就是公正。他说:"人类由于志趣善良而有所成就,成为最优良的动物,如果不讲礼法、违背正义,他就堕落为最恶劣的动物。"

公元 1 世纪末至公元 5 世纪,是罗马帝国统治西欧时期。此期间,教育理论家昆体良撰写了《雄辩术原理》一书。书中论及罗马帝国的教育情况,他认为一个人的道德、礼仪教育应从幼儿期开始。诗人奥维德通过诗作《爱的艺术》,告诫青年人不要贪杯,用餐不可狼吞虎咽。1716 年出版的麦兰杰斯的著作《论接待权贵和女士的礼仪——兼论女士如何对男性保持雍容态度》为人们规定了一整套的行为规范。西班牙人佩特斯·阿尔冯希于 1204 年出版了《行为准则》,之后相继有了王室贵族及资产阶级所应遵循的行为准则。

公元 476 年,西罗马帝国灭亡,欧洲开始封建化过程,12 世纪至 17 世纪,是欧洲封建社会鼎盛时期。中世纪欧洲形成的封建等级制以土地关系为纽带,将封建主与附庸联系在一起。此期间制定了严格而烦琐的贵族礼仪、宫廷礼仪等。例如 12 世纪的冰岛史诗《埃达》,就详尽地叙述了当时用餐的规矩,嘉宾贵客居上座,举杯祝酒有讲究……

14 世纪至 16 世纪,欧洲进入文艺复兴时代。意大利作家加斯梯良编著的《朝臣》,论述了从政的成功之道和礼仪规范及其重要性。尼德兰人文主义者伊拉斯谟撰写的《礼貌》,着重论述了个人礼仪和进餐礼仪等,提醒人们讲究道德、清洁卫生和外表美。

英国哲学家弗兰西斯·培根指出:"一个人若有好的仪容,那对他的名声大有裨益,并且,正如女王伊莎伯拉所说,那就'好像一封永久的推荐书一样'。"

英国政治家切斯特菲尔德勋爵在其名著《教子书》中指出:"世间最低微、最贫穷的人都期待从一个绅士身上看到良好的教养,他们有此权利,因为他们在本性上是和你相等的,并不因为教育和财富的缘故而比你低劣。同他们说话时,要非常谦虚、温和,否则,他们会以为你骄傲而憎恨你。"

17、18 世纪是欧洲资产阶级革命浪潮兴起的时代尼德兰革命、英国革命和法国大革命相继爆发。随资本主义制度在欧洲的确立和发展,资本主义社会礼仪逐渐取代封建社会的礼仪。

西方现代学者编撰、出版了不少礼仪书籍,其中比较著名的有:法国学者让·赛尔著的《西方礼节与习俗》;英国学者埃尔西·伯奇·唐纳德编的《现代西方礼仪》;德国作家卡尔·斯莫卡尔著的《请注意您的风度》;美国礼仪专家伊丽莎白·波斯特编的《西方礼仪集萃》;美国教育家卡耐基编撰的《成功之路丛书》。

一直到近代,西方各方面实力的增长,对贫困国家的殖民,将他们的礼仪文化也带到殖民国家,开始影响着世界的礼仪文化,成为世界礼仪文化的典范。

二、中国礼仪的发展阶段

(一)礼仪的起源阶段

1. 原始时期

这一阶段约在公元前 21 世纪的夏朝产生之前。

综合考古学、民族学的材料可以发现,我国的原始民族在游牧生活中已经形成了一些对后世颇具影响的礼仪规范,原始的政治礼仪、宗教礼仪、婚姻礼仪等均已有雏形。据考证,距今约 18 000 年前的山顶洞人,就有了礼的观念和实践:山顶洞人缝制衣服以遮羞御寒;把贝壳串起来,挂在脖子上来满足审美的需要;一旦族人死了,还要举行宗教仪式,如在死人身上撒赤铁矿粉。

2. 新石器时期

到了新石器时代晚期,人际交往礼仪已初成规模。半坡遗址和姜寨遗址提供的民俗学资料表明,那个时代的人们在交往中已经注重尊卑有序、男女有别了。在房子里,家庭成员按照长幼顺序席地而坐:老人坐上边,小辈坐下边,男人坐左边,女人坐右边。他们用两根中柱把主室分为两边,右边中柱代表女柱,左边中柱代表男柱,男女成年时在各自的柱子前举行成人仪式。这种礼仪在今天的纳西族中仍然存在。

3. 炎黄时期

至炎黄时期,传统礼仪已渐规范,且逐渐被纳入礼制的范畴。这一时期是在我国原始社会后期,是私有制、阶级和国家逐渐形成的时期,反映在礼仪上即是由氏族社会的交际礼仪向阶级社会的交际礼仪逐步过渡的时期。关于礼的来源,历史上有过"礼有三起,礼理起于太一,礼事起于燧皇,礼名起于黄帝"之说。《商君书·画策》有"神农之世,男耕而食,妇织而衣,刑政不用而治,甲兵不起而王。神农既没,以强胜弱,以众暴寡,故黄帝为君臣上下之义,父子兄弟之礼,夫妇匹配之合,内行刀锯,外用甲兵,故时变也"之语,足见当时社交礼仪之盛。

4. 尧舜时期

尧舜时期,国家已具雏形,民间交际礼仪得到了进一步的发展。如拜、揖、拱手等此时已广泛地运用于社交活动之中了。据文献记载,尧舜时期的礼仪已经具有系统性。《书经·虞书·舜典》中说:"慎徽五典,五典克从,纳于百揆,百揆时叙。"这是指为官者必须五典完美。所谓"五典",是指父义、母慈、兄友、弟恭、子孝五常,也有的解释为父子有亲、君臣有义、夫妇有别、长幼有序、朋友有信。《通典》认为:"自伏羲以来,五礼如彰,尧舜之时,五礼咸备。""五礼"即吉礼、凶礼、军礼、宾礼、嘉礼。

(二)礼仪的形成阶段

这一阶段大约为公元前 21 世纪到公元前 771 年的夏、商、周三代时期。

夏朝建立后,中国社会进入了奴隶制社会,生产力比原始社会有了更大的发展,与之相适应,社会文化也得到了较大的发展。在这一阶段,奴隶主阶级为了维护本阶级的利益,巩固自己的统治地位,制定了比较完整的国家礼仪和制度,确定了崇古重礼的传统。

尧舜时期制定的礼仪,经过夏、商、周这三个时代 1 000 余年的总结、推广而日趋完善。

周朝还在朝廷设置礼官,专门掌管天下礼仪,使礼仪趋于完备。中国历史上第一部记载"礼"的书籍是《周礼》。《周礼》与《仪礼》、《礼记》一起统称"三礼",其中,《周礼》偏重官员制度,《仪礼》偏重各种典礼礼仪,《礼记》偏重礼的性质、意义和作用。"三礼"所涉及的各种礼制,涵盖了中国古代"礼"的主要内容。在这个时期,礼仪被打上了阶级的烙印。为了维护自己的统治地位,奴隶主开始将原始的宗教礼仪发展为符合奴隶社会政治需要的"礼制",并将礼仪制度化,形成了典章制度和刑典法律。由此可见,礼仪在形成时期,从治理国家到家庭生活进行了全面规范,开始形成了古代正式的礼仪。

（三）礼仪的变革阶段

这一阶段约为公元前 771 年到公元前 221 年的春秋战国时期,是我国奴隶制向封建制转变的过渡时期。

这一时期,"三礼"在许多场合废而不行,一些新兴利益集团开始创造符合自己利益和巩固其社会地位的新礼,学术界出现了百家争鸣的局面。以孔子、孟子、荀子为代表的思想家们系统地阐述了礼的起源、本质和功能等问题,第一次从理论上全面而深刻地阐述了社会等级秩序的划分及其意义,并提出了与之相适应的礼仪规范。

孔子提出了"六艺",包括礼(礼仪规范)、乐(音乐)、射(武功、射箭)、御(武功、乘马)、书(书法)和数(数学),要求统治者的接班人必须学习六艺,"养国之道,乃教之以六艺"。至此开始,礼就成为儒家学说中的重要内容。作为儒家学说的创始人,孔子对礼仪非常重视,他曾明确要求他的弟子们努力做到:"非礼勿视,非礼勿听,非礼勿言,非礼勿动。"孔子之所以这样重视"礼",是因"礼"代表了孔子理想中的一种政治局面,即"礼治"。"礼治"包括三方面:一是"和",即主张以仁爱之心待人,"和为贵"要求人们行为得体,彼此协调。二是"让",即"互相谦让",不要争,要安分守己,且"己所不欲,勿施于人"。三是"序",即"秩序""顺序"强调在人际交往中要讲求"有序",即遵守"君君臣臣,父父子子"的规范,以及"贵贱有等,亲疏有体,长幼有序"。

孟子发展和改造了孔子的"礼治"理论,提出了适合地主阶级理想的"仁政"学说。其中心内容是主张"以德服人",即"德治"。"仁政"学说的理论基础便是孟子的抽象的天赋道德的"性善"论。礼仪范畴被置于他的唯心主义道德体系之中。孟子认为,像恭敬、辞让这样的礼节,是人生来就有的,因此,人要达到礼的标准,根本问题在于主观的反省,尽可能减少自己的各种欲望。

荀子对"仁政"说又做了发展。他十分注重建立新的封建等级制度,提出了"隆礼"、"重法"的主张。他认为,"礼"的中心内容是"分"和"别",即区别贵贱、长幼、贫富等级。他提出:"礼者,贵贱有等,长幼有差,贫富轻重皆有称(恰当)者也。""礼"就是要使社会上每个人在贵贱、长幼、贫富等级中都有恰当的地位。这种等级制度,不是奴隶制下完全按照宗族血缘关系的世袭等级制,而是根据新的封建生产关系,按照地主阶级的标准建立起来的等级制。荀子还认为,礼是法的根本原则和基础,也是做人的根本目的和最高理想。人性本来是恶的,因此需要礼仪等制度和规范去引导人们,调节人们的行为。

古代礼仪的变革时期——春秋战国时期,诸子百家争鸣,礼仪也产生了分化。礼仪制度成为国礼,民众交往的礼俗逐渐成为家礼。礼制的形成,对后世治国安邦、施政教化、规范人们的行为、培养人们的人格起到了不可估量的作用。

（四）封建礼仪的形成、强化和衰落阶段

这一阶段大约从秦汉时期到清末民初。

这一时期礼仪的重要特点是:尊君抑臣、尊父抑子、尊夫抑妻、尊神抑人。西汉唯心主义思想家董仲舒总结秦王朝覆灭的教训,认为秦朝实行商鞅、韩非的法治,刑罚苛重,加上徭役和赋敛过重,造成上下严重对立,因而激起农民起义。为此,他建议统治者采取德治和法治,并着重以封建的仁义道德去教化人民,"罢黜百家,独尊儒术",把以孔子为代表的儒家思想定为封建社会的统治思想。董仲舒在孔子"礼治"的基础上提出了"三纲"、"五常"的学说。"三纲"为"君为臣纲,父为子纲,夫为妻纲"。"五常"即仁、义、礼、智、信。董仲舒强调,"三纲"和"五常"是"天"的意志的表现,"三纲"的主从关系是绝对不可改变的。

在漫长的封建社会中,董仲舒的这一学说一直是人们的礼仪准则。它一方面起着调节、整合、润滑人际关系的作用,作为一种无形的力量制约着人们的行为,使人们循规蹈矩地参与社会生活;另一方面,它又成为妨碍人类个性自由发展、阻挠人类平等交往、窒息思想自由的精神绳索。直到清末民初,西方文化大量传入中国,传统礼仪制度和规范逐渐被时代所抛弃,科学、民主、自由、平等的观念迅速深入人心,新的价值观念和礼仪标准才得到传播和推广。

（五）现代礼仪阶段

这一阶段大约从清末民初直到现在。这是我国现代礼仪的形成和发展时期。这一时期大致又可分为两个阶段:

一是1840年鸦片战争后,中国沦为半殖民地半封建社会,封建礼仪加上西方资本主义的道德观,形成了独特的"大杂烩"式的半殖民地半封建礼仪。

二是1949年新中国成立后,新型的社会关系和人际关系确立,中国的礼学和礼仪进入了一个崭新的历史时期。人民当家做主,人与人之间的同志式的互助合作关系代替了对抗关系。虽然在一段时期内,优良的民族传统、良好的礼仪礼俗被作为"封资修"扫进垃圾堆,但是,改革开放的大潮使传统礼仪获得了新的生命,并在学习和借鉴西方礼仪的基础上形成了现代礼仪。

【礼仪故事1-1】

黄香扇枕

黄香九岁的时候,母亲就去世了。他自小懂事,帮父亲干活儿时很勤劳,读书时很刻苦,对父亲也很孝顺。夏季炎热时,他拿扇子给父亲扇凉,晚上为父亲把床上的枕头和席子也扇凉,驱赶蚊虫;冬季寒冷时,他替父亲把被窝暖热。黄香成年后知识渊博,成为国家的栋梁之材,受到人们的赞扬和爱戴。

三顾茅庐

汉末,黄巾事起,天下大乱,曹操坐据朝廷,孙权拥兵东吴。汉宗室豫州牧刘备听徐庶和司马徽说诸葛亮很有学识,又有才能,就和关羽、张飞带着礼物到隆中卧龙岗去请诸葛亮出山辅佐他。恰巧诸葛亮这天出去了,刘备只得失望地回去。

不久,刘备又和关羽、张飞冒着大风雪第二次去请诸葛亮,不料诸葛亮又外出闲游去了。张飞本不愿意再来,见诸葛亮不在家,就急着要回去。刘备只好留下一封信,表达自己对诸葛亮的敬佩和请他出来帮助自己挽救国家危险局面的意思。

过了一段时间，刘备吃了三天素之后，准备再去请诸葛亮。关羽说诸葛亮也许是徒有虚名，未必有真才实学，不用去了。张飞却主张由他一个人去叫，如果他不来，就用绳子把他捆来。刘备把张飞责备了一顿，又和他俩第三次去请诸葛亮。当他们来到诸葛亮家时，已经是中午，诸葛亮正在睡觉。刘备不敢惊动他，一直站到诸葛亮醒来，才彼此坐下谈话。诸葛亮见到刘备有志替国家做事，而且诚恳地请他帮助，就出来全力帮助刘备建立蜀汉皇朝。

王祥孝母

从前有一个名叫王祥的人，他非常孝敬自己的父母。可是母亲很早就去世了，父亲又娶了一位妻子，但继母不太喜欢王祥，经常在父亲的面前说他的不是。于是慢慢地，父亲疏远王祥，不再爱他。有一次继母病了，说好想吃活鲤鱼。可当时是寒冬，河水都结了冰，怎么可能捉到活鲤鱼呢？王祥光着脚丫，冒着刺骨的寒风，顶着酷寒的霜雪出了门。他来到结冰的河面上，脱下衣服躺在冰面表层。用自己的体温融化冰。过了许久，冰融化了，真的跳出了两条大鲤鱼。吃了鲤鱼后，继母的病很快就好了，从此她改变了对王祥的看法。

千里送鹅毛

"千里送鹅毛"的故事发生在唐朝。当时，云南一位少数民族的首领为表示对唐王朝的拥戴，派特使缅伯高向唐太宗贡献天鹅。路过沔阳河时，好心的缅伯高把天鹅从笼子里放出来，想给它洗个澡。不料，天鹅展翅飞向高空。缅伯高忙伸手去捉，只扯得几根鹅毛。缅伯高急得顿足捶胸，号啕大哭。随从们劝他说："天鹅已经飞走了，哭也没有用，还是想想补救的办法吧。"缅伯高一想，也只能如此了。

到了长安，缅伯高拜见了唐太宗，并献上礼物。唐太宗见礼物是一个精致的绸缎小包，便令人打开，一看是几根鹅毛和一首小诗。诗曰："天鹅贡唐朝，山高路途遥。沔阳河失宝，倒地哭号啕。上复圣天子，可饶缅伯高。礼轻情意重，千里送鹅毛。"唐太宗莫名其妙，缅伯高随即讲出事情原委。唐太宗连声说："难能可贵！难能可贵！千里送鹅毛，礼轻情意重！"

这个故事体现着送礼之人诚信的可贵美德。今天，人们用"千里送鹅毛"比喻虽然送出的礼物单薄，但情意异常浓厚。

程门立雪

"程门立雪"这个故事出自《宋史·杨时传》，说的是宋代学者杨时和游酢向程颐拜师求教的事。杨时、游酢二人，原先以程颢为师，程颢去世后，他们都已四十岁，而且考上了进士，然而他们还要去找程颐继续求学。故事就发生在他们初次到嵩阳书院，登门拜见程颐的那天。相传，一日，杨时、游酢来到嵩阳书院拜见程颐，但是正遇上程老先生闭目养神，坐着假睡。这时候，外面开始下雪。这两人求师心切，便恭恭敬敬侍立一旁，不言不动，如此等了大半天，程颐才慢慢睁开眼睛，见杨时、游酢站在面前，吃了一惊，说道："啊！他们两位还在这儿没走？"这时，门外的雪已经积了一尺多厚了，而杨时和游酢并没有一丝疲倦和不耐烦的神情。这个故事,在宋代读书人中流传很广,后来人们常用"程门立雪"来表示求学者尊敬师长和求学心诚意坚。

三、礼仪的特征

纵观礼仪的产生和发展,我们将礼仪的定义概括为:礼仪是指在一定社会结构下,国际交往、社会交往和人际交往中表示尊敬、善意、友好的方式、程序、行为、规范和惯用形式,以及实施交往行为过程中体现于语言、仪表、仪态、气质、风度等的外在表象。

礼仪具有一些自身独具的特征,主要表现在规范性、限定性、可操作性、传承性和变动性五个方面。

(一) 规范性

礼仪指的就是人们在各种交际场合待人接物时必须遵守的行为规范。这种规范性表现为:礼仪不仅约束着人们在一切交际场合的言谈话语、行为举止,使之合乎标准,而且也是人们在一切交际场合必须采用的一种"通用语言",是衡量他人、判断自己是否自律、敬人的一种尺度。总之,礼仪是约定俗成的一种自尊敬人的惯用形式。因此,任何人要想在交际场合获得他人的接纳,都必须无条件地遵守礼仪。另起炉灶,自搞一套,或是只遵守个人适应的部分而不遵守自己不适应的部分,都难以被交往对象所接受和理解。

★【礼仪故事1-2】

总理与鞋

在外事活动中,周恩来总理十分注重礼节。在他病重期间,脚肿得很厉害,原来的皮鞋、布鞋都穿不进去了,只能穿着拖鞋走路。在他仍坚持带病参加重要外事活动时,工作人员心疼总理,建议他穿着拖鞋参加,认为外宾对此是能够理解的。周总理不同意,他慈祥而又严肃地说:"不行,要讲礼仪嘛!"于是,他让工作人员为他特制了一双皮鞋。

(二) 限定性

礼仪适用于一定范围内的人际交往与应酬。在这个特定范围之内,礼仪肯定行之有效。离开了这个特定的范围,礼仪则未必适用。这就是礼仪的限定性特点。理解了这一特点,就不会把礼仪当成放之四海而皆准的规范,当所处场合不同、所具有的身份不同时,所要应用的礼仪往往会因此而不同,有时甚至差异很大,这一点是不容忽略的。

(三) 可操作性

切实有效、实用可行、规则简明、易学易会、便于操作,这些都是礼仪的特征。礼仪不是纸上谈兵,不能空洞无物、不着边际、故弄玄虚、夸夸其谈,而应既有总体上的原则、规范,又在具体的细节上以一系列的方式、方法仔细周详地将原则、规范加以贯彻,把它们落到实处。礼仪的易记易行,能够为其广觅知音,使其被人们广泛地运用于交际实践,并受到广大公众的认可；反过来，礼仪的广泛应用又进一步地促使礼仪以简便易行、容易操作为第一要旨。

（四）传承性

任何国家的礼仪都具有自己鲜明的民族特色，任何国家的当代礼仪都是在古代礼仪的基础上发展起来的。离开了对本国、本民族既往礼仪成果的传承、扬弃，就不可能形成具有自己特色的当代礼仪。这就是礼仪传承性的特定含义。作为一种人类文明的积累，礼仪将人们在交际应酬之中的习惯做法固定下来，流传下去，并逐渐形成自己的民族特色，这不仅不是一种短暂的社会现象，而且是不会因为社会制度的更替而消失的。对于既往的礼仪遗产，正确的态度应当是有扬弃、有继承，更有发展，而不是食古不化、全盘沿用。

（五）变动性

从本质上讲，礼仪可以说是一种社会历史发展的产物，并具有鲜明的时代特点。一方面，它是在人类长期的交际活动实践之中形成、发展、完善起来的，绝不可能凭空杜撰、一蹴而就、完全脱离特定的历史背景；另一方面，社会的发展和历史的进步使得社交活动不断出现新特点、新问题，这便要求礼仪有所变化，有所进步，推陈出新，与时代发展同步，以适应新形势下新的要求。与此同时，随着世界经济的国际化倾向日益明显，各个国家、地区、民族之间的交往日益密切，礼仪也随之相互影响，相互渗透，相互取长补短，不断地被赋予新的内容，这就使礼仪具有相对的变动性。了解了这一点，就不会把礼仪当作一成不变的东西，而能够以发展、变化的眼光去看待它，也不会对礼仪搞"教条主义"，以致其一成不变、脱离生活、脱离时代。

四、礼仪的原则

在日常生活之中，学习、应用礼仪时，有必要在宏观上掌握一些具有普遍性、共同性、指导性的礼仪规律。这些礼仪规律就是礼仪的原则。

礼仪的原则一共有八条，它们同等重要，缺一不可。掌握这些原则，将有助于更好地学习礼仪、运用礼仪。

（一）尊重的原则

尊重。尊敬、重视之意。古语是指将对方视为比自己地位高而必须重视的心态及其言行，现在已逐渐引申为平等相待的心态及其言行。孔子曾经对礼仪的核心思想做过高度的概括，即："礼者，敬人也。"所谓敬人，就是要求人们在交际活动中，与交往对象既要互谦互让、互尊互敬、友好相待、和睦共处，更要将对交往对象的重视、恭敬、友好放在第一位。在礼仪的两大构成部分中，如何对待他人这一部分比对自己的要求更为重要，如何对待他人实际上是礼仪的重点与核心。而礼貌对待他人的诸多做法之中最要紧的一条，就是要敬人之心常存，处处不失敬于人，不可伤害他人的个人尊严，更不能侮辱对方的人格。掌握了这一点，就等于掌握了礼仪的灵魂。在人际交往中，只要没有失敬于人之意，哪怕具体做法一时失当,也不能算是失礼。

在美国,一个颇有名望的富商在散步时,遇到一个瘦弱的摆地摊卖旧书的年轻人,他缩着身子在寒风中啃着发霉的面包。富商怜悯地将 8 美元塞到年轻人手中,头也不回地走了。没走多远,富商忽又返回,从地摊上捡了两本旧书,并说:“对不起,我忘了取书。其实,您和我一样也是商人!”两年后,富商应邀参加一个慈善募捐会时,一位年轻书商紧握着他的手,感激地说:“我一直以为我这一生只有摆摊乞讨的命运,直到你亲口对我说,我和你一样都是商人,这才使我树立了自尊和自信,从而创造了今天的业绩……”不难想象,没有那一句尊重鼓励的话,这位富商当初即使给年轻人再多钱,年轻人也断不会出现人生的巨变,这就是尊重的力量啊!

孙中山与代表

1912 年 1 月 1 日,孙中山在南京就任临时大总统。盛大的就任典礼完毕后,他亲自把代表送到大堂阶沿。代表们请孙中山先生留步,他却说:“我是人民的公仆,诸位是人民的代表,所以就是主人,我应当送你们到堂阶下。”

“尊老爱幼”是我国的传统美德,老人是我们的长辈,没有他们的辛勤劳动,就没有我们幸福的今天;没有他们的精心培育,就没有我们的健康成长,老人为社会做出过贡献,值得我们尊重和爱戴。

尊重父母。父母是生我养我的人,也是我最亲近的人。父母为我遮风挡雨,为我劈波斩浪,为我扫除前进的障碍。我们应报答父母,这种报答最起码的方式就是尊重。

尊重朋友。生活因友谊而精彩,真正的友谊里含有一份尊重。有人认为,我和他(她)已是多年的朋友了,还存在什么尊重呢?可是,如果你不顾及朋友的感受,说了不该说的笑话,那么,多年的友谊就可能破裂,甚至失去朋友。

尊重每一个人。人有地位高低之分,但无人格贵贱之别。不论是伟大的科学家,还是普通的清洁工,只要是劳动者,都值得我们尊重。尊重上级是天职;尊重同事是本分;尊重下级是美德;尊重所有人是一种教养。

尊重动物。人与自然应和谐相处,我们不仅要保护环境,更要尊重动物,不能随意破坏它们的家园,否则,将来受惩罚的就是人类自己。生命是永恒的,生命是短暂的。尊重生命就要关爱生命,让有限的生命焕发无限的光彩。从今以后,我告诉自己,绝不辜负生命,绝不让它从我手中流失。不论未来遇福遇祸,或喜或忧,我都愿意为它奋斗。尊重生命,从我做起,大家赶快行动吧!

尊重自己。我们还应该学会尊重自己,就是不要瞧不起自己,有自信,是对自己最好的尊重。要趁着年轻,学好本领,这是对岁月的最好尊重。

尊重人生历程的完整性,尊重欲望,尊重痛苦,尊重生命历程中一切珍贵的体验。这样才能使自己更有力量,更有勇气去面对生活。

在交际应酬之中,每一位参与者都必须自觉、自愿地遵守礼仪,以礼仪去规范自己在交际活动中的一言一行、一举一动。对于礼仪,不仅要学习、了解,更重要的是学以致用,要将其付诸个人社交实践。任何人,不论地位高低、职位大小、财富多寡,都有自觉遵守、应用礼仪的义务,否则就会受到公众的指责,交际就难以成功,这就是遵守的原则。

(二)遵守的原则

在商务活动中要遵守信誉,遵时守信。约定时间商务会面千万不可过时。如果迟到要事先道歉并通知对方。因为不守时就是不守信不守诺的表现,会导致商务合作的失败。

【案例 1-1】

某公司通过网络邮件联系到国外 A 公司,初步达成合作意向。对方 A 公司派员来中国洽谈。双方约定时间在酒店的咖啡厅见面。中方经理初次见面竟然迟到 15 分钟。当他看到约会地点没有外方经理时,马上联系其秘书。秘书转告外方经理的留言:贵公司连时间的承诺都不能给我们,我们还能相信你们什么呢?

请分析:外方经理为什么避而不见?

(三)自律的原则

从总体上来看,礼仪规范由对自己的要求与如何对待他人两大部分构成。对自己的要求,是礼仪的基础和出发点。学习礼仪、应用礼仪,最重要的就是要自我要求、自我约束、自我控制、自我对照、自我反省、自我检点,这就是所谓的自律原则。子曰:"己所不欲,勿施于人。"若是没有对自己的严格要求,人前人后不一样,只求诸人,不求诸己,不讲慎独与克己,遵守礼仪就无从谈起,就是一种蒙骗他人的假话、大话、空话。

(四)宽容的原则

宽容原则的基本含义是要求人们在交际活动中运用礼仪时,要严于律己,更要宽以待人。要多容忍他人,多体谅他人,多理解他人,而千万不要求全责备、斤斤计较、过分苛求、咄咄逼人。在人际交往中,要容许他人有个人行动和独立进行判断的自由。对不同于己、不同于众的行为应耐心容忍,不可要求他人处处效法自己、与自己完全保持一致。宽容实际上也是尊重对方的一种主要表现。

【礼仪故事1-5】

"绝缨"之会

战国时期,楚庄王在一次班师后举行祝捷宴会,通宵达旦,群臣欢聚一堂,并请来众嫔妃佐酒助兴。突然一阵风起,蜡烛俱灭。黑暗中一名微醉的将军抓住了许妃的手,许妃不知是谁,又不便声张,就一把扯下那人帽子上的缨带,悄悄跑到庄王前去告了状。那人当然很慌张,因为只要蜡烛燃起,他立刻就会被认出而获罪。谁知就在这时,庄王却下令:为尽今晚之欢,大家一律解下缨带,开怀畅饮;然后,才传令点火。蜡烛亮起,众人已皆无缨带,庄王也如无事一般,直至席散。

几年后,楚派襄老统兵伐郑,其部将唐狡主动请为先锋。唐只率百名士兵,拼命冲击,杀得郑军落荒而逃。后续大军竟一路无阻,直取郑都。原来,唐狡就是当年的断缨者,蒙庄王宽宏大量,容人之过,所以唐狡能以死相报。

(五)平等的原则

在具体运用礼仪时,允许因人而异,即根据不同的交往对象,采取不同的具体方法表示礼貌。但是必须强调指出:在礼仪的核心点,即尊重交往对象、以礼相待这一点上,对任何交往对象都必须一视同仁,给予同等程度的礼遇。不允许因为交往对象在年龄、性别、种族、文化、职业、身份、地位、财富以及与自己关系的亲疏远近等方面有所不同,就厚此薄彼,区别对待,给予不同待遇。这便是社交礼仪中平等原则的基本要求。

(六)从俗的原则

由于国情、民族、文化背景的不同,在人际交往中实际上存在着"十里不同风,百里不同俗"的情况。对这一客观现实要有正确的认识,不要自高自大、唯我独尊,不要简单地否定其他人不同于己的做法。必要之时,必须坚持入乡随俗,与绝大多数人的习惯做法保持一致,切勿目中无人、自以为是、指手画脚、随意批评和否定其他人的习惯性做法。遵守了从俗原则,对礼仪的应用就会更加得心应手,更加有助于人际交往。

【案例1-2】

因为文化差异,华人大妈在纽约公园跳广场舞被控扰民,同样因为文化差异,一些纽约华人在阳台晾晒内衣裤也遭到了邻居投诉,引来警察。

有关警员表示,空中飘舞内衣裤的景象经常出现在六至八大道的五十几街附近,一些华人当街或在公众视野内晾晒内衣裤的习俗,让民众不堪忍受,为此经常愤而上前敲门,希望华人能将涉及隐私的内衣裤收到隐私地方晾晒。但没想到的是,应门的华人经常以"No English"来作答,弄得一些外国邻居奈何不得,只得向警方投诉,希望警方能前去管一管。警方表示,尽管没有法律规定不能晾晒内衣裤,但警方接到投诉后,一般均会上门劝阻或警告民众为了公众的利益与感受，不要在阳台晾晒内衣裤。

警方建议，华人居民可以考虑在屋内或不沿街的后阳台或后花园内晾晒内衣裤，尤其是内裤，更不要晾晒在公共视野内，这是美国当地最基本的习俗与习惯，希望华人居民也能遵守。

对于因文化差异引发的误解与摩擦，有专家建议，当华人到另一个国家居住时，最好能了解当地的法规和习俗，尽量入乡随俗。最近发生的华人大妈在纽约日落公园跳广场舞被控扰民一事也引发公众关注。

据《侨报》最新报道，对于被邻居以练舞时噪音扰民而告上法庭的舞蹈队领队王女士，法官念其是初犯做出了销案处理，不过法官警告她，如果她第二次再收到同类传票，将追究其责任并做出处罚。王女士当庭承诺，不会再有下一次。

据纽约布鲁克林南区警署华人社区联络官介绍，华人晨练或在公园内跳舞时因播放大分贝音乐或使用扩音器而遭到投诉或报警的事件，并不仅仅发生在日落公园，像华人聚居的市警 62 分局管辖的宾臣墟区、68 分局管辖的湾脊区以及管辖曼哈顿华埠的 5 分局、皇后区的 109 分局内都发生过此类事件。

这名联络官表示，民众前去公园跳舞，无论是跳交际舞、集体舞还是健身操、民族舞、广场舞都可以，但前提是不能使用高分贝的音响与扩音设备。有关法律规定，公园内播放音乐以及制造声音所带来的噪音必须低于 35 分贝，超过就是违法。

（七）真诚的原则

礼仪上所讲的真诚原则，就是要求在人际交往中运用礼仪时，务必待人以诚，要诚心诚意、诚实无欺、言行一致、表里如一。只有如此，自己通过礼仪所表达的对交往对象的尊敬与友好才会更好地被对方所理解、所接受。与此相反，倘若仅把礼仪作为一种道具和伪装，在具体操作礼仪规范时口是心非、言行不一、弄虚作假、投机取巧，或是当时一个样，事后一个样，有求于人时一个样，被人所求时另外一个样，将礼仪等同于"厚黑学"，就会不但办不好事，而且遭人鄙视。

（八）适度的原则

适度原则的含义，是要求应用礼仪时，为了保证取得成效，必须注意运用技巧，做到把握分寸、恰当得体。这是因为运用礼仪时，无论做得过了头，还是做得不到位，都不能正确地表达自己的自律、敬人之意。当然，运用礼仪时要想真正做到恰到好处、恰如其分，只有勤学多练、积极实践，此外别无他途。

【实训项目一】　中西方礼仪的差异
1. 实训目标：掌握中西方礼仪的差异。
2. 实训地点：礼仪实训室；大屏幕教室。
3. 实训准备：多媒体设备。
4. 实训方法：学生分组（2～3 人）进行主题 PPT 演讲。

表 1 - 1　PPT 演讲考核评分表 1

	评价项目与内容	标准分	扣分	实得分
PPT 演讲	专题性、针对性	20		
	系统性、理论性	20		
	图文并茂,色彩鲜明	20		
	演讲生动形象,富有感染力	40		
评价	总分	100		

第二节　国际商务礼仪准则

一、国际商务礼仪的含义

运用于国际商务活动中的礼仪即为国际商务礼仪,也就是商务人员在国际商务活动中为表示尊敬、善意、友好等而采取的一系列行为及惯用形式。

二、商务礼仪的作用

当前,商务礼仪之所以被提倡,之所以受到重视,主要是因为它具有多重重要的功能,既有助于商务活动的开展,又有利于企业和社会。商务礼仪的作用如下所述。

(一) 有助于提高商务人员的自身修养

在人际交往中,礼仪往往是衡量一个人文明程度的准绳。它不仅反映着一个人的交际技巧与应变能力,而且反映了一个人的气质风度、阅历见识、道德情操、精神风貌。因此,在这个意义上说,礼仪即教养。通过观察一个人对礼仪的运用,可以了解其有无教养、文明与否。子曰:"质胜文则野,文胜质则史。文质彬彬,然后君子。"在礼仪的学习和应用中,我们可以将之理解为:只注重内心品质而不注重礼仪修养,则是粗野;只注重外表修饰而忽略内心修养,则显虚浮;只有既重视内心修养的提高又重视礼仪修养,这样的人才是真正的君子。由此可见,商务人员学习礼仪、运用礼仪,有助于提高自身的修养,有助于"用高尚的精神塑造人",真正提高商务人员的文明素养。

(二) 有助于塑造商务人员的良好形象

个人形象,是一个人仪容、表情、举止、服饰、谈吐的集中体现,而礼仪对上述诸方面都有详尽的规范。因此,商务人员学习礼仪、运用礼仪,无疑将有益于其更规范地设计并维护个人形象,更充分地展示其良好的教养与优雅的风度。礼仪这种美化自身的功能是任何人都难以否定的。如果商务人员重视美化自身,那么人际关系将会更和谐,商务活动的开展将变得更加顺利。

（三）是塑造企业形象的重要工具，有助于提高企业的经济效益

对企业来说，商务礼仪是企业价值观念、道德观念、员工整体素质的整体体现，是企业文明程度的重要标志。商务礼仪可强化企业的道德要求，树立企业的良好形象。让顾客满意，为顾客提供优质的商品和服务，是树立良好企业形象的基本要求。以礼仪服务为主要内容的优质服务，是企业生存和发展的关键所在。它通过规范商务人员的仪容仪表、服务用语、服务操作程序等，使服务质量具体化、系统化、标准化、制度化，使顾客得到满足，给企业带来巨大的经济效益。

（四）有助于促进商务人员的社会交往，改善人们的人际关系

古人认为："世事洞明皆学问，人情练达即文章。"这句话讲的其实就是交际的重要性。一个人只要同其他人打交道，就不能不讲礼仪。恰当运用礼仪，除了可以使商务人员在交际活动中充满自信、胸有成竹、处变不惊之外，还能够帮助商务人员规范彼此的交际活动，更好地向交往对象表达自己的尊重、敬佩、友好与善意，增进彼此之间的了解与信任，从而推动商务活动的成功。

三、商务礼仪的准则

（一）认清主客立场

根据待客之道，主方一般为保护者，而客方扮演的则是被保护者的角色。例如：

（1）在接待宾客时，主方往往走在客方的左前方。此乃沿袭西方古老风俗，由于那时枪手习惯瞄准对手左胸，所以，主人走在客人的左前方以表示保护客人安全之意。

（2）上下楼梯要特别注意。上楼梯时主方应让客方走在前方，以防止对方不慎跌落；下楼梯时则让客方走在后面，以便领路和保护。

（3）作为一个引导者，主方应走在客方的前方为其引领方向，且在转弯处、楼梯间及进出电梯时都应放慢脚步，等候客人跟上，这些细节可表现出主人体贴客人的心意。

（4）进电梯时主方先让客方进入，出电梯时让客方先出，以免电梯门不慎夹到客方。

以上所述看似小事，实则不然。这些事情不仅可以反映出主方的个人修养，更能让客方由此感受到主方的真诚与可靠。

（二）遵时守信，珍惜生命

商界最看重的莫过于守信了，而守时即守信的表现。时间等于金钱，时间等于生命，在商务活动中珍惜时间就是珍惜他人和自己的生命，所以与客户相约一定要守时。特别是我们正朝着国际舞台大步迈进，此时此刻更要养成守时的好习惯，因为文明程度愈高的国家愈珍惜生命，也愈强调守时的重要。

商务会餐中，如欲喝酒也应讲究礼貌，千万不要有劝酒的行为。酒喝多了会伤身，同时酒后开车后果不堪设想，所以劝酒行为既损人又不利己，是不注重对方生命权的表现。

（三）尊重他人

在商务活动中,尊重他人是最起码的准则。尊重他人的表现有很多,例如:

(1) 具备良好的介绍礼仪。不管介绍任何人,都要完整、清楚地说明对方的姓名、职务或职称及服务单位,以示尊重之意。

(2) 名片是一个人的象征,因此,收放名片均要适当,这才是尊重自己及尊重别人的表现。商务人员拿到别人的名片时要先浏览一下,然后仔细收好,小心不要污损。放置名片的位置应在腰部以上为宜。给别人名片时,须清楚复诵一次自己的名字,以免对方误念。

(3) 无论是指引还是介绍,都不可以用手指指向人。正确的方式应该是将掌心朝上,拇指微微张开,指尖向上,这才是尊重他人的行为。

（四）多用商量语气

在商务礼仪中,如何与对方商量是一门艺术,对商务人员而言尤其重要。当我们有求于人的时候,宜采用询问商量的口气,如多用"可不可以"或"好不好",让对方有考虑的余地,因为他有权选择说"行"或"不行"。温和的商量语气会使人感到受尊重,使谈话气氛和谐愉快,也容易获得正面的答复,促使事情顺利进行。

（五）避免惊吓他人

避免惊吓他人是人际交往中应遵循的准则。以下一些情形应特别予以注意:

(1) 会议进行中,如笔等物品不慎掉落需要捡拾,应先向身旁的人致歉,然后再俯身去拾捡,并说"对不起,我捡支笔。"切不可直接弯身拾取,吓着身旁的人。

(2) 走路时或与人交谈时,千万不可把手放在口袋里,这样会令人缺乏安全感,并易给人留下为人轻浮、无所事事的印象。另外,将双手交叉盘于胸前也是很不礼貌的行为。因为欧洲人认为隐藏双手不让别人看见是带有敌意的表示,所以一定要将双手露出,如果天气很冷可戴上手套。

(3) 用餐时不可用刀、叉、筷子等尖锐的东西指向他人,因为这样会使别人产生恐惧感。柜台人员与客人谈话的时候,也不要以笔尖朝向客人。

（六）尊重他人隐私

每个人都希望拥有自己的空间和保留某些私人秘密。所以,在商务活动中不要随意谈论他人隐私或以爱打听的姿态提出话题。谈论某些过于私人的问题还容易造成尴尬的场面,因此应尽量避免公开谈论这些话题。婚姻状况、年龄、体重、三围以及薪水等话题都不宜在公开场合谈论。

与客户交谈时,如果对方不愿主动提及某事,必有其原因或难言之隐,此刻最不应该有的态度就是"打破砂锅问到底"。如果你知晓了别人的困难,又没有能力替人分忧解难,记住千万不要在背后幸灾乐祸,因为这是很不道德的行为。

【实训项目二】 国际商务礼仪准则

1. 实训目标:掌握国际商务礼仪准则。
2. 实训地点:礼仪实训室;大屏幕教室。
3. 实训准备:多媒体设备。
4. 实训方法:学生分组(2~3 人)进行国际商务礼仪准则主题 PPT 演讲。

表 1-2　PPT 演讲考核评分表 2

评价项目与内容		标准分	扣分	实得分
PPT 演讲	专题性、针对性	20		
	系统性、理论性	20		
	图文并茂,色彩鲜明	20		
	演讲生动形象,富有感染力	40		
评价	总分	100		

第二章 国际商务形象礼仪（一）

【实训目标】

1. 了解仪表美的三个层次；明确着装的原则，掌握服装选择和配色的方法。
2. 掌握西服、套装的穿法。
3. 掌握仪容的保养和化妆方法。

导入案例

郑小姐在国内的一家商业公司里工作。有一次，上级派她代表公司前往南方某城市参加一个大型的外贸商品洽谈会。为了给外商留下良好印象，郑小姐特地为出席洽谈会而新置了一套服装——一件粉色的上衣和一条蓝色的裙裤。然而，正是她新置的这身服装使不少外商对她敬而远之，甚至连跟她正面接触一下都很不情愿。这使得郑小姐大惑不解。

案例分析

国外商界人士的着装一向讲究男女有别。崇尚传统的商界人士一直认为，在正式场合穿裤装的女性，大都是不务正业之人。换言之，女性商务人员在正式场合的着装以裙装为佳，选择任何裤装都是不适宜的。

第一节 商务人员仪表形象

仪表是指人的外表，包括人的容貌、姿态、服饰和个人卫生等方面，它是人的精神面貌的外观。仪表在人际交往的最初阶段往往是最能引起对方注意的，商务人员常说的"第一印象"多半来自于一个人的仪表。一个举止潇洒、相貌俊朗的人比一个言行笨拙、面孔丑陋的人更能打动人；一个衣着得体的人给人的印象总比一个衣衫不整的人给人的印象要好。因为"仪表端庄、穿戴整齐者比不修边幅者更有教养，也更懂得尊敬别人"，已成了多数人的思维定式。

一、通过衣着实施个人形象管理

衣着长期以来就是个人在特定社会中的角色或地位的标志。根据一个人的衣着，人们可以对一个人的基本情况加以辨别、认识和确认。这可以追溯到旧石器时代。那时，猎人用自己捕杀的动物毛皮或骨头来装扮自己，借此来炫耀他们的收获。千百年来，首脑或领袖都喜欢采用某些装饰品如王冠、首饰等向人们表明自己的身份。又如，通过教皇、主教以及其他教职人员的衣着，我们可以了解教会的等级制度；此外，我们还可以从军装上的标记非常清楚地了解一名军人的职务和地位。

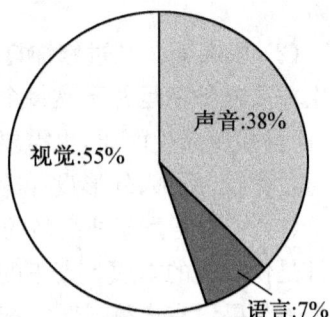

图2-1　语言、声音及视觉占印象因素的比例

第一印象非常重要。一般来说，视觉印象是你给公众第一印象中的第一印象。据有关研究表明：在语言、声音以及视觉三个方面的印象因素比例中，视觉印象最高，占55％；声音占38％；语言占7％，如图2-1所示。

当你刚进入某一场合时，虽然那里的人并不认识你，以前也不曾见过你，但是，他们仅仅基于你的衣着就可以对你的如下10个方面（至少10个方面）做出推断：

(1) 你的经济状况；

(2) 你的文化程度；

(3) 你的可信任程度；

(4) 你的社会地位；

(5) 你的老练程度；

(6) 你家族的经济地位情况；

(7) 你家族的社会地位情况；

(8) 你的家庭教养情况；

(9) 你是不是成功人士；

(10) 你的品行。

可见，衣着对人们的第一印象有着非常大的影响力。我们可以通过衣着来对自身形象进行管理，通过改变衣着来改变给人们的印象。

✎【案例2-1】

有趣的实验

行为学家迈克尔·阿盖尔曾做过一个实验，他本人以不同的装扮出现于同一地点，结果却截然不同：当他身着西装以绅士模样出现时，接近他的大多是彬彬有礼、颇有教养、看似属于上流阶层的人，他们向他问路或问时间；而当迈克尔装扮成衣衫褴褛的无业游民时，接近他的人以流浪汉居多，他们找他借火或借钱。

二、仪表美的三个层次

仪表美是一个综合概念，它应当包括以下三个层次的含义：

(1) 形体美。人的容貌、形体、仪态的协调美是一种先天的仪表美。如体格健美匀称、五官端正、身体各部位比例协调、线条优美和谐，这些先天的生理因素是仪表美的第一要素。

（2）服饰美。经过修饰打扮以及受后天环境的影响形成的美是仪表美的一种体现。天生丽质这种幸运并不是每个人都能够拥有的，而仪表美是每个人都可以去追求和塑造的，而且即使天生丽质，也需要用一定的形式去表现。无论一个人的先天条件如何，都可以通过化妆、服饰、外形设计等方式来塑造自己的仪表美。

（3）气质美。淳朴高尚的内心世界和蓬勃向上的生命活力也是仪表美的一种体现，并且是仪表美的本质。真正的仪表美是内在美与外在美的和谐统一，慧于中才能秀于外。一个人如果没有道德、情操、智慧、志向、风度等内在美作为基础，那么，再好的先天条件，再精心的打扮，也只能是一种肤浅的美、缺少丰富深刻内涵的美，不可能产生魅力。因此，一个人的仪表是其内在美的一种自然展现，我们称之为气质美。

三、服饰形象设计

（一）着装原则

衣着可反映个人的审美能力、道德品质和礼仪水平。若要通过着装来使个人形象更富有魅力，应遵循下述原则。

1. 整体性原则

着装要能与形体、容貌等形成一个和谐的整体美。仪表的整体美的构成因素是多方面的，包括：人的形体和内在气质，服装饰物的款式、色彩、质地，着装技巧以及着装的环境等。

2. 个性原则

着装的个性原则中的"个性"不单指通常意义上的个人的性格，还包括一个人的年龄、身材、气质、爱好、职业等因素在外表上的反映所形成的个人的特点。着装要依据个人的特点，能与个性融为一体的服装才会使人自然、动人，才能烘托个性，展示个性，保持自我，有别于他人。只有当服饰与个性协调时，才能更好地通过服饰塑造出最佳形象，展现出良好的礼仪风貌。同时也要突出个性，才有独特的美。

3. TPO原则

TPO原则即着装与时间、地点、场合相配的原则。

（1）时间（Time）原则。这里说的时间不仅指每一天的早间、日间、晚间等时间段，而且包括每年春夏秋冬四季的更迭，以及不同时期、时代。因此，商务人员在着装时必然要考虑时间层面，做到"随时更衣"。

在通常情况下，商务人员早间无论外出跑步、做操，还是在家里盥洗、用餐，着装都应以方便、随意为宜。可以选择运动服、便装、休闲服等，这样会透出几分轻松温馨之感。日间是工作时间，着装要根据自己的工作性质而定，总体上以庄重大方为原则。如果安排有社交活动或公关活动，则应以典雅端庄为基本着装格调。宴会、舞会、音乐会等正式社交活动多安排在晚间。此时，商务人员间的交往空间距离会相对缩小，服饰给予商务人员视觉与心理上的感受程度相对增强。因此，晚间着装以晚礼服为宜，以形成高雅大方的礼仪形象。

（2）地点（Place）原则。地点原则是指特定的地点环境应配以与之相适应、相协调的服饰，以获得视觉与心理上的和谐感。

在静谧肃穆的办公室里穿着休闲装、拖鞋，或者在绿草茵茵的运动场上着西装、皮鞋，都会因环境的特点与服饰的特性不协调而显得人境两不宜。试想，在写字楼里，女商务人员穿着拖地晚礼服送文件，男商务人员穿着沙滩花短裤与客户交谈，将是一种什么样的情景？特别是商务人员，由于经常需要外出，服装应高雅、整齐、端庄、大方，以中性色调为主，不突出体形的线条，以适应各类场合。办公室着装禁忌：太华丽、太时尚、太紧身、太透明。

（3）场合（Occasion）原则。场合原则是商务人员约定俗成的惯例，具有深厚的社会基础和人文意义。穿着的服饰所蕴含的信息内容必须与特定场合的气氛相吻合，否则，往往会引起其他商务人员的疑惑、猜忌、厌恶和反感，导致交往空间距离与心理距离拉大。

在谈判时，职业女性不能穿着太华丽、太美艳的服装，否则难免会被认为是"花瓶"。刚离开校园参加工作的青年商务人员不能打扮得太清纯、太具学生味，如穿向日葵图案的T恤、着草编凉鞋、戴玻璃手链，会显得幼稚、脆弱、好幻想，让人质疑你的工作能力。

（4）整洁原则。整洁原则是指在任何情况下，服饰都应该是干净整齐的。衣领和袖口处尤其要注意不能污渍斑斑。服装应该是平整的，扣子应齐全，不能有开线的地方，更不能有破洞。内衣亦应该勤洗换，特别是西服衬衫，应非常洁净。

皮鞋应该经常保持光亮，一旦落上灰尘要及时擦去（注意不要在人前做）。袜子要经常洗换，特别是有汗脚的人，更要注意袜子的清洁。有些场合需要入室换拖鞋，如果袜子有臭味，会令人讨厌，自己也很难堪。

（二）服装色彩的搭配

服装色彩的选择和体形有着密切的关系。一般来讲，身材较胖的人适宜穿深色调的衣服，这样会给人以苗条的感觉。身材较瘦的人适宜穿浅色调的衣服，这样会给人以丰满的感觉。大花型的面料有扩张的效果，会使瘦削的人看上去丰满些；穿上小花型的面料的衣服使人显得苗条。花色面料还可以适当修饰体形有缺陷的部分，比如女士腿形不美，可穿花裙，上着素色衣，而上身单薄者可穿花衣素裙。总之，配色美是色彩对比与调和相统一的一种表现。

✎【补充知识 2-1】

色彩知识

（一）色调

（1）暖色调：红、橙、黄。

（2）冷色调：绿、蓝、紫。

（3）中性色调：黑、白、灰（安全色）。

（二）色彩的象征

（1）红色：热烈、浪漫、强烈。

（2）黄色：明亮、活泼。

（3）蓝色：安静、寒冷、智慧。

（4）橙色：明亮、温暖。

（5）绿色：安宁、凉爽、舒适。

（6）紫色：高贵、财富。

（7）灰色：稳重、可靠、柔弱、平凡、朴实。

（8）白色：圣洁、孤高、纯洁、高尚。

（9）黑色：庄重、干练、肃穆、洒脱、高雅、沉稳。

（三）色明度

色彩的明暗调子叫作色明度。颜色越浅越亮，明度就越高。彩色里以黄色最亮、紫色最暗，中性色里以白色最亮、黑色最暗。

（四）色纯度

色纯度也叫彩度，是指色彩的浓淡、强弱。

（三）服装配色方法

1. 同色搭配

同色搭配，即由色彩相近或相同、明度有层次变化的色彩相互搭配形成一种统一和谐的效果。其中，可以用一种颜色以不同饱和度和深浅度相配，如浅蓝色配深蓝色；也可以用一种颜色的数种色调来搭配，比如青配天蓝、墨绿配浅绿、咖啡配米黄等。从整体上看，同色的搭配，如奶黄色上衣配棕黄色裤子或裙子，再配奶黄色或本白色皮鞋，给人端庄、稳重、高雅的感觉。一般而言，同色搭配时宜掌握一个原则，即上浅下深、上明下暗。

2. 相似色搭配

色彩学把色环上大约 90°以内的邻近色称为相似色，比如奶黄与橙、绿与蓝、绿与青紫、红与橙黄等。相似色搭配时，两个色的明度、纯度须错开，如深一点的蓝色和浅一点的绿配在一起比较合适。若鲜绿色裙子配鲜黄色上衣，就显得刺眼；而一件深绿色裙子配淡黄色上衣就好看多了。

3. 主色调搭配

主色调搭配是指选一种起主导作用的基调为主色，搭配各种颜色，取得相互陪衬、相映成趣之效。采用这种配色方法，应首先确定整体服饰的基调是冷色调还是暖色调，是亮色调还是灰色调，是红色调还是绿色调；其次选择与基调一致的主色；最后再选出辅色。任何情况下，主色都起决定性作用，装饰色不要过多，如灰色的主色在一处加一道不大的深红装饰色就很悦目，如果多处加装饰色就显俗气。主色调搭配要注意选色，若选色不当，容易造成色彩混乱，有损整体形象。

✍【补充知识 2-2】

服装色彩与肤色的搭配

如果脸色红嫩，可采用非常淡的丁香色和黄色，还可采用淡咖啡色配蓝色、黄棕色配蓝紫色、红棕色配蓝绿色以及淡橙黄色、灰色和黑色等。

如果肤色较白，则不宜穿冷色调，否则会越发突出脸色的苍白。这种肤色的人最好穿蓝色、黄色、浅橙黄色、淡玫瑰色、浅绿色一类的浅色调衣服。另外，以较重的黄色加上黑色或紫罗兰色的装饰色，或是以紫罗兰色配上黄棕色的装饰色也很合适。黄色部分最好接近脸部，否则皮肤就会显得过于暗淡。

如果皮肤发灰，那么衣着的主色应为蓝色、绿色、紫罗兰色、灰绿色、灰色、深紫色和黑色。蓝色可用深棕色作为辅色；灰绿色可用微红色作辅色；紫色可以用灰黄色作辅色。这种肤色的人不宜穿白色，哪怕作装饰色也不适宜。

如果皮肤较黑，那么衣着主色最好采用冷色，装饰色可采用较暖的颜色。这类肤色的人衣着以深紫色、灰绿色、棕红色、棕黄色以及黑色为佳。如果以黑色作为主色，那么装饰色宜采用紫罗兰色、黄灰色或灰绿色。若以灰绿色为主色，装饰色可采用樱桃色。若以棕红色为主色，装饰色则可用灰绿色。

四、商务男士着装

极为隆重的场合男士应该穿着大小礼服（以深色为主），小礼服用的是领结而不是领带。

一般正式场合不用穿礼服，穿正规西装、中山装、唐装等颜色可多样，与身体和谐，要适合自己。

（一）西装

西装，又称西服、洋服，起源于欧洲，目前是世界上最流行的一种服装，也是商务人员在正式场合着装的优先选择。西装的造型典雅高贵，拥有开放适度的领部、宽阔舒展的肩部和略加收缩的腰部，男士穿着会显得英武矫健、风度翩翩、魅力十足。不过，有道是"西装七分在做，三分在穿"，商务人员要想使自己所穿着的西装真正称心合意，就不能不在西装的选择上格外注意。

一般而言，要挑选一身味道纯正、有模有样、适用于商务交往穿着的西装，大抵需要把握其面料、色彩、图案、款式、尺寸、做工 6 个方面。西服的面料要求很高，含羊毛量要在 90% 以上，这样的西服才能真正挺括。色彩尽量选择中性色调，黑色、蓝色、灰色是常选的颜色，如果只能选择一种，深蓝色最佳。款式可以根据个人的体型和年龄来选择。现在男性常穿的西装有两大类：一类是平驳领、圆角下摆的单排扣西装；另一类是戗驳领、方角下摆的双排扣西装。尺寸要合身，过大过紧都不合适。西服的做工要精细，尽量选择知名品牌的西服。

国际上男士西装的分类与分别适合的人群如下：

1. 美式西装

特点：基本轮廓特点是O型，比较宽松，不太强调腰身，垫肩不是很明显，通常是后开。适合的场合及人群：稍微宽松的场合和身材高大魁伟的男性，特别是肥胖一些的男性。美式西装如图2－2所示。

图2－2　美式西服

图2－3　意式西服

2. 意式西装，也叫欧式西装

特点：基本轮廓是倒梯形，宽肩收腰。相比美式西装，意式西装较为正式和讲究，有夸张的垫肩，最明显的特征是双排扣，枪驳领，裤子是卷边的。适合人群：意版西装与欧洲男性比较高大魁梧的身材相吻合，对着装者的身材比较挑剔，身材过于矮小和比较肥胖的人不太适合这种西装的款式。最重要的代表品牌有杰尼亚、阿玛尼、费雷。意式西装如图2－3所示。

3. 英式西装

特点：类似于意式西装。英版西装多是单排扣，领子较狭长，强调掐腰，肩部也经过特殊的处理，后面一般是双开的（骑马衩），还有一种衩是中间衩。有两粒扣，但以三粒扣子居多。适合人群：对身材不是特别的挑剔，适合普通身形的人。英式西装如图2－4所示。

图2－4　英式西服

图2－5　日式西服

4．日式西装

特点：基本轮廓是 H 型，一般而言，日本板型的西装多是单排扣式，衣后不开衩。适合人群：亚洲男性的身材——肩不特别宽，不高不壮。日式西装如图 2-5 所示。

（二）西装的着装规范

1．套装和单件上装

西装有套装和单件上装之分，套装又分两件套和三件套。如果是三件套西装，在很正式的场合不可脱下外衣。一般在非正式场合，如旅游、参观、一般性联欢会等，可穿单件上装配以各种西裤，也可视需要和爱好配以时装裤。半正式场合，如一般性会谈、访问、较高级会议和白天举行的比较隆重的活动，应着套装，但也可视场合的气氛在服装色彩、图案的选择上灵活一些，花格呢、粗条纹、淡色的套装都不失为恰到好处的选择。但在正式场合，如宴会、正式会谈、正式典礼及特定的晚间社交活动，可以穿颜色素雅的套装，以深色、单色最为适宜，选择花格、五彩图案的套装是不合适的。

2．纽扣

西装的纽扣除实用功能外，还有很重要的装饰作用。西装有单排扣和双排扣之分，单排扣又有单粒扣、双粒扣、三粒扣之别。在非正式场合，一般可不扣扣子，以显示飘逸的风度；但在正式的场合，着西装要求必须系扣，即单粒扣、双粒扣和三粒扣的上粒都扣上；双粒扣的第二粒、三粒扣的下两粒都是样扣，不必扣上。双排扣则有四粒扣和六粒扣之别，上面的两粒和四粒都是样扣，不必扣上。

3．西裤

西裤是西服的另一个主体部分。西裤立档的长度以裤带的鼻子正好通过胯骨上边为宜，裤腰大小以合扣后伸入一手掌为标准，裤长以裤脚接脚背最为合适。穿着西裤时，裤扣要扣好，拉锁要全部拉严。西裤的裤带宽度一般为 2.5 厘米至 3 厘米较为美观，裤带系好后留有皮带头的长度一般为 12 厘米左右，过长或过短都不符合美学要求。

4．衬衫

穿西服时，衬衫是个重点，颇有讲究。一般来说，与西服配套的衬衫必须整洁无皱褶，尤其是领口。西装穿好后，衬衫领应高出西装领口 1 厘米至 2 厘米，领口露出部分与袖口露出部分相呼应，有一种匀称感。在正式场合，长袖衬衫的下摆必须塞在西裤里，袖口必须扣上，不可翻起。不系领带时，衬衫领口可以敞开；如系领带，应着有硬衬领的衬衫，领围以合领后可以伸入一个手指为宜。衬衫袖长应比西装上衣袖长长出 1 厘米至 2.5 厘米，这样可以避免西装袖口受到过多的磨损，而且可以显得西装干净、利落、活泼、有生气。夏季穿着短袖衬衫时，一般也应将下摆塞在裤子内，穿着无衬软领短袖衬衫可例外。

5．领带

领带是西装的重要装饰品，在西装的穿着中有画龙点睛的作用。领带的种类很多，大体分为普通型和变型两种。普通型领带有活结领带、方形领带、蝴蝶结领带；变型领带有宽形领带、缎带领带、线环领带等。从领带面料分，有毛织、丝质、化纤等领带。从花型上分，又有小花型、条纹花型、点子花型、图案花型、条纹图案结合花型、古香缎花型等。

领带的质地一定要优良。领带以丝质的为上乘，使用最多的花色品种是斜条图案领带。斜条图案领带又分美式、英式两种，美式的条纹从左上斜到右下，英式的条纹从右上斜到左下。

不论是在正式场合还是在非正式场合，一般都应系领带。领带的系法也很有讲究，一般是扣好衬衣衣领后，将领带套在衣领外，然后将宽的一片稍稍压在领角下，抽拉另一端，领带就自然夹在衣领中间，而不必把领子翻立起来。必须保证领带绝对干净，如果领带脏污，还不如不系，因为系领带是为了进一步表明尊严和责任。领结是系领带中最重要的部分，不同的系法可以得到不同大小及形状的领结，可视衬衫领子的宽度选择你所喜欢的领带系扎方法。但不论哪种系扎方法，领带系好后，两端都应自然下垂，上面宽的一片必须略长于底下窄的一片，绝不能相反。当然，上片也不宜长出许多，领带尖压住裤腰甚至垂至裤腰之下也是不雅的。如有西装背心相配，领带必须置于背心之内，领带尖亦不可露于背心之外。领带的宽度不宜过窄，过窄会显得小气，应与人的脸形及西装领、衬衫硬领的宽度相协调。领带的长度，到达皮带扣的长度。

五种领带的打法：

1. 平结

平结为最多男士选用的领结打法之一，几乎适用于各种材质的领带。

要诀：领结下方所形成的凹洞需让两边均匀且对称。如图 2-6 所示。

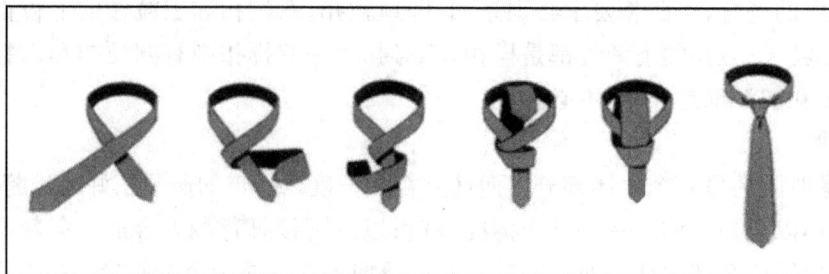

图 2-6　平结

2. 半温莎结（老爷结）

适合搭配浪漫的尖领及标准式领口系列衬衣。如图 2-7 所示。

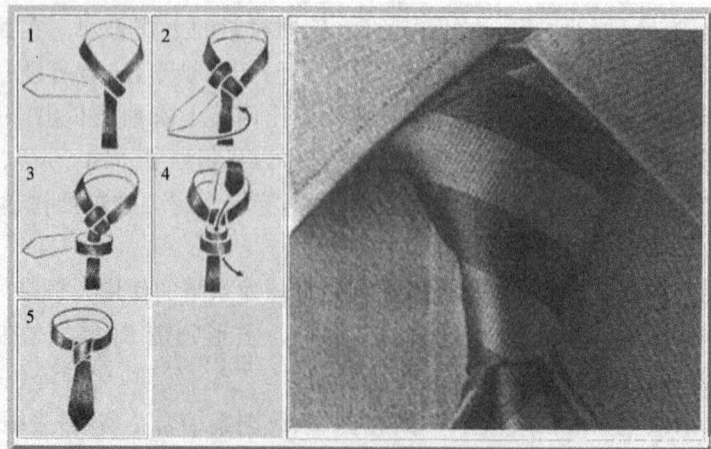

图 2-7　半温莎结

3. 温莎结

温莎结适合用于宽领型的衬衫,该领结应多往横向发展,应避免材质过厚的领带,领结也勿打得过大。如图 2-8 所示。

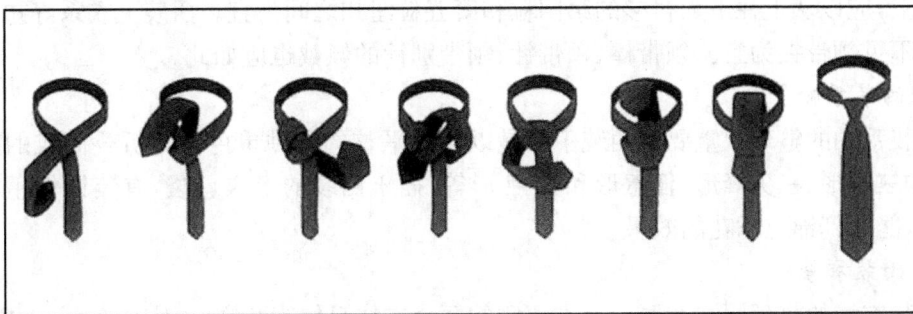

图 2-8 温莎结

4. 双环结

双环结,一条质地细致的领带再搭配上双环结颇能营造时尚感,适合年轻的上班族选用。该领结完成的特色就是第一圈会稍露出于第二圈之外,可别刻意盖住了。如图 2-9 所示。

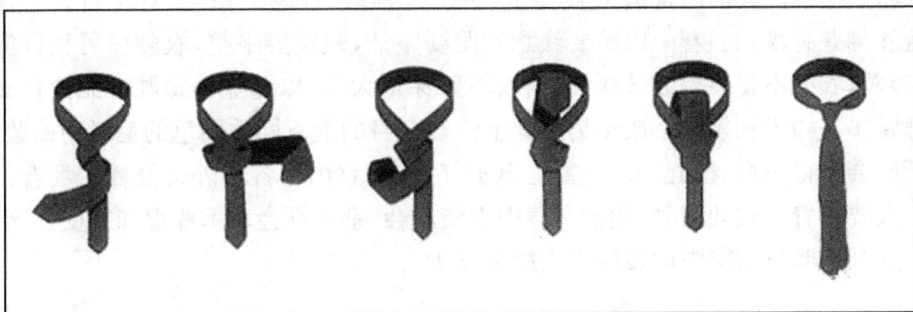

图 2-9 双环结

5. 双交叉结

双交叉结领带打法很容易让人有种高雅且隆重的感觉,适合正式活动场合选用。该领结应多运用在素色且丝质领带上,若搭配大翻领的衬衫不但适合且有种尊贵感。如图 2-10 所示。

图 2-10 双交叉结

6. 领带夹

领带夹有各种型号,主要功能是固定领带。除因经常做过大幅度的动作而需要使用领带夹或以之为企业标志外,其他情况最好不用领带夹。佩戴时应注意,领带夹的位置不能太靠上,应以从上往下数衬衫的第四粒和第五粒纽扣之间为宜。西装上衣系好扣子后,要以看不见领带夹为宜。领带棒、领带针、领带别针的佩戴也应如此。

7. 西装手帕

西装手帕的整理很重要。西装手帕是以熨烫平整的各种单色手帕折叠而成的,式样很多,如三角形、三尖峰形、任意形和 V 字形等,插于西装的上衣口袋,有装饰作用,若使用得当,能起到锦上添花的效果。

8. 西装衣袋

西装衣袋的整理同样重要。上衣两侧的两个衣袋只作为装饰,不宜装东西;上衣胸部的衣袋是专装手帕的,票夹、笔记本、笔等物品可置于上衣内侧衣袋。西裤的左右插袋和后袋同样不宜放鼓囊之物,以免影响裤型美观。

(二)中山装

中山装是我国男士礼服的代表,是应孙中山先生的要求改装和提倡后而风行中华大地的,故名中山装。其前门襟有五粒扣子,封闭式领口,带风纪扣,上下左右共有四个贴袋,袋盖外翻并有盖扣。着中山装要注意衣服要整洁,熨烫要平整,衣领里可稍许露出一道白衬衫领,衣兜不要装得鼓鼓囊囊,内衣不要穿得太厚,以免显得臃肿。无论什么社交场合,都要扣好扣子和领钩。成年男子穿上一套合身的上下同质同色的毛料中山装,配上黑色皮鞋,会显得庄重、稳健、大方,富有男子气概,适宜出席各种外交及社交场合。在国外,当主人要求着正式礼服时,我们穿着中山装赴会,别人都会表示尊重和接受。不过,受外来文化的影响,目前穿中山装的男士越来越少。

五、商务女士着装

女士服装比起男士服装更加丰富多彩、新颖别致。女士不仅以服饰来显示自己美好的体态,而且以此来表现自己的修养和风格。

(一)职业女装的基本类型

职业女装有三种基本类型,即套裙、连衣裙和旗袍。

1. 套裙

裙式服装最能体现女性的魅力,恰到好处的裙子能充分显示女性飘逸的风采。作为职业女性,其工作场所的着装有别于其他场合的着装,应以端庄为宜,尤其是当其代表着一个企业、一个组织的形象时,其着装更要追求大方、简洁、素雅的风格。当前,套裙以其严整的形式、多变却不杂乱的颜色、新颖却不怪异的款式,成为职业女性最规范的工作装。

(1)套裙的款式。套裙有两件套和三件套之分,套裙的上装以西服式样居多,也有圆领、V 字领式样。套裙的款式主要有"H"形、"X"形、"A"形和"Y"形四款。要根据自身的体型来选择。上衣的长度既可短至腰际,也可长至臀部以下,下装是长短不同的各式裙子。就时尚性而言，套装的整体变化不大，但套装上衣的袋盖、衣领、袖口、衣襟、衣摆，以及下装的开衩、收边等，都在细致之处见风格。

"H"形套裙的主要特点是：上衣较为宽松，裙子亦多为筒式，上衣与下裙给人以直上直下、浑然一体之感。"H"形套裙既可以让着装者显得优雅、含蓄，也可以对身材肥胖者起遮掩作用。

"X"形套裙的主要特点是：上衣多为宽松式，裙子则大都是喇叭式。实际上，它是以上宽与下松来有意识地突出着装者腰部的纤细。此种造型的套裙轮廓清晰而生动，可以令着装者看上去婀娜多姿、楚楚动人。

"A"形套裙的主要特点是：上衣为紧身式，裙子则为宽松式。此种上紧下松的造型，既能体现着装者上半身的身材优势，又能适当地遮掩其下半身的身材劣势。不仅如此，它还在总体造型上显得松紧有致，富于变化，动感十足。

"Y"形套裙的主要特点是：上衣为松身式，裙子多为紧身式，并且以筒式为主。上松下紧的造型可在遮掩着装者上半身的短处的同时表现出下半身的长处。此种造型的套裙往往会令着装者看上去亭亭玉立、端庄大方。

（2）套裙的选择。女性服装的穿着礼仪原则是讲究整洁与高雅。职业套裙的最佳颜色是黑色、藏青色、灰褐色、灰色和暗红色，图案以精致的方格、印花和条纹为佳。买红色、黄色或淡紫色的两件套裙要谨慎，因为它们的颜色过于抢眼。

职业套裙的面料有多种：羊毛制品的，四季皆宜，经久耐穿，挂一个晚上衣服上的褶子自然就平了；购买亚麻制品时，要选择混有人造纤维的，如聚酯纤维、人造丝或丙烯酸系纤维的，否则衣服很容易出褶子；购买丝绸制品也要谨慎，它们易起褶，而且显得过于考究。穿着套裙一定要注意平整，因此对面料的抗皱性要求较高。检验一种面料是否抗皱的方法是用手攥住布料，然后松开，如果起褶子，则要三思了，因为它可能穿不了一天就变得皱皱巴巴。女士职业套裙装如图 2-11 所示。

图 2-11　女士职业套裙装　　　　　　图 2-12　女士连衣裙装

2. 连衣裙

连衣裙可以单独穿或者和上衣搭配在一起穿。尽管连衣裙较适宜某些场合，但它们看上去不如西装套裙显得有力度。关于颜色,选择灰色、藏青色、暗红色、米色、驼色、黄褐色、红色和玫瑰红颜色的连衣裙较为适宜,还可以选用简洁的印花或图案的连衣裙,但过于前卫的图案就不适于商务场合了。至于面料,丝绸是最好的,100%的人造丝也可以,亚麻制品中只有加入人造纤维的才宜选用,纯亚麻制品因容易起褶而不适宜商务场合。棉布对于职业服装来说就显得过于随便了,不宜选用。女士连衣裙装如图2-12所示。

3. 旗袍

旗袍是我国独有的、富有浓郁民族风格的传统女装。旗袍以流畅的曲线造型十分贴切地自然勾勒出东方女性躯体的婉约柔美,体现出含蓄凝重的东方神韵。高领斜襟,使旗袍在严谨中透出轻松活泼,并便于活动。

作为礼服的旗袍最好是单一的颜色,一般常在绸缎面料上刺绣或添加饰物。面料以典雅华丽、柔美挺括的织锦缎、古香缎和金丝绒为佳。为了体现女性的端庄,旗袍的长度最好是长至脚面,开衩的高度应在膝盖以上、大腿中部以下。穿无袖式旗袍,不要暴露内衣,冬天可配以披肩,但不适合戴手套。

着旗袍可配穿高跟鞋和半高跟鞋,也可配穿面料高级、制作考究的布鞋或绣花鞋。女士旗袍装如图2-13所示。

图2-13 女士旗袍装

说明:图片来源于网络

(二)女性的体型与着装

人的体型差异很大。不同的体型应选择不同款式的衣服,以扬长避短,在商务场合中展现出自己的风采。

(1)体型较好的人对服装款式的选择范围较大,着装时应该更多考虑的是服装与肤色、气质、身份、场合等的协调。

(2)体型较胖的人最好着上下一色的深色套装;裤子要略长一些,裤腿略瘦;忌穿连衣裙,忌用单调的横条纹。体型较瘦的人应尽量减少露在服装外面的部分,宜在胸前做些点缀。服装的面料及质地不同,花型不同,会造成形象上的不同感觉。像粗呢、厚毛料、宽条绒等,这些布料如使用不当,会增加笨重感,使体型较胖的人看上去更胖。发亮的料子,比如绸缎和一些化纤面料,会使人看上去丰满。大花型的面料有扩张的效果,会使体型较瘦的人看上去丰满一些,小花型的面料则能使丰满的人看上去苗条些。此外,花色面料还可以适当修饰体型有缺陷的部分。

(3)肩窄臀宽的人应该注意使用垫肩,使肩部看上去宽些,也可以在肩部打褶或选择束腰的服装以衬托肩部的宽大。忌穿插肩上衣、宽大的外套和夹克衫,忌穿无袖上装、长紧袖上装。腰粗的人应选肩部较宽的衣服,以产生肩宽腰细的效果,女士不宜穿腰间打褶的裙,不要把衬衫扎进裙子或裤腰中。

（4）腿较短的人宜选择上衣较短、下装稍长的服装。

（5）腿较粗的人,宜穿上下同宽的深色直筒裤、过膝的直筒裙;不宜穿太紧的裤子和太短的裙子。

（三）职业女性不恰当的着装

（1）过分时髦。现代女性热衷流行的时装是很正常的现象,即使你不去刻意追求流行,流行也会左右着你。但是,盲目地追求时髦是不妥的。例如:女商务人员在指甲上同时涂了几种鲜艳的指甲油,这给人一种压迫感,不利于其与人交往。一个成功的职业女性对于流行必须有正确的判断力,同时要切记:在办公室中,应主要表现工作能力而非赶时髦的能力。

（2）过分暴露。夏天气温高时,许多职业女性便不够注重自己的身份,穿起颇为暴露的服装。如此着装会让人忽视你的才能和智慧,甚至还会让人觉得你轻浮。因此,再热的天气,也应注意身份和场合,不要穿过分暴露的衣服。

（3）过分正式。这个现象也是常见的。职业女性的着装虽以整洁、大方为美,但不能过于呆板。

（4）过分随意。最典型的穿着就是一件随随便便的 T 恤或罩衫,配上一条泛白的"破"牛仔裤,丝毫不顾及办公室的氛围。这样的穿着对于商务场合来说是非常不合适的。

（5）过分俏丽。可爱俏丽的服装款式可以凸显女性的甜美,但不适合在工作中穿,因为这样会给人不可信任、不稳重的感觉。

六、几种常用首饰的选择和佩戴

（一）项链

项链的种类大致可分为金属项链和珠宝项链。金属项链有双套链、三套链、马鞭链、方丝链等。其中方丝链是最常见的款式,由金或银精制而成,这种项链的直径较细,脖子细长的人佩戴可达到纤细柔美的装饰效果。年龄较大的女性则可选择马鞭链,以突出稳重、端庄的气质。双套链和三套链雅致美观,立体感强,适合于少女佩戴。珠宝、钻石项链高雅华丽,适合于中年女性佩戴。佩戴项链还要根据不同脸形进行不同搭配。尖脸形的女性可选用细幅的项链,项链不宜过长,否则会显得脸形更长。方脸形或圆脸形以及体态比较丰腴的女性,可选用较长些的项链,以达到调和脸形与体态的作用。

（二）戒指

戒指的种类繁多,常见的款式有线戒、嵌宝戒、钻戒、方戒、扳戒等。诸多戒指各具特色,因此在选择戒指时要考虑适合自己的特点。戒指应与手指的形状相符。例如,手指较短小或骨节突出的,应戴比较细小的戒指,款式最好是非对称式的,以便分散别人对手指形状的注意力。手指修长纤细的,应选择粗线条的款式,如方戒、钻戒,这样可使手指显得更加秀气。手掌较大的,要注意所戴的戒指的分量不要过小,否则会使手掌显得更大。

戒指的佩戴有一套约定俗成的方法,可以反映出佩戴者的婚姻状况。除大拇指外,各个手指都可以佩戴,不过戴在不同的手指上有不同的含义:戴在食指上,表示求婚;戴在中指上,表示处在热恋中;戴在无名指上,表示已经订婚或结婚;戴在小指上,表示独身,即终身不嫁或不娶。

(三)耳环

耳环的种类很多,按其形状可分为两大类:一类是纽扣式;另一类是悬垂式。耳环的花色更是多种多样,有花形、圆形、心形、梨形、三角形、方形、多棱形、大圈形、剪刀形、蛇形等。

每个人应根据自己的脸形选戴合适的耳环。脸形较大的女性不宜用圆形耳环,但可用较大一些的几何形耳环,佩戴时要紧贴耳朵;脸形小的女性宜用中等大小的耳环,以长度不超过2厘米为佳;圆脸形的人,宜戴长而下垂的方形、三角形、水滴形耳环;方脸形的人宜戴有耳坠的耳环,以使脸形显得狭长些;长脸形的人最好戴紧贴耳朵的圆形耳环,以增加脸的宽度。

(四)手镯与手链

手镯作为女性腕臂装饰由来已久,早在盛唐时期,宫廷仕女就时兴戴手镯。那时的手镯多由宝石精磨细做而成。常用来制作手镯的宝石有翡翠、玛瑙、碧玉、孔雀石、松石、珊瑚等,这类手镯统称玉石手镯。

手镯的款式应视手臂的形状而定。手臂较粗短的应选小细线手镯;手臂细长的则可选宽粗的款式,或多戴几只细线手镯来加强效果。戴手镯很有讲究,不能想怎么戴就怎么戴。一般戴在右臂上,表明佩戴者是自由而不受约束的。如果在左臂或左右两臂同时佩戴,表明佩戴者已经结婚。一只手上一般不能同时戴两只或两只以上的手镯,因为它们之间相互碰撞会发出声响。如果为标新立异而非要戴好几个手镯,则要一起戴在一只手上,切不可一只手上戴几个,另一只手戴几个。戴手镯时不应戴手表。

手链是手镯的换代产品,多用金、银、包金编花丝等制成。比起较粗犷的手镯,手链显得纤细精巧。

【实训项目一】 服饰原则

1. 实训目标:掌握服饰的四原则。

2. 实训地点:礼仪实训室、大屏幕教室。

3. 实训准备:商务场合、运动场合、休闲场合、酒会场合等场合男女服饰;摄像机;照相机;投影设备。

4. 实训方法:

学生分组(4～5人)自选不同场合进行服饰形象设计和角色扮演。

学生分组进行形象展示表演,摄影,摄像。

投影回放,各位同学进行评价,老师点评。

评选出"最佳服饰形象奖小组"。

5. 训练总结:通过训练,我的收获是_____。

【实训项目二】 色彩搭配

1. 实训目标:掌握服饰的色彩搭配方法。

2. 实训地点：礼仪实训室、大屏幕教室。

3. 实训准备：各色男女服饰、摄像机、照相机、投影设备。

4. 实训方法：

学生分组（4～5人）进行服饰色彩形象设计和角色扮演。

学生分组进行形象展示表演，摄影、摄像。

投影回放，各位同学进行评价，老师点评。

评选出"最佳服饰色彩奖小组"。

5. 训练总结：通过训练，我的收获是＿＿＿＿＿＿＿＿。

【实训项目三】　西装的穿着

1. 实训目标：掌握西装的穿着和搭配方法。

2. 实训地点：礼仪实训室、大屏幕教室。

3. 实训准备：西装、领带、西装手帕、衬衫、腰带、皮鞋、摄像机、照相机、投影设备。

4. 实训方法：

男学生分组（4～5人）进行西装形象设计和表演。

学生分组进行形象展示表演，摄影、摄像。

投影回放，各位同学进行评价，老师点评。

评选出"最佳先生"。

5. 训练总结：通过训练，我的收获是＿＿＿＿＿＿＿＿。

【实训项目四】　女士职业套装的穿着

1. 实训目标：掌握女士职业套装的西装的穿着和搭配方法。

2. 实训地点：礼仪实训室、大屏幕教室。

3. 实训准备：套装、衬衫、丝巾、皮鞋、摄像机、照相机、投影设备。

4. 实训方法：女学生分组（4～5人）进行西装形象设计和表演。

学生分组进行形象展示表演，摄影、摄像。

投影回放，各位同学进行评价，老师点评。

评选出"白领丽人"。

5. 训练总结：通过训练，我的收获是＿＿＿＿＿＿＿＿。

【实训项目五】　领带的打法

1. 实训目标：掌握男士领带的打法。

2. 实训地点：礼仪实训室、大屏幕教室。

3. 实训准备：衬衫、领带、摄像机、照相机、投影设备。

4. 实训方法：学生分组（4～5人）进行领带打法表演。

5. 训练总结：通过训练，我的收获是＿＿＿＿＿＿＿＿。

表2-1　男士西装礼仪考核评分表

评价项目与内容		标准分	扣分	实得分
男士西装	西装干净、整洁、挺括	15		
	衬衫清洁,符合标准	15		
	西装扣子系法符合要求	15		
	西装口袋不装物品	15		
	领带长短适中,打法正确	15		
	鞋袜干净颜色搭配适当	15		
	服饰颜色搭配适当	10		
评价	总分	100		

表2-2　女士套装礼仪考核评分表

评价项目与内容		标准分	扣分	实得分
女士套装	套装款式合适、挺括	15		
	衬衫清洁,符合标准	15		
	内衣穿着符合要求	15		
	丝袜无破洞	15		
	衬裙选择合理	15		
	鞋袜干净颜色搭配适当	15		
	服饰颜色搭配适当	10		
评价	总分	100		

第二节　商务人员仪容形象

仪容主要指人的容貌与仪态。容貌在很大程度上取决于先天条件,容貌的美有天生丽质和气质优雅之分。有的人天生丽质,但缺乏优雅气质;有的人长得并不漂亮,然而气质风度俱佳。容貌美在留给人们的第一印象中占很大比重,应予以重视。适当的容貌修饰,会使商务人员容光焕发,充满活力,在商务活动中给人留下良好的印象。容貌的修饰包括肌肤护理、化妆、美发等。

一、肌肤护理

皮肤如同人体的"窗口",通过皮肤,可以反映出人的健康、年龄和情绪状况。健美的皮肤应该是湿润的、有弹性的、光滑细腻、红润健康的。健美的皮肤需要科学的护理和保养。皮肤护理在日常生活中至关重要。要保护好自己的皮肤,必须遵循良好的生活方式。诸如正确的生活态度、积极的锻炼、充足的睡眠、彻底的清洁、保健按摩、控制烟酒等,都是日常生活中健肤美容的重要因素。

（一）肌肤的基本护理

人的皮肤可分为中性、油性、干性和混合性四种类型。每个人必须了解自己的皮肤性质，以便选用不同的化妆品，并采用不同的方法护理。

1. 洗脸

清洁面部可以去除新陈代谢产生的老化物质和由空气污染、卸妆等造成的残留物，同时也可以清洁肌肤。

【礼仪操作 2-1】

洗脸的方法

（1）步骤基本上是从皮脂分泌较多的 T 字区（眉毛端和鼻梁）开始清洗，额头中心皮脂特别发达，要仔细清洗。手指不要过分用力，应轻轻地由内朝外画圆圈滑动清洗。

（2）用指尖轻柔仔细地清洗皮脂腺分泌旺盛的鼻翼及鼻梁两侧，这一部分洗不干净将导致脱妆及肌肤出现油光。

（3）鼻子下方容易长青春痘，须仔细洗净多余的皮脂。用无名指轻轻画轮廓既不会刺激肌肤又可完全消除污垢。

（4）嘴巴四周也要注意清洗。脸部是否仔细洗净，关键在于有没有注意细小的部位。清洗时以按摩手法从内朝外轻柔地描画圆弧状。

（5）下巴和 T 字区一样，也容易长青春痘及粉刺。洗脸时往往容易忽略这一部位。洗脸时应由内朝外不断画圈，使污垢浮于表面。

（6）面积较大的脸颊部位需要特别仔细地清洗。清洗面颊的诀窍是，不要用指尖而是用指肚充分接触脸颊的皮肤，以起到按摩清洁的作用。洗脸的重要技巧是不要太用力，以免给肌肤带来不必要的负担。

（7）洗时还要记得洗脖子，下巴底部、耳后等也要仔细洗净。如果粉底霜没有去除干净，将引发各种肌肤问题。

（8）冲洗时用流动的水充分地去除泡沫，冲洗次数要适度，在较冷的季节需使用温水，以免毛孔紧闭而影响了清洗效果。

（9）洗脸后用毛巾擦拭脸上的水分时，不可用力揉搓，以免伤害肌肤。正确使用毛巾的方法是将毛巾轻贴在脸颊上，让毛巾自然吸干水分。

2. 面部营养的补充

（1）化妆水。化妆水的首要作用是补充洗脸时失去的水分，用充足的水分紧缩肌肤，使它变得柔软，这样随后使用的乳液才容易渗入。

【礼仪操作 2-2】

化妆水的使用方法

将两片化妆棉重叠，倒入充足的化妆水，量以水分刚好浸透整片化妆棉为宜。

两指各夹一片沾满化妆水的化妆棉，按在脸上，使肌肤感受到冰凉感。

首先由脸部中心朝外侧浸湿，接着浸湿易流汗的 T 字区及鼻翼四周，然后由下而上拍打整个脸部，直到肌肤觉得冰凉为止。

容易因水分不足而干燥的眼部周围和唇部也要用专门的化妆水补充水分。

（2）乳液。用化妆水充分补充洗脸所失去的水分后，再用乳液补足水分、油分，使肌肤完全恢复原来的状态，这点相当重要。乳液内含水分、油分、保湿剂等肌肤必要的三种成分。乳液是每日保养肌肤不可缺少的产品，它的主要目的是恢复肌肤的柔软，并为接下来的化妆做好准备。

（3）面霜。除化妆水与乳液以外，面霜也是一种护肤的佳品。一般人认为面霜是油性的，因此油性肌肤的人不应使用，其实这是不正确的认识。面霜的目的是在肌肤渗入含有水分的保湿剂后，在肌肤表面制造油分保护膜，使它继续保持湿润，所以它对天然皮脂膜十分充裕的油性皮肤也是不无益处的。

【礼仪操作 2-3】

乳液、面霜的使用方法

（1）先用手掌温热脸部，使毛孔张开。
（2）按由中央朝外、由下朝上的要领在脸部边画圆边将乳液、面霜涂抹均匀。
（3）涂好后，用手掌裹住脸部，让乳液、面霜渗入并去除黏腻感。
（4）再用眼霜轻柔地按摩眼睛四周的敏感部位。

（二）肌肤的特殊护理

按摩肌肤最大的目的是提高皮肤的新陈代谢，加强血液循环。户外强烈的紫外线及户外空气与冷暖气房间的温差会引起肌肤的生理机能下降，从而引发肤色暗沉、肌肤干燥等问题。为此，按摩肌肤是很有必要的，它能延缓皮肤的衰老。

有些人认为按摩是产生皱纹的主要原因，其实过度的按摩才会对肌肤造成负担。平常可利用毛孔张开、皮肤柔软的沐浴时间，按摩 3～5 分钟，这样做不会给肌肤带来任何副作用。

【礼仪操作2-4】

按摩的方法

（1）取出适量的按摩面霜。

（2）先用手掌温热面霜，然后迅速点在额、两颊、鼻、下巴五个部位。

（3）以中指及无名指从下巴向脸颊画螺旋状。

（4）从额头中心朝太阳穴画螺旋状，左右两边同时进行。基本上应以双手的中指及无名指按摩。

（5）鼻翼部位按摩力度可强些，凹凸的细部仅用中指按摩即可。

（6）左右无名指与中指交互使用，由鼻梁上端抚到鼻梁下端，鼻侧也用同样的方法。

（7）按摩眼部的手法为：上眼睑由眼端移向太阳穴，下眼睑由眼端按向眼尾，眼端及太阳穴处轻压即可。

（8）轻抚脖子至下巴处。由于皱纹容易沿横向出现，所以按摩方法是往上轻抚。

二、商务女士的化妆

化妆是一门艺术，适度而得体的化妆能使女商务人员在商务活动中达到增加美感、振奋精神和尊重他人的目的。

（一）正确认识自己

化妆的目的是要突出自己的优点，修饰缺点，这就需要了解一下人的面部的基本结构和特点。人们常说的"五官端正"就是指人的面部五官比例要协调匀称，这是五官美的前提。人的五官位置是有一定规律的，这个比例就是"三庭五眼"，如图2-14所示。

"三庭"是指上庭、中庭、下庭。上庭指从额头的发际线到眉线；中庭指从眉线到鼻底线；下庭指从鼻底线到颏底线。这三庭的长度是相等的。

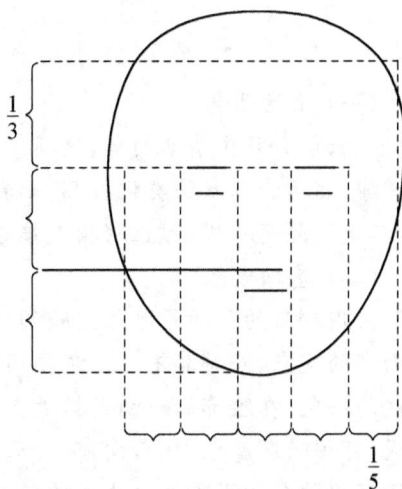

图2-14 五官的位置比例

"五眼"是指从正面看，右耳孔到左耳孔之间的脸部横向距离正好相当于自己五只眼的宽度。

一个人的脸形如果符合这个比例，就会产生匀称美；如果不符合，就要在化妆时运用一定的技法进行修饰和弥补。

（二）化妆的准则

生活中的美容化妆，以修整统一、和谐自然为准则。恰到好处的化妆，给人以文明、整洁、雅致的印象。浓妆艳抹，矫揉造作，过分的修饰、夸张是不可取的。

（三）化妆品的选用

化妆品种类繁多，必须正确地选择和使用。根据化妆品的功用可以分为三大类：清洁类化妆品，用于清洁皮肤；护肤类化妆品，用于保养皮肤；修饰类化妆品，用于修饰化妆。使用化妆品时要注意这四点：一是根据自己的肤色选择化妆品；二是根据自己的肤质选择化妆品；三是注意化妆品的质量；四是不要频繁更换化妆品。

（四）适宜的妆色

化妆的浓淡要视时间、场合而定。在白天日光下，适合化淡妆。厚厚的粉底，重重的唇膏，与周围的工作气氛是不相宜的，让人感觉你不是在认真工作，甚至认为你不稳重。在日常的工作环境中，应当力求表现自然、质朴，采用不露痕迹的化妆手法。晚上参加舞会、宴会等社交活动，可穿着艳丽、典雅的服装，在灯光照耀下妆色可浓些，可使用发亮的化妆品。旅游或运动时，不要化浓妆，在天然秀丽的风光中最宜表现一个人的自然美。

（五）化妆的步骤

【礼仪操作 2－5】

化妆的程序与方法

（一）清洁面部

化妆前必须先清洁面部，这项工作是十分重要的。用洗面奶等清洁类化妆品洗脸，用水冲净，然后涂以护肤类化妆品，如乳液、护肤霜、美容蜜等。其目的有两个：一是润泽皮肤，二是起隔离作用，防止彩妆直接进入毛孔。

（二）基础底色

使用粉底的目的是遮盖皮肤的瑕疵，统一皮肤色调。应根据自己的脸形施以粉底，突出面部的优点，修饰其不足。不要用太白的底色，否则会让人感到失真，最好是选用两种颜色的底色，在脸部的正面用接近自己天然肤色的颜色，均匀地、薄薄地涂抹。在脸部的侧面，可用较深底色，从后向前、由深至浅均匀地涂抹，因为深色有后退和深陷的作用，这样做可以收到增强脸形立体感的效果。在面部需要表现后退和深陷的部位，都可以巧妙自然地使用深底色。

（三）定妆

上完底色后需用粉定妆，目的是柔和妆面、固定底色。可使用粉饼或散粉，粉的颗粒越细则效果越自然。粉色不要太白，否则会让人感到像"挂霜"一样。粉一定要涂得薄而均匀。

（四）画眼线

画眼线是为了增加睫毛的浓密程度，为眼睛增添神采。画眼线时，使用眼线笔紧贴睫毛由外眼角向内眼角方向描画，上眼线要比下眼线画得重些。

（五）画眼影

画眼影的目的是强调眼睛的立体感。选择的眼影颜色要适于自己的肤色及服装颜色。画眼影时，贴近睫毛部位要重些，眼角部位也要重些，然后用眼影刷轻轻扫开，与鼻侧影自然相接。

（六）眉毛的修饰

修饰眉毛是为给眼睛这幅美妙的图画配一个精彩的画框。眉毛的生长规律是两头淡、中间深，上面淡、下面深。标准眉形是在眉尾的2/3处有转折。描画时，应根据眉的生长规律将其修饰得接近于标准眉形。将眉笔削成扁平状，沿着眉毛的生长方向一根根地描画，这样描出的眉毛有真实感，不要画成黑乎乎的一片。修饰眉形要根据自己的脸形：如果脸盘宽大，眉毛就不宜修得过细；五官纤细的人，不要将眉毛修饰得太浓密。

（七）涂腮红

使用腮红的目的，一是表现皮肤的健康红润，二是利用腮红来矫正脸形。面颊红润，会给人留下生气勃勃、精神焕发的印象。腮红的中心应在颧骨部位，刷腮红时用颊红帚从颧骨处向四周扫匀，越来越淡，直到与底色自然相接。圆脸形的人，腮红的形状应是长条形的，以减弱胖的感觉；长脸形的人应刷得宽些，以增加胖的感觉。关于腮红的颜色，白皮肤的人可选用淡而明快的颜色，如浅桃红、浅玫瑰红；皮肤较黑的人，腮红色可深一些、暗一些。

（八）涂唇膏

涂唇膏可以突出嘴的轮廓，使其生动润泽、富有魅力。涂唇膏时应先用唇线笔勾出理想的唇型，若嘴唇过大、过小，或太厚、太薄，应注意修饰，然后用唇膏在轮廓内涂抹。在唇的外缘用深色唇膏，内缘用浅色唇膏，可以使嘴唇更丰满，更有立体感。唇膏的颜色应根据肤色选择，还要注意不同的场合选用不同的颜色。

【补充知识2-3】

不同脸形的化妆要点

1. 长脸形

长脸形的人，在化妆时力求达到的效果应是增加面部的宽度。（1）腮红：应注意离鼻子稍远些，在视觉上起拉宽面部的效果。涂抹时，可从颧骨的最高处向太阳穴下方向外、向上抹。（2）粉底：若双颊下陷或者额部窄小，应在双颊和额部涂以浅色调的粉底，造成光影，使之显得丰满一些。（3）眉毛：修眉毛时应令其成弧形，切不可有棱有角。眉毛的位置不宜太高，眉毛尾部切忌高翘。

2. 圆脸形

圆脸形的人要力求将脸形修正为椭圆形。（1）腮红：可从颧骨起始处涂至下颊部，注意不能简单地在颧骨凸出部位涂成圆形。（2）唇膏：可在上嘴唇涂成浅浅的弓形，不能涂成圆形的小嘴状，以免有圆上加圆之感。（3）粉底：可用来在两颊造阴影，可将圆脸显得瘦一点。选用暗色调粉底，沿额头靠近发际处起向下窄窄地涂抹，至颧骨下可加宽涂抹的面积，将脸部亮度自颧骨以下逐步集中于鼻子、嘴唇、下巴附近部位。（4）眉毛：修成自然的弧形，可做少许弯曲，不可太平直或太有棱角，也不可过于弯曲。

3. 方脸形

方脸形的人以双颊骨突出为特点，因此在化妆时要设法加以掩蔽，增加柔和感。（1）

腮红:宜涂抹得与眼部平行,切忌涂在颧骨最突出处,可抹在颧骨稍下处并往外揉开。(2)粉底:可用暗色调在颧骨最宽处造成阴影,令其方正感减弱。下额部宜用大面积的暗色调粉底造阴影,以改变面部轮廓。(3)唇膏:可涂得丰满一些,强调柔和感。(4)眉毛:应修得稍宽一些,眉形可稍带弯曲,不宜有棱角。

4. 三角脸形

三角脸形的特点是额部较窄而两腮较宽,整个脸部呈上窄下宽状。化妆时应将下部宽角"削"去,把脸形变为椭圆形状。(1)腮红:可由外眼角处起向下抹涂,令脸部上半部分拉宽一些。(2)粉底:可用较深色调的粉底在两腮部位涂抹、掩饰。(3)眉毛:宜保持自然状态,不可太平直或太弯曲。

5. 倒三角脸形

倒三角脸形的特点是额部较宽大而两腮较窄小,呈上宽下窄状。人们常说的"瓜子脸"、"心形脸",即指这种脸形。其化妆的诀窍与三角脸形相似,需要修饰部分则正好相反。(1)腮红:应涂在颧骨最突出处,而后向上、向外揉开。(2)粉底:可用较深色调的粉底涂在过宽的额头两侧,而用较浅的粉底涂抹在两腮及下巴处,造成掩饰上部、突出下部的效果。(3)唇膏:宜用色调稍亮些的唇膏加强柔和感,唇形宜稍宽厚些。(4)眉毛:应顺着眼部轮廓修成自然的眉形,眉尾不可上翘,描画时从眉心到眉尾宜由深渐浅。

(六)化妆时应注意的问题

(1)一般不要在众人面前化妆,因为那是非常失礼的,是对他人的妨碍,也是不自重的举动。需要修补妆容,应到洗手间去。

(2)不要议论他人的妆容,每个人都有自己的审美情趣和化妆手法,一定不要对他人的化妆评头论足。

(3)不要借用别人的化妆品,这样做既不卫生也不礼貌。

三、商务男士的美容

每一位商务男士都希望自己获得上司的信任和客户的好感,赢得同性的尊敬和异性的青睐,给人留下深刻而美好的印象。要做到这一点,适当的修饰装扮和美化容貌是必不可少的。从根本上看,男士美容和女士没有本质的区别,都是借助修剪、描画、晕染、遮掩等修饰手段达到美化容颜的目的。但应当提请读者注意的是:男士们在做这一切的时候,不能像女性那样精描细画,一团脂粉气,而应当着力表现自己的气质美和风度美,面部化妆要自然而不露痕迹。每位男性都有与别人不同的独特个性与外表,若要寻找出最适合自己的外部形象,就要对自己的特征进行认真分析。如你是一位性格内向、外表秀气、举止文静的人,为表现阳刚之美而留个短平头或蓄一脸胡子,则显得极不协调。可见,男性的美也必须是外在美和内在美的统一。男士美容的原则其实很简单,清洁整齐、精神爽朗即可。

男士美容不外乎四项,即洁肤、护肤、剃须、美牙。

(一)洁肤

男性由于生理因素,一般活动量较大,皮肤比女性粗且硬,毛孔大,表皮容易角质化,同时男性的汗液和油脂分泌量多,因在室外工作的机会多,皮肤上的灰尘和污垢积聚也多,所以清洁皮肤对男士来说最为重要。职业男士应每日用洁面乳洁面,以清除肥皂不能去除的污垢,而且洁面乳不含刺激皮肤的碱性物质,在清洁皮肤的同时不会吸干皮肤本身的油分,洗脸后没有紧绷干燥的感觉。

（二）护肤

空调带来的空气干燥,最易令皮肤表面的水分流失,所以整日在写字间工作的职业男士的皮肤容易缺乏光泽、老化松弛。滋润是唯一的解决方法。滋润皮肤的产品要选择适合自己皮肤的护肤霜,万万不可油腻,否则,不仅显得油光满面,而且容易吸引尘粒,反而不美。在涂抹护肤品时进行自我按摩,可使疲倦的皮肤放松。

（三）剃须

男士经常剃须可以使面部清洁、容光焕发,是男士美容的一项重要内容。

★【礼仪操作 2-6】

剃须的程序

1. 清洁皮肤

剃须前应洗净脸部。脸上或胡须上不要有污物,否则,在剃须时若剃刀轻微地挫伤皮肤,污物会引起皮肤感染。

2. 软化胡须

先用热毛巾焐敷胡须,使胡须软化。若用手动剃须刀剃须,还需将剃须膏或皂液均匀地涂抹在胡须上,以利于刀锋对胡须的切割和减轻对皮肤的刺激。

3. 正确剃刮

剃须时应绷紧皮肤,以减少剃刀在皮肤上运行时的阻力。年纪大或体弱者,皮肤易起皱褶,更应绷紧,使之产生弹性。剃须的顺序是:从左到右、从下到上,先顺毛孔剃刮,再逆毛孔剃刮,最后再顺刮一次。千万不要东刮一刀、西刮一刀。

4. 剃后保养

刮胡须后的护理十分重要。因为刮胡须对皮肤的刺激和损害会令皮肤粗糙,所以,为了在新皮肤膜再生之前保护好皮肤,应在剃后用热毛巾敷上几分钟,然后涂上护肤品,这样可改善肤质。

（四）美牙

发黑、发黄的牙齿,在启齿谈笑时显得不雅,因此,有的人不敢说话、不敢笑,或者说话、笑时,用手掌遮遮掩掩做羞涩状,久而久之,形成了社交心理障碍。所以,商务人员须重视自己牙齿的护理和美容,以修饰其不足。

那么,是什么原因导致牙齿变黑变黄的呢?许多情况下,是由于长期的吸烟和喝浓茶而使牙齿表面染上了一层"茶锈"和"烟渍"。商务人员要与各种各样的人打交道,碰到爱抽烟的客户,偶尔陪着抽上一支,对方会认为你有涵养,善解人意,值得信赖。只是千万不能嗜烟成性,否则,你的外观美将大打折扣,同时也显得缺乏理智和文明的生活态度。

如果因为抽烟过度,牙齿已经出现了不健康状况,要想彻底改变,最好的办法是坚决戒掉嗜烟陋习,同时去医院口腔科进行专门的治疗,除掉牙齿表层的色素和牙石。

四、美发

(一)护发

商务人员的头发必须保持健康、秀美、干净、清爽、卫生、整齐的状态。要真正达到以上要求,就必须重视头发的清洗。任何一个健康而正常的人,头发都会随时产生各种分泌物。此外,它还会不断地吸附灰尘,甚至产生不雅的气味,这无疑会影响到头发的外观。

保持头发干净、清洁的基本方法是对它按时地进行认真清洗。清洗头发,最好是每日一次,并且贵在自觉坚持。此外,清洗头发还有助于保养头发。

(二)发型

头发的造型是仪容美的重要部分。有位美容学家说:"发型是人的第二面孔。"恰当的发型会使人容光焕发、风度翩翩。

女性发型如果设计得好,可以使人显得端庄文雅、美观大方,而且能起到修饰脸形、协调体型的作用。发型必须根据自己的脸形来设计。椭圆形脸是东方女性的标准脸形,可选任意发式。圆脸形的人应将头顶部头发梳高,使脸部增加几分力度,并设法遮住两颊。长脸形的人看起来面部消瘦,设计发型时应适当遮住前额,并设法使双颊显得宽些。方脸形的人应设法掩饰棱角,使脸形显得圆润些。额部窄的脸形,应增加额头两侧头发的厚度。

发型应根据季节变化而有所不同。夏天,应选择凉爽、舒畅的短发,若留长发,可梳辫或盘髻,这个季节的发型不宜过长和过于蓬松;冬天衣服穿得厚,衣领高,留长发既美观又利于保暖;春秋季发型可长可短,比较随意。

商务男士的发型体现着一个人的性格、修养和气质。短发可以体现青年人朝气蓬勃的精神面貌。长脸形的人不宜留太短的头发,下巴较方的人可以留些鬓发,瘦高的人应留长一点的发型,矮胖的人和瘦小的人头发不宜过长。

【实训项目一】 女士护肤

1. 实训目标:掌握护肤方法。
2. 实训地点:礼仪实训室、大屏幕教室。
3. 实训准备:小脸盆、适合各种肤质的洗面奶、温水、干毛巾。
4. 实训方法:

学生分组(4~5人)进行洗脸的练习。

学生分组进行形象展示表演,摄影、摄像。

投影回放,各位同学进行评价,老师点评。

5. 训练总结:通过训练,我的收获是_____。

【实训项目一】 女士化妆

1. 实训目标:掌握化妆技法。

2. 实训地点:礼仪实训室、大屏幕教室。

3. 实训准备:隔离霜、粉底液、粉盒、眉笔、眼线笔、眼影、腮红、睫毛膏、假睫毛、口红。

4. 实训方法:

学生分组(4～5人)进行化妆的练习。

学生分组进行形象展示表演,摄影、摄像。

投影回放,各位同学进行评价,老师点评。

评选最佳化妆学员。

5. 训练总结:通过训练,我的收获是_____。

【仪容形象考核表】

表2-3　商务女士仪容考核评分表

	评价项目与内容	标准分	扣分	实得分
女士仪容	头发干净;发型干练;美观	30		
	肤色、肤质良好	15		
	化妆规范、得体、优雅	30		
	手部干净、指甲修剪整齐	15		
	牙齿干净无杂物夹缝	10		
评价	总分	100		

表2-4　商务男士仪容考核评分表

	评价项目与内容	标准分	扣分	实得分
男士仪容	头发干净;发型干练;美观	30		
	肤色、肤质良好	15		
	面部干净,无杂须	30		
	手部干净、指甲修剪整齐	15		
	牙齿干净无杂物夹缝	10		
评价	总分	100		

第三章　国际商务形象礼仪(二)

【实训目标】

1. 理解微笑在商务活动中的重要作用,掌握微笑礼仪和目光礼仪。
2. 掌握站、坐、走、蹲、手姿等仪态。

导入案例

微笑服务的产生

美国希尔顿酒店被誉为全球酒店之冠,其创始人唐纳·希尔顿称得上是一个传奇人物。说起希尔顿的成功历史,他的母亲对他的影响是巨大的。就在他经数年苦心经营使资本增值到 5 000 万美元时,有一天,他踌躇满志、颇为得意地向母亲谈起他如何赚钱有方。他母亲淡然一笑说:"你拥有 5 000 万美元有什么了不起,知道比这更值钱的东西是什么吗?"希尔顿被问住了,母亲又说:"我看,做生意除了要对顾客诚实之外,你还得想出一个简单可行但又不花钱且行之久远的办法,去争取顾客的反复光临,只有这样,你的旅馆才会前途无量,资金才能不断增加。"母亲的话令希尔顿大受启发,他苦苦思索那"简单可行"、"不花钱"、"行之久远"四项合一的赚钱之道。终于,他悟到了,那就是"微笑"。

希尔顿视微笑为企业生存发展的唯一途径,并以此为基本企业理念,在员工队伍中大力提倡微笑服务。多年来,希尔顿酒店生意如此之好,财富增长如此之快,其成功的秘诀就在于牢牢确立自己的企业理念并把这个理念贯彻到每一个员工的思想和行为之中,酒店创造了宾至如归的文化氛围,注重企业员工礼仪的培养,通过"微笑服务"体现出希尔顿酒店的独有魅力。

1930 年,世界性经济危机袭击了美国,旅馆倒闭了 80%,希尔顿酒店也深受其害,一度负债 50 万美元,但希尔顿并不灰心,他要求员工:"请各位记住,在经济恐慌的年代,万万不可把我们心里的愁云提到脸上,无论酒店本身遇到多大的困难,我们脸上的微笑应当永远成为旅客的阳光,一旦危机过去了,我们希尔顿就会迎来云开日出的那一天。"在严重经济危机的年代,只有他的员工始终坚持微笑待客,这给人们留下了深刻美好的印象。经济萧条过去后,希尔顿酒店率先进入繁荣时期,跨入经营的黄金时代。

希尔顿经常这样谆谆教诲下属和员工:"大家想过没有,如果酒店里只有第一流的设备而没有第一流服务员的微笑,那些旅客会认为我们供应了他们全部最喜欢的东西吗?如果缺少服务员的美好微笑,正好比花园里失去了太阳和春风。假如我是旅客,我宁愿住进虽然只有残旧地毯,却处处见到微笑的旅馆,也不愿走进只有一流设备而不见微笑的地方……"。

案例分析

试分析微笑在希尔顿酒店服务中表现得作用。

第一节 商务人员的目光礼仪

仪态是指人在行为中的姿势和风度。姿势是指身体呈现的样子,风度则属于气质方面的表露。

洒脱的风度、温柔的目光、优雅的举止,常被人们羡慕和称赞,最能给人留下深刻的印象。我们往往可以从一个人的仪态来判断他的品格、学识、能力和其他方面的修养程度。人际交往中,人们的感情流露和交流往往借助于人体的各种表情和姿态,这就是我们常说的"无声语言"。达·芬奇说过:从仪态知觉人的内心世界,把握人的本来面目,往往具有相当的准确性和可靠性。用优美的仪态表达礼仪,比用语言更让受礼者感到真实、美好和生动。

面部表情是仅次于语言的一种交际手段,因此在交往活动中,表情备受交往双方的注意。在人的千变万化的表情中,眼神和微笑最具表现力。商务人员在与公众打交道时,面部表情的基本要求就是热情、友好、诚实、稳重、和蔼。

一、眼神的作用

泰戈尔说:"一旦学会了眼睛的语言,表情的变化将是无穷无尽的。"可见面部表情中起主导作用的是眼睛,内心情感的传递方式主要是靠眼神。面部表情中最突出的是"眉目传情",所以眼睛被称为"心灵之窗"。在人际交往中,目光交流不仅可以表示对交谈对象的态度,也可以反应对交谈内容的看法。因此,商务人员要学会正确地运用眼神,包括注视的部位和角度,以及眼神与面部表情的结合,以此促进商务交往的进行。

二、目光礼仪的要求

(一)目光注视的区域

根据交谈的场合,目光注视的区域有所不同。

(1)对方的双眼。注视双眼,可以让对方感受到听者的专注,尤其是交谈时间不久,交谈内容极为重要时,可表示全神贯注的状态。

(2)对方的面部。注视面部适合时间较长的交谈,不聚焦于对方面对的一点,而是散点柔视。

(3)对方的全身。当对方距离较远时,可注视对方全身,观察对方的整体反应,以便做出正确的处理。

(4)对方的局部。除了头顶、嘴部、胸部、腹部、臀部和腿部等敏感禁区之外,有时会注视身体局部,如递接物品时注视手部,上下楼梯注视脚部等。

另外,面对不同的场合和交往对象,目光所及之处也有区别,具体如下:

(1) 公事注视：目光所及区域在额头至两眼之间。

(2) 社交注视：目光所及区域在两眼到嘴之间。

(3) 亲密注视：目光所及区域在两眼到胸之间。

（二）目光注视的时间

(1) 注视时间应占交谈时间的 30%～60%。低于 30%，会被认为你对他的交谈不感兴趣；高于 60%，则会被认为你对他本人的兴趣高于对谈话内容的兴趣。

(2) 凝视的时间不能超过 5 秒，因为长时间凝视对方会让对方感到紧张、难堪。如果面对熟人、朋友、同事，可以用从容的眼光来表达问候、征求意见，这时目光可以多停留一些时间，切忌迅速移开，这会给人留下冷漠、傲慢的印象。

（三）目光注视的角度

(1) 正视。正视就是身体和面部正对对方，不斜视、偷视，一般表示尊重、重视。

(2) 平视。平视就是目光与目光保持在同一高度平行对视，一般表示平等、自信。

(3) 仰视。仰视就是抬头注视对方，说者所处位置低于听者，故需目光向上进行交流，一般表示尊重、崇拜等。

(4) 俯视。俯视就是低头注视对方，说者所处位置高于听者，故目光向下，一般表示谦卑或不自信。相对来说，俯视在礼仪表达中运用场合较少。

三、目光的不良表达方式

(1) 在别人讲话时闭眼，给人的印象是傲慢或没有教养。

(2) 盯住对方的某一部位"用力"地看，这是愤怒的最直接表示，有时也暗含挑衅之意。

(3) 从头到脚反复地打量别人，尤其是对陌生人，特别是异性，这种眼神很容易被理解为有意寻衅闹事。

(4) 窥视别人，这是心中有鬼的表现。

(5) 用眼角瞥人，这是一种公认的鄙视他人的表现。

(6) 频繁地眨眼看人，这是心神不定的表现，且显得轻浮。

(7) 左顾右盼，东张西望，目光游离不定，会让对方觉得你用心不专。

【实训项目一】 目光训练

1. 实训目标：通过实训，掌握正确的目光交流方式（柔和、友好、轻松），传递内心的情感与想法。

2. 实训地点：礼仪实训室、大屏幕教室。

3. 实训准备：镜子、摄像机、照相机、投影设备等。

4. 实训热身：表情成语演演看（要求没有语言和肢体动作，一方通过表情来演示，另一方猜成语），通过热身，一来活跃气氛，激发同学表演，二来体验表情魅力。成语如情绪成语（喜笑颜开、欣喜若狂、怒目圆睁、垂头丧气、心生疑惑等）和情感成语（含情脉脉等）。

5. 实训方法：

（1）个人训练：面对镜子，注视自己的双眼，保持微笑，用眼神配合"您好"的表述。用手机自拍一组表情照，包括"没有表情"和"有表情"的照片，通过比较找到最佳的表情表达方式。

（2）两人互训：两位学生面对面站立，注视对方面部，保持微笑，用眼神向对方传递"您好"问候信息。

（3）分组训练：设定动态场景，学生分组（4～5人）自选不同场合进行目光交流，传递真诚、问候与友善。展示表演过程可通过摄影、摄像等留存，然后投影回放，同学进行评价，老师点评。评选出"最佳表情帝"。

5. 训练总结：通过训练，我的收获是＿＿＿＿＿＿＿＿＿。

表3-1　目光礼仪考核表

序号	操作规范	评分标准	实际得分
1	眼睛平视，注视对方	20	
2	目光自然、亲切、真诚	20	
3	目光与微笑结合	20	
4	目光与语言结合	20	
5	目光根据交谈内容，有做出反应	20	
合　计		100	

第二节　商务人员的微笑礼仪

美国密西西比大学的心理学家詹姆斯·麦克奈尔教授谈到，有笑容的人在管理、教导、推销上更容易成功。这足以说明微笑对人际交往的突出效用。笑是眼、眉、嘴和脸部动作的集合，它是多样的，有开怀大笑、回眸一笑等。而微笑是其中最常见的，在交往中的作用也最为广泛。一个人如果不会微笑，他就会遇到许多困难，失去许多本该属于他的机遇和财富。微笑是一门学问、一种艺术，只有苦练才能成功。商务活动最有效的表情莫过于微笑。微笑是一种人人皆知的世界语。微笑传达的信息常能促进双方沟通，融和双方感情。比如当谈话取得一定效果、谈判达成一定协议时，双方会心地微微一笑，常常能弱化或消除心中的戒备和隔阂，增进理解和友谊。如今，日本各航空公司的乘务员上岗之前要接受的主要礼仪训练就是微笑。学员要在教官的指导下进行长达6个月的微笑训练，训练在各种乘客面前、各种飞行条件下应当保持的微笑。

一、微笑的作用

微笑的作用可以表现在以下几个方面：

（1）表现心境良好。面露平和欢愉的微笑，说明心情愉快、充实满足、乐观向上、笑对人生，这样的人才具有吸引别人的魅力。

（2）表现充满自信。面带微笑，表明对自己的能力有充分的信心，以不卑不亢的态度与人交往，使人产生信任感，容易被别人真正地接受。

（3）表现真诚友善。微笑反映自己胸怀坦荡，善良友好，待人真心实意，而非虚情假意，使人在与其交往过程中自然放松，不知不觉缩短了彼此的心理距离。

（4）表现乐业敬业。工作岗位上保持微笑，说明热爱本职工作，乐于恪尽职守；同时，微笑还可以创造一种和谐融洽的气氛，让服务对象倍感愉快和温暖。

【补充知识 3－1】

表情也有节日——世界微笑节

世界微笑日，又称国际微笑日，是由世界精神卫生组织在 1948 年确立的唯一一个庆祝人类行为表情的节日。1948 年，国际红十字会规定将国际红十字会创始人亨利·杜南的生日——5 月 8 日为世界红十字日，也即"世界微笑日"。从 1948 年起，每年的 5 月 8 日，世界精神卫生组织把这天订立为"世界微笑日"，希望通过微笑促进人类身心健康，同时在人与人之间传递愉悦与友善，增进社会和谐。

二、微笑礼仪的要领

微笑的基本要领是：肌肉放松，嘴角两端向上略为提起，面含笑意，亲切自然，使人如沐春风。其中亲切自然最重要，它要求微笑出自内心、发自肺腑，而无任何做作之态。只有这种发自真心、带有诚意的微笑，才能使与你接触的人感到轻松和愉快。

图 3－1 至图 3－3 所示的是 3 种训练微笑的方式。

① 把手举到脸前。　② 双手按箭头方向做"拉"的动作，同时想象笑的形象。

图 3－1　微笑的训练方式（1）

① 把手指放在嘴角并向脸的上方轻轻上提。　② 一边上提，一边使嘴充满笑意。

图 3－2　微笑的训练方式（2）

① 手张开举在眼前,手掌
向上提,并且两手展开。

② 随着手掌上提,打开,
眼睛一下子睁大,同时
嘴角上扬。

图 3 - 3 微笑的训练方式(3)

三、微笑礼仪的注意事项

(1) 并非所有的交谈中,都需要微笑,当对方正处情绪低落之时,心怀真诚给予问候即可。

(2) 专注讨论工作内容时,也不一定需要微笑,大家关注的不只是表情,而更需要得到思想的碰撞。

(3) 不要刻意地表现出微笑,更不要当面微笑,转身微笑即逝,周边其他人会因此怀疑微笑的诚意。

【实训项目二】 微笑训练

1. 实训目标:通过实训,使微笑更加自然,能充分表达热情、真诚与友好,使对方感受到尊重与温暖。

2. 实训地点:礼仪实训室、大屏幕教室。

3. 实训准备:镜子、摄像机、照相机、投影设备等,播放轻缓背景音乐。

4. 实训热身:看图片猜表情,活跃气氛,并分辨不同笑容的含义。

大屏幕展示出各种笑(皮笑肉不笑、含羞一笑、微笑、哈哈大笑、苦笑等)的表情,让学生猜各种笑容传递的信息。

5. 实训方法:

(1) 自然微笑训练:通过播放温暖的画面和文字,结合音乐,以情景引导,使心情舒畅、放松和美好,从而达到自然微笑。

(2) 自信微笑训练:提示学生在内心树立"我是最棒的"的信念,让学生克服紧张或自卑的心理障碍,从而达到大胆微笑。

(3) 微笑表情训练:借助"一"、"钱"、"喜"、"cheese"、"茄子"等字音和口型,形成标准口型,也可以借助筷子,门牙轻咬,完成微笑表情。

展示表演过程可通过摄影、摄像等留存,然后投影回放,同学进行评价,老师点评。评选出"微笑天使"。

6. 训练总结:通过训练,我的收获是_____。

表 3-2　微笑礼仪考核表

序号	操作规范	评分标准	实际得分
1	口、眼结合,露出 6~8 颗上面牙齿,嘴角上扬,目光柔和	20	
2	精神饱满,热情大方	20	
3	微笑与语言结合,配合礼貌用语	20	
4	微笑与举止结合,不失稳重之感	20	
5	微笑发自内心,要真诚,且始终如一	20	
合　计		100	

第三节　商务人员的站姿礼仪

站立是人的最基本的静态姿势,也是其他姿势的基础。"站如松"是说人的站立姿势要像青松一般端直挺拔。这是一种静态美,是培养优美典雅仪态的起点,也是发展不同质感的动态美的基础。良好的站姿能衬托出美好的气质和风度。

一、站姿使用的场合

站姿在商务场合中常用于以下几个情况:

(1) 站立服务岗位:常见的有银行柜台、酒店前台、物业安保以及交通警察等,这种岗位的工作性质就是长期站立。

(2) 迎候他人:站立在大门口等待贵宾到来。

(3) 演讲汇报:站立在某处,陈述方案或建议。

(4) 其他:如按约定在某处等待他人等。

【礼仪故事 3-1】

站着说话不腰疼

"站着说话不腰疼"这句俗语来自于先秦秦孝公和商鞅的故事。

话说孝公宠臣景监将商鞅(卫鞅)引荐给秦孝公,孝公在朝殿与商鞅纵论天下治国经纶,景监作陪。当时孝公端坐,商鞅、景监长坐(即把膝盖跪于地双足垫于臀下),自晨昏畅谈至日暮,商鞅说到激扬处忘形于礼,起身立于殿中侃侃而谈,浑然不觉。景监长跪一日,身心俱疲,见君臣并无结束之意,遂频频向商鞅暗使眼色,意即打住。但商鞅并不理会,直至二更才由孝公打断,赏赐御膳而去。席间商鞅问景监为何频使眼色,景监道:"我跪得浑身都麻木了,酸软如泥,你倒站着说话不腰疼。"后来这句话就流传下来了,不过含义经过世代演变,已经发生了很大的变化。

"站着说话不腰疼"是一句俗语,多指别人不设身处地替人着想却高谈阔论,夹杂说人得了便宜还卖乖之意。也比喻一个人不了解实际情况，只管口头讲述，脱离实际，也比喻眼高手低，简单易懂。

二、站姿礼仪的要领

正确的站姿如图 3-4 所示。

（1）头正，颈挺直，双肩展开向下沉，人整体有向上的感觉。

（2）收腹、挺胸、立腰、提臀。

（3）两腿并拢，膝盖挺直，小腿往后发力，人体的重心在前脚掌。

（4）女士四指并拢，虎口张开，双臂自然放松，将右手搭在左手上，拇指于体前交叉，体现女性线条的流畅美。脚跟并拢，脚尖分开呈 V 字形。

（5）男士可将两脚分开与肩同宽，也可脚跟并拢、脚尖分开呈 V 字形，双手背放到臀部上，塑造出男性轮廓的美。

（6）女士穿旗袍时，可站成丁字形，腹略收，双手交叉置于肚脐位置。

（7）站立时应保持面带微笑。

图 3-4　正确的站姿

三、站姿礼仪的注意事项

（1）避免身体僵硬，动作过于夸张。

（2）不能倚靠它物，表现出慵懒松懈。

（3）站立是一种工作的准备状态，而不是一种暂停姿势，应观察周边的情形变化，如顾客抵达等，应做出及时的应对。

（4）头位、体位基本一致，但手位和脚位男女站姿有别。

【实训项目三】　站姿训练

1. 实训目标：通过实训，使站姿更加规范，展现挺拔形体和优雅气质。

2. 实训地点：礼仪实训室、大屏幕教室。

3. 实训准备：摄像机、照相机、投影设备等，辅助物品如纸、书等。

4. 实训热身：花式站立或量身高。

组织学生单腿站立或闭眼站立，或者模拟量身高，以轻松娱乐的方式让学生放松，逐渐引导学生开展礼仪训练。

5. 实训方法：

（1）靠墙站立训练：背靠平面墙站立，要求脚后跟、小腿、双肩、后脑勺紧贴墙面，形成四点一线，保持挺拔身姿。

（2）两膝夹纸训练：面对镜子，在保持规范站姿要求的基础上，在两膝之间放一张纸，要求不要让纸掉落，保持腿部直立。

（3）头顶置书训练：面对镜子，在保持规范站姿要求的基础上，把书放在头顶，要求不让书滑动或掉下来，可结合目光和微笑礼仪要求。

以上方法可同步使用，展示表演过程可通过摄影、摄像等留存，然后投影回放，同学进行评价；老师点评。评选出"最佳站姿标兵"。

5. 训练总结：通过训练，我的收获是＿＿＿＿＿＿＿＿＿。

表3-3 站姿礼仪考核表

序号	操作规范	评分标准	实际得分
1	头部保持正直	20	
2	双眼平视前方，表情自然放松，面带微笑	20	
3	两肩平且松，手臂自然下垂放于体侧或放于腹前或后背，如演讲、递送物品等也需注意手势规范	20	
4	挺胸、收腹、立腰、夹臀	20	
5	两腿夹紧，脚跟并拢，脚尖外展 45°～60°	20	
合　计		100	

第四节　商务人员的坐姿礼仪

坐是最常见的工作状态。"坐如钟"给人以端正、大方、自然、稳重之感。

一、优雅坐姿的礼仪原则

就座涉及怎么入座、坐哪里以及如何坐下的过程，充分体现了个人涵养。

（1）有序礼让。根据身份、长幼、男女等尊卑顺序，先后入座，同时对于同等级别同等身份的人，礼让他人，让其先入座。

（2）左进右出。一般情况，从座椅左侧入座，并从座椅右侧离席。

（3）落座无声。落座前尽可能调整好座椅位置，轻稳坐下，不可重重坐下或是大力挪动座椅，制造噪音。

（4）离席有礼。告别离座要和座位两边甚至其他人以提示或说明，不能突然擅自离席。

✎【补充知识 3-2】

古人的坐姿

古代的"坐"与现代的"坐"并不一样。在秦汉以前，"坐"的概念比较宽泛，"坐"、"踞"、"跪"、"拜"等都属于坐的范畴，这是当时最合乎礼仪的坐姿。

先秦时期，不会坐或是乱坐都属不懂礼仪的行为。孔子的老朋友原壤，就曾因乱坐而被孔子臭骂一通。一次，原壤张开两腿，坐等孔子，即"原壤夷俟"一说。据《论语·宪问》记载，孔子见到后当场就发火了，用拐杖敲打着原壤的小腿骂道："幼儿不孙弟，长而无述焉，老而不死，是为贼。"其大概意思是，"你从小就不懂礼数，长大也是废物一个，老了白浪费粮食，是个害人精。"

实际上，在日常生活中人们不可能都是"正襟危坐"，孔子大骂原壤显然是过于"上纲上线"了。秦汉以前，除了礼仪性质的坐外，还有不少生活化的坐法，在非公开场合有蹲踞、箕踞等姿势。蹲踞与箕踞相对舒适、自由，是古人较为随意的休息性姿势。

二、入座礼仪要领

（1）入座时要轻要稳，即走到座位前转身，轻稳地坐下。女子入座时，若是着裙装，应用手将裙稍稍拢一下，不要坐下后再站起整理衣服。

（2）坐在椅子上，上身保持站姿的基本姿势。双膝并拢，两脚平行，鞋尖方向一致。

（3）根据所坐椅子的高低调整坐姿，双脚可正放或侧放，并拢或交叠，但必须切记：女士的双膝应并拢，任何时候都不能分开。

（4）双手可自然弯曲放在膝盖或大腿上。如果坐的是有扶手的沙发，男士可将双手分别搭在扶手上，而女士最好只搭一边扶手，以显示高雅。

（5）坐在椅子上时，一般坐满椅子的2/3。一般情况下不要完全靠向椅背，休息时可轻轻靠背。

（6）起立时，双脚往回收半步，用小腿的力量将身体支起，不要用双手撑着腿站起，要保持上身的直立。

三、商务场合中不适宜的坐姿

以下几种不良坐姿不宜出现在社交场合中：

（1）与人交谈时，双腿不停地抖动，甚至鞋跟离开脚跟在晃动，这是不礼貌的、缺乏教养的表现。

（2）上身松懈，叠腿而坐，并仰靠在椅背上。

（3）脱鞋，或直接将双脚搭到椅子、沙发、桌子上。

（4）跷脚，并将鞋正对对方。

（5）坐下后脚尖相对，或双腿拉开成八字形，或将脚伸得很远。

（6）双手乱放，或玩笔，或抠鼻挠耳，或将肘部放在桌上托着下巴，或将双手夹在双腿中间，或抱于胸前或脑后等。正确的坐姿如图3-5所示。

图 3-5　正确的坐姿

【实训项目四】 坐姿训练

1. 实训目标:通过实训,使坐姿更加规范,展现挺拔形体和优雅气质。

2. 实训地点:礼仪实训室、大屏幕教室。

3. 实训准备:摄像机、照相机、投影设备等。

4. 实训热身:无椅就座。

让学生在座位旁空地,模拟就座的姿势,以娱乐的方式让学生方式,逐渐引导学生开展礼仪训练。

5. 实训方法:

(1)头顶置书训练:面对镜子,在保持规范坐姿要求的基础上,把书放在头顶,要求不让书滑动或掉下来,可结合目光和微笑礼仪要求。

(2)多人对坐训练:设定接待情景,两人或多人一组,模拟请坐礼节,观察入座顺序及就座坐姿。

(3)男扮女姿(或女扮男姿):通过男女互扮,让学生对不同性别的坐姿有更直观的感受。

展示表演过程可通过摄影、摄像等留存,然后投影回放,同学进行评价;老师点评。评选出"最佳坐姿标兵"。

5. 训练总结:通过训练,我的收获是＿＿＿＿＿＿＿＿＿＿。

表3-4 坐姿礼仪考核表

序号	操作规范	评分标准	实际得分
1	入座规范,座椅左侧轻稳入座,女士着裙装需整理裙子下摆	20	
2	入座后,双腿并拢,两腿靠紧,小腿垂直于地面,大小腿折叠约90度,两手相握放于大腿上	20	
3	坐下后,上体自然挺直,身体重心垂直向下	20	
4	一般坐座椅的2/3,不少于座椅的1/3,不倚靠椅背	20	
5	起立时,右脚向后收半步,自然站起,然后两腿并拢,着裙装女士需先整理裙摆	20	
合 计		100	

第五节 商务人员的走姿礼仪

走姿属于动态美,是日常工作中最为常见的姿态。凡是协调稳健、轻松敏捷的走姿,都会给人以美感,并反映出一种积极向上的情感。

一、走姿礼仪

(1)个人行走。由于工作需要,离开固定的办公场地,无论事情缓急,都需按照礼仪规范行走。

（2）与人同行。引领他人时，位于他人侧前方2～3步，按他人速度行进，并适时以手势指引方向。行路的一般礼则是：二人行，前为尊，右为上，内侧为上。三人行，中为尊，右为次，左为再次。

（3）与人反向。靠近他人时，应放慢速度，与人交汇，应停步后，各从道路右侧通行，若空间小的地方，要侧身，让他人通过后再前进。

【补充知识3-3】

职业场合穿高跟鞋的注意事项

众所周知，女性穿高跟鞋是可以提高个人气质和职业素养的，因此，初入职场的女性，在着装上必须配备一两双高跟鞋来给自己加分。

1. 穿多高跟的高跟鞋？鞋跟的理想高度为3 cm～5 cm（建议不要超过8.5 cm，过高容易导致脚部疲累），鞋跟以较粗、具稳定性者为佳。

2. 穿什么款式的高跟鞋？不赞成职业场合女生穿厚防水台的高跟鞋，看上去廉价数倍、强壮数倍，且走姿不优雅，另外穿厚防水台，容易导致脚部过重而容易崴脚或摔倒，当然露脚趾的高跟鞋也是不适合职业场合的。总体还是根据自己的脚型来选择合适的款式。

3. 穿什么颜色的高跟鞋？职业场合中中性色（如黑色、灰色、米色、咖啡色、土黄色）更显大气，也比较百搭，虽不出挑，但也无风险。

4. 每天穿多久合适？穿高跟鞋除了磨脚，时间长容易出现腰痛、颈椎病、膝关节磨损退化等，所以，每天建议不要超过4～6小时，有条件的可以在办公室备一双平跟鞋。

另外，再好的鞋子，在外忙碌了一天，鞋身难免沾染污垢。回家之后要建议立即清理，擦拭鞋油或毛刷清理，并塞入鞋模或报纸来保持鞋型。

二、走姿礼仪的要领

（1）以站姿为基础，面带微笑，眼睛平视。

（2）双肩平稳，双臂前后自然地、有节奏地摆动，摆幅以30°～35°为宜，双肩、双臂都不应过于僵硬。

（3）重心稍前倾，行走时左右脚重心反复地前后交替，使身体向前移动。

（4）行走的路线应为一条直线。

（5）步幅要适当。一般应该是前脚的脚跟与后脚的脚尖相距为一脚掌长，但因性别、身高不同会有一定差异。着装不同，步幅也不同。如女士穿裙装（特别是穿旗袍、西服裙、礼服）和穿高跟鞋时步幅应小些，穿长裤时步幅可大些。

（6）跨出的步子应是脚跟先着地，膝盖不能弯曲，脚腕和膝盖要灵活，富于弹性，不可过于僵直。

（7）走路时应有一定的节奏感，走出步韵来。正确的站姿如图3-6、3-7所示。

图 3-6　男士正确的走姿

图 3-7　女士正确的走姿

三、商务场合中不适宜的走姿

商务场合中,应自觉纠正以下几种不良的走姿:

（1）走路内八字或外八字。

（2）弯腰驼背,摇头晃脑,扭腰摆臀。

（3）膝盖弯曲,重心交替不协调。

（4）左顾右盼,走路时抽烟,双手插裤兜。

（5）身体松垮,无精打采。

（6）摆手过快,幅度过大或过小。

【实训项目五】 走姿训练

1. 实训目标:通过实训,使走姿更加规范,展现挺拔形体和优雅气质。

2. 实训地点:礼仪实训室、大屏幕教室。

3. 实训准备:摄像机、照相机、投影设备等。

4. 实训热身:模特台步。

让学生模拟模特 T 台走秀,如何行走中停步亮相、停步转身等,以有趣的方式,开启后续实训。

5. 实训方法:

（1）头顶置书训练:面对镜子,在保持规范站姿要求的基础上,把书放在头顶,要求不让书滑动或掉下来,可结合目光和微笑礼仪要求。

（2）手部托物训练:可以是单手或双手,托举物品行走,要求物品平稳。

（3）障碍物训练:以小组的形式,通过双向同行,或者设立障碍物,锻炼同学正确处理各类情景,保证走姿平稳且有礼。

展示表演过程可通过摄影、摄像等留存,然后投影回放,同学进行评价;老师点评。评选出"最佳走姿标兵"。

6. 训练总结:通过训练,我的收获是_____。

表 3－5 走姿礼仪考核表

序号	操作规范	评分标准	实际得分
1	方向明确。行走时有明确的行进方向,尽可能保持直线行走,忌突然大转身等	10	
2	步幅适中。一般步幅与本人一只脚的长度相近	10	
3	速度均匀。正常情况,男子每分钟 110 步左右,女子 120 步左右,不突然加速或减速	10	
4	重心放准。行进时身体向前微倾,重心落在前脚掌上	20	
5	身体协调。行走时以脚跟先着地,膝盖在脚步落地时应伸直,腰部要成为重心移动的轴线,双臂在身体两侧一前一后自然摆动	30	
6	体态优美。做到昂首挺胸、步伐轻松,双眼平视前方	20	
合 计		100	

第六节　商务人员的蹲姿礼仪

蹲姿是日常工作中相对少见的姿态,其礼仪也往往被人忽视,但其更能体现出个人的修养和素质。

一、文雅蹲姿的礼仪场合

(1) 集体合影。集体合影最前排需要下蹲时。

(2) 弯腰捡拾物品。此时若两腿叉开,臀部向后撅起,是极不雅观的姿态,如图3-8所示。

二、蹲姿礼仪的要领

图3-8　不文雅的蹲姿

(一) 交叉式蹲姿

采用交叉式蹲姿,下蹲时右脚在前,左脚在后,右小腿垂直于地面,全脚着地。左膝由后面伸向右侧,左脚跟抬起,脚掌着地。两腿靠紧,合力支撑身体。臀部向下,上身稍前倾。一般适用于女性。正确的蹲姿如图3-9所示。

图3-9　交叉式蹲姿

图3-10　高低式蹲姿

(二) 高低式蹲姿

下蹲时右脚在前,左脚稍后,两腿靠紧向下蹲。右脚全脚着地,小腿基本垂直于地面,左脚脚跟提起,脚掌着地。左膝低于右膝,左膝内侧靠于右小腿内侧,形成右膝高左膝低的姿态,臀部向下,基本上以左腿支撑身体。该姿势男女适用,正确的蹲姿如图3-10所示。

三、商务场合中蹲姿礼仪要点

（1）蹲姿三要点：迅速、美观、大方。

（2）下蹲时注意内衣"不可以露，不可以透"。

（3）女性要防止走光。下蹲时要两腿并紧，穿旗袍或短裙时需更加留意，以免尴尬。

（4）避免弯腰翘臀的姿势。

【实训项目六】　蹲练训练

1. 实训目标：通过实训，使蹲姿更加规范，展现文雅大方的体态。

2. 实训地点：礼仪实训室、大屏幕教室。

3. 实训准备：摄像机、照相机、投影设备等。

4. 实训热身：青蛙蹲或萝卜蹲游戏。

让学生观察并感受不文雅蹲姿给人带来的印象。

5. 实训方法：

（1）头顶书训练：面对镜子，在保持规范蹲姿要求的基础上，把书放在头顶，要求不让书滑动或掉下来，注意女生和男生的蹲姿差异，并注意速度。

（2）情景模拟训练：设定情景，结合其他姿态，进行一系列的礼仪展示。如演示在行进的过程中，发现地上有物品，模拟行进和下蹲拾物的整体过程。

展示表演过程可通过摄影、摄像等留存，然后投影回放，同学进行评价；老师点评。评选出"最佳蹲姿标兵"。

6. 训练总结：通过训练，我的收获是＿＿＿＿＿＿＿＿。

表 3-6　蹲姿礼仪考核表

序号	操作规范	评分标准	实际得分
1	下蹲拾物时，应自然、得体、大方，不遮遮掩掩	20	
2	下蹲时，两腿合力支撑身体，避免滑倒	20	
3	下蹲时，应使头、胸、膝关节在一个角度上，使蹲姿优美	20	
4	下蹲时，上身应保持自然挺直，臀部向下	20	
5	男士双腿自然分开，宽不过肩。女士无论采用哪种蹲姿，都要将腿并拢	20	
合　计		100	

第七节　商务人员的手势礼仪

手是人体最富有灵性的器官，是人类心灵触角的指向。它是除了语言以外人们用得最多的传递信息和沟通情感的媒介。手势美是一种动态美，在商务场合中，恰当地运用手势来传情达意，有时会起到此时无声胜有声的效果。

一、手势礼仪的基本原则

（1）手势的使用应有助于表达自己的思想，不宜过于单调重复，也不能手势过多。反复做一种手势会让人感到修养不够。尤其是与他人交谈时，随便乱做手势或不停地做手势，会影响别人对你说话内容的理解，有时也是一种心理暗示，如紧张、不自信等。

（2）手势礼仪不仅仅针对顾客，也包括自己以及关系熟悉的同事或朋友。如谈到自己时，应用手掌轻按自己的左胸，这样会显得端庄、大方、可信。

（3）手势存在地域差异，同样的手势，在不同地区或国家的含义不同，有的甚至完全相反，面对宾客，要谨慎使用手势。

✎【补充知识 3－4】

不打手势说不了话的意大利人

据统计，意大利人在日常生活中经常使用的，且能准确示意的手势就有 250 多个，手势与语言几乎都是同步，所以就连意大利人自己都笑称"如果把手绑起来，我们都不知道该怎么说话了"。意大利常见的手势如：

（1）中国人用手指表示数字 8 的"手枪"手势，保持这个手型并左右转动手腕，这是表示啥东西都没剩下或者商店关门的意思。

（2）张开五指抓住下巴并向下摸胡子的动作，意思是某人去世或对自己性命不保的自嘲。

（3）五指并拢用手背从里向外摸下巴，再配上撇嘴的表情，就是"这事儿跟我没关系"。

（4）竖起食指并戳向脸蛋儿，然后来回转动，这是在说"这东西真好吃啊"。

另外，意大利人还善用肢体接触来表达，比如用大拇指和食指骨节掐几下对方脸上的肉，意思是"你真可爱"，而用手指弹拨对方的耳朵，则是含蓄质疑"你不会是同性恋吧"。

二、常用的手势礼仪

（1）引领手势。通常运用在欢迎宾客，并引导客人前行。可采用"横摆式"手势，五指伸直并拢，手掌自然伸直，手心向上，肘作弯曲，另一只手自然放在一侧，目视来宾，微笑问候，"您好，欢迎光临，这边请"，随即可调整肘部为直臂，"您这边请"或"请随我来"。正确的引领手势如图 3－11 所示。

（2）示意地点手势。当请来宾入座或指引方位时，就会用到这个动作，可采用略微倾斜的手势，五指伸直并拢，手掌自然伸直，手心向上，肘作弯曲，指尖朝向落座或前行方向，另一只手可自然下垂或拉椅背，并同步"您请坐""您

图 3－11　引领手势

往里走"等礼貌用语。

（3）讲解展示手势。讲解时，可根据展示物品或文件的位置，采用灵活多变的手势，指位时需要五指伸直并拢，手掌自然伸直，手心向上，肘作弯曲，指尖朝向讲解对象的方向。但不需要一直指着，可辅助常规站姿加以解说。

三、商务场合中不规范的手势

商务场合中，应避免出现以下几种不良的手势：

（1）用手指点他人的手势是不礼貌的。

（2）生活中某些手势会令人极其反感，严重影响风度。如掏耳朵、抠鼻孔、咬指甲、剜眼屎、搓泥垢、修指甲、揉衣角、用手指在桌上乱画等，这些都是人际交往中禁忌的举止。

（3）听他人谈话时，不停玩弄手中的文具，或敲击桌面，甚至是敲击他人名片。

（4）商务场合，忌做暧昧或引人误会的手势。

【实训项目七】 手势训练

1. 实训目标：通过实训，使手势更加规范，能正确表达动作者的内心想法和文明素养。

2. 实训地点：礼仪实训室、大屏幕教室。

3. 实训准备：摄像机、照相机、投影设备等。

4. 实训方法：

（1）分解动作训练：面对镜子，身体略前倾完成动作，手臂的弯曲、手指的并拢以及手臂的抬举高度等，都可以分解开来训练。

（2）情景模拟训练：模拟客人抵达公司后，迎领进入公司、上楼至会议室，请坐，展示PPT的一系列动作。

展示表演过程可通过摄影、摄像等留存，然后投影回放，同学进行评价；老师点评。评选出"最佳形象标兵"。

5. 训练总结：通过训练，我的收获是＿＿＿＿＿＿＿＿。

表3-7 手势礼仪考核表

序号	操作规范	评分标准	实际得分
1	身体略前倾，同时注意站姿规范	20	
2	四指并拢，掌心向上，大拇指张开	20	
3	以肘关节为轴，前臂自然上抬伸直，以示尊重	20	
4	根据场合，控制手势的力度大小、速度快慢及时间长短	20	
5	面带微笑，视线与手势方向一致	20	
合 计		100	

第四章　国际商务交往礼仪

【实训目标】

1. 理解商务交往礼仪在商务工作中的重要作用。
2. 掌握商务交往礼仪知识;明确交际中的诸多忌讳,避免商务交往中的尴尬。
3. 掌握正确的商务交往礼仪方法,学会巧用交往技巧,推动商务事业成功。

导入案例

零距离接触陌生人

与陌生人交往,如何让对方对你"一见倾心",甚至营造出"零距离"交往的氛围,是一种高妙而实用的交际艺术。

美国著名作家赛珍珠在第二次世界大战期间,曾发表过对中国人民的广播演讲。这篇演讲深深地打动了中国人的心。在演讲中,她是这么说的:我今天说话不完全站在一个美国人的立场,因为我也是一个中国人。我一生的大半时间,都消磨在中国。我生下来3个月,就被父母带到中国来了,十几年间,我们到的地方有浙江、湖南、山东各省的小城市、小山庄……以后我长大了,又在南京住了17年,我曾亲眼看见南京在几年时间之间,由一个古旧的城市变成了一个新式的首都……现在我人虽已归故里,心中却没有忘记旧日的朋友。所以,今天我要从这两种立场说话。我既在中国长大成人,又在美国住了多年,受了双方的教育,有了双方的经验,我觉得我是属于这两个国家的,我可以为两个国家说话。美国人对中国人的观念是怎么样的呢? 非常好,我一开口说到中国,他们都点头说:"我们喜欢中国人。"

案例分析

赛珍珠作为一个美国人,在演讲过程中却反复强调自己与中国人的缘分不浅。对于中国听众,赛珍珠所提及的国内的风土人情和经历,拉近了他们之间的关系,陌生的演讲者似乎也变成了曾经同游的旅伴,一种亲切感油然而生,国籍带来的界限一下子消失无踪,彼此之间真正实现了零距离的交往。

第一节　国际商务交往的一般原则

要想建立良好的人际关系,作为商务人员,就要在社会生活中了解、遵循和掌握以下商务交往的一般原则。

一、互尊原则

在商务交往中,交往的双方都需要遵守平等互尊原则,平等互尊是商务交往中建立人际关系的必要前提。商务交往作为商务人员与客户之间的沟通方式,是主动的、相互的、有来有往的。人都有受人尊重的需要,都希望得到别人的平等对待。作为商务人员,要十分注意这种平等互尊的需要,尊重你的客户的同时也会为自己赢得尊重。

【案例 4 - 1】

尊敬的作用是十分巨大的。日本东芝电器公司曾一度陷入困境,员工士气因此低落。在这种情况下,土光敏夫出任董事长,他经常不带秘书,一个人深入各工厂与工人聊天,听取工人的意见。更有意思的是,他还会经常带着酒去慰问工厂的员工,和他们共饮。最终,他赢得了公司上下的支持,员工的士气也高涨起来。在短短的三年里,土光敏夫让东芝公司重振声威。土光敏夫的诀窍就是关心、重视、尊重每一位员工,"敬人者,人恒敬之",在尊重员工的同时,他也赢得了员工的信服与支持。

二、相容原则

一般来说,在商务交往过程中,人们往往会感受到,交往的双方其实心理存在着一定的距离,存在不相容的心理状态。这种差异会令双方产生思想隔膜,甚至会使双方关系僵化,从而错过促成商机的机会。若想缩小这种心理上的差异,使人与人的交往能多一分和谐、多一分信赖,就要做到心理相容,必须抱有宽容之心,增加交往频率,寻找双方共同点,学会谦虚与理解。

诚然,我们的社会已步入商业时代,商业交易中的一些法则,如精打细算、成本核算、等价交换、公平买卖等,也悄然渗透到普通的社会交往中。一些人不再笃守施恩勿图、不思回报的信条,而通行起施恩图报、按利施惠的法则;一些人不再笃守礼轻情重、滴水之恩当涌泉相报等报大于施的传统美德,而奉行受多少惠、报多少恩的报施等值法则,实行现施现报、勿施勿欠、及时结算的法则。毋庸讳言,在人际交往流行商业交易法则的过程中,产生了一些偏离商业文明的不公平现象。施恩者中有了无恩求报和施一图十的人;受恩者中有了知恩不报、多受少报和恩将仇报的人。这些人为了交往利润的最大化而处处投机钻营、占便宜。他们极易与周围的人发生摩擦、冲突,给他人带来苦恼。我们认为,成功的商务人员为人处世要心胸开阔,宽以待人,要多容忍他人,体谅他人,遇事多为他人着想,即使别人犯了错误,或冒犯了自己,也不要斤斤计较,过分苛求,咄咄逼人,以免因小失大,伤害相互之间的感情。唯有宽容才能排除与人交往中的各种障碍,才可能成功交易,促进事业的发展。

三、适度原则

讲究礼仪是对交往对象的一种尊重。但是,凡事过犹不及,在商务交往中,要根据时间、地点、环境等条件,对不同的客户或交往对象施以不同的礼仪。施礼过度或不足,都是失礼的表现。比如,见面时与人握手的时间过长;逢人就分发名片,不讲究主次;告别时一次次地鞠躬,不停地感谢,都会让对方觉得反感。礼仪的施行,只要将自己的内心情感表达出来,让对方感受到你的真诚度就可以了。重复施礼反而会让人不理解、难以接受。

四、真诚原则

商务人员的交往礼仪运用得好坏,关键在于态度是否真诚。如果能抱着诚意与客户交往,那么你做出的行为会自然而然地显示出你对对方的关切与爱心。要让对方感觉到,你十分愿意与他有商业来往。倘若仅把运用礼仪作为一种道具和伪装,在具体操作礼仪规范时口是心非,言行不一,弄虚作假,投机取巧,是违背礼仪的基本原则的,是无法取得客户的信任的。

【案例 4 - 2】

宋朝大文豪苏轼在杭州任通判时,经常微服私访,体察民情。

有一天,他来到一个寺院游玩。开始,方丈把他看成普通客人来接待,有些怠慢,对苏轼说:"坐。"转头对小沙弥说:"茶。"小沙弥端来一碗很普通的茶。

喝茶过程中,方丈感觉到苏轼谈吐不凡,像是很有来头,便和蔼地说:"请坐。"又对小沙弥说:"泡茶。"

最后,方丈才知道来者是大名鼎鼎的苏轼,急忙起身,恭恭敬敬地说道:"请上座。"高声唤来小沙弥:"泡好茶。"并亲自跑前跑后款待苏轼。

茶喝毕临别时,方丈请求苏轼留字。苏轼提笔写道"坐 请坐 请上座,茶 泡茶 泡好茶",方丈看后羞愧万分。

原本来客敬茶是礼仪之道,方丈以貌取人,以权势衡量待客之礼,失去真诚原则,受到了嘲讽。

五、诚信原则

诚信是在市场活动中形成的,是一种道德规范。诚信原则确立的是在市场营销活动中,参与交易的各方当事人应严格遵守的一种最基本的行为准则和道德观念。它要求行为人本着真诚、真实、恪守信用的原则和精神,以善意的主观意识和行为方式正确行使自己的权利、履行自己的义务。

由于诚信原则体现了伦理道德的观念和正义的现实要求,因此诚信原则在实务中能产生特殊的作用。具体来说,诚信原则具有以下几种功能:

（1）敦促行为人以善意方式行使权利和履行义务。具体表现在：第一，诚信原则要求商务人员必须具有诚实、守信、善意的心理状态；第二，诚信原则要求商务人员在从事交易活动中，不得欺骗他人、损人利己。

（2）调节商务人员之间、商务人员与社会之间的利益平衡。在一般的经济理论看来，任何的交易都牵涉两个以上的不同利益的主体，由于各个交易主体所追求的经济利益各不相同，所以各方当事人之间的利益常常会发生各种冲突或矛盾。诚信原则要求平衡商务人员的利益与社会利益之间的冲突与矛盾，在不损害社会公益和市场道德秩序的前提下，去追求自己的利益。

（3）有利于减少交易成本，并增进效益。英国经济学家科斯认为，信誉（或是商誉）可以降低交易费用；反之，欺诈等机会主义行为却会增加交易费用。诚信原则可以提高商务人员的信誉，没有诚信原则的保证，人们则可能只愿做那些能即时结清的交易，这就大大限制了财产的流转，资源的配置也无法达到最优。

所以，把握好诚信原则，势必会为自己的成功埋下不可估量的伏笔。

商务交往礼仪体现了个人职业素养。对现代商务人士而言，拥有丰富的商务礼仪知识，以及能够根据不同的场合应用不同的商务交际技巧，往往会使事业如鱼得水。但交际场合中事事合乎礼仪、处处表现得体着实不易。美国教育家卡耐基认为，一个人事业上的成功，只有15％是由于他的专业技术，另外的85％要靠人际关系、处世技巧。商业往来是人们交往的重要部分，甚至是核心部分，商务礼仪的重要性随之凸显。掌握正确的商务交往礼仪，重视商务交往礼仪，定能为你的事业助一臂之力。

第二节 商务人员的握手礼仪

一、握手的含义

握手是人们在交往中用于表达友好的常用的礼节，也是商务人员在商务活动中的重要表达方式。握手的力量、姿势与时间的长短往往能够表达出对对方的态度，显露自己的个性，给人留下深刻印象。美国著名盲聋女作家海伦·凯勒曾写道："我接触的手，有些人的手能拒人于千里之外；也有些人的手充满阳光，你会感到很温暖……"事实也确实如此，因为握手是一种语言，是一种无声的动作语言。

如果想建立有价值的关系网，就必须传达给对方一种感觉，让对方知道你真的重视他。使用视线接触的方法，可帮助对方知道你注意他，如果连带使用得体的握手，效果将更显著。

【案例4-3】

跨越最辽阔海洋的握手

1954年第一次日内瓦会议期间，周恩来总理和美国国务卿福斯特·杜勒斯见面时，周总理以西方最普遍的握手礼伸手以表示中国政府对美国政府的善意,但杜勒斯侧身避开了周总理的手,致使中美关系骤然变冷。

1972年2月21日中午,美国尼克松总统的专机来到首都北京。在首都机场的停机坪上,周总理率领党、政、军领导人在寒风中等待接机。飞机缓缓降落,为了突显中美两国政府首脑的第一次握手这一历史时刻,美国方面刻意安排尼克松总统的随行人员暂缓下机。

率先走出机舱的尼克松总统似乎有点按捺不住急切的心情,他三步并作两步,还没等完全走下舷梯就伸出了手,急切地走向周总理。他紧紧地握住了周总理的右手久久没有松开,尼克松弥补了美国外交历史上的遗憾。尼克松和周总理的握手如图4-1所示。

图4-1 尼克松和周总理的握手

尼克松在他的回忆录中这样描述道:周恩来站在寒风中的舷梯前,他没有戴帽子,厚厚的大衣掩盖不住他的瘦弱。我们下舷梯走到快一半时,他开始鼓掌。我略停了一下,也按照中国的习惯鼓掌相报。我知道,1954年在日内瓦会议时,福斯特·杜勒斯拒绝同他握手,使他深受侮辱。因此,我决心伸出我的手向他走去。当我们的手相握时,一个时代结束了,另一个时代开始了。

周总理也将这次历史性的握手,向尼克松进行了寓意深长的描述:"你的手伸过世界上最辽阔的海洋来和我相握——25年没有交往了啊!"

二、握手的场合

在商务活动中,握手的机会的确很多,一般握手的时机:遇见认识人;与人道别;某人进你的办公室或离开时;被相互介绍时;安慰某人时。

三、握手的几种方式

(一)标准式握手

身体站立,微微向前倾斜,15°左右,右臂前伸45°左右,手心与身体处于垂直状态,四指并拢,拇指张开,掌心向左,掌心与掌心相握。握手时双目要注视对方,面带笑容,握3秒钟~5秒钟即可。握手要旨:深情、高雅、得体,令人愉悦、信任和乐于接受,如图4-2所示。男女初次握手男士只握女士的手指部分,如图4-3所示。

(二)控制式握手

握手时,手心向下握住对方的手,显示着握手者强烈的支配欲,他在用无声的语言告诉别人,他此时处于高人一等的地位。实验研究表明,地位显赫的人习惯用此方式握手。

（三）谦恭式握手

握手时，手心向上同他人握手，则显示出握手者的谦卑与恭敬，如果是伸出双手去捧接，就更是谦恭备至了。

四、握手的礼仪规范

（一）伸手的先后顺序

（1）应由身份职位高者、主人、年长者、女士先伸手；客人、年轻者、身份职位低者、男士可先问候对方，待对方伸手后再握。

（2）商务交往中，无论谁先伸手，即使他忽视了握手礼的先后顺序而已经伸出了手，都应看作友好、问候的表示，应马上伸手相握。拒绝他人的握手是很不礼貌的。

（二）握手的时间把握

（1）握手时间的长短可根据握手双方亲密程度灵活掌握。

（2）初次见面时握手时间不宜太长，一般为 3 秒钟～5 秒钟。

（3）在多人相聚的商务交往中，不宜只与某一个人长时间握手，否则会引起他人误会。

（4）切忌握住异性的手久久不松开。

（5）即使握同性的手，时间也不宜过长，以免对方欲罢不能。

（三）握手语

握手的同时要根据场合说出问候语。

见面式："你好"、"见到你很高兴"、"欢迎你"。

告别式："再见！"、"欢迎下次再来"、"期待再次见到你"。

祝贺式："恭喜你"、"祝贺你"等。

安慰式："你受苦了！"、"一切会好起来的！"、"一切会过去的！"

图 4-2　标准式握手

图 4-3　男女初次握手

（四）握手的注意事项

（1）在多人握手的情况下，注意不要交叉握手。例如你欲与甲握手，但你伸手时发现乙已伸手与甲相握，这时你应主动收回，并说声"对不起"，待甲乙握完后再伸手与甲相握。交叉握手在通常情况下是一种失礼行为。如果是在丹麦人面前交叉握手，则会被看作是最无礼、最不吉利的事情。

（2）无论男女，在普通的商务活动中，与人握手时均不应戴手套，即使你的手套十分洁净也不行。

（3）当自己的手不干净时，应亮出手掌向对方示意声明，并表示歉意。

（4）握手时，双方相握的两手上下抖动，而不能是左右晃动。

【实训项目一】 握手训练

1. 实训目标：通过实训，使同学们了解握手礼的运用场合，握手规范动作。

2. 实训地点：礼仪实训室、大屏幕教室。

3. 实训准备：摄像机、照相机、投影设备等。

4. 实训方法：

（1）分解动作训练：两人相对站立，一人先伸手，然后另一人将手迎上去与对方互握，然后轮流先后顺序。

（2）情景模拟训练：模拟不同性别、身份的主客双方，可一对一，也可多对多，进行握手礼仪的训练。

展示表演过程可通过摄影、摄像等留存，然后投影回放，同学进行评价；老师点评。评选出"最温暖的手"。

5. 训练总结：通过训练，我的收获是＿＿＿＿＿＿＿＿＿＿＿＿＿＿＿＿＿＿＿＿。

表4-1 握手礼仪考核表

序号	操作规范	评分标准	实际得分
1	身体略前倾，同时注意站姿规范	20	
2	两人在相距一步的距离，将右手伸过去	20	
3	四指并拢，拇指张开，与对方互握	20	
4	握手时目光对视友好，同步问候语言	20	
5	握手顺序正确	20	
合　计		100	

第三节　商务人员的致意礼仪

在国内的商务交往中,除握手礼外,人们使用的见面礼还有致意礼仪。

一、致意的含义

致意是商务人员在商务活动中最常用的一种礼节,表示问候、尊敬之意。随着现代生活节奏的加快,致意逐渐成为日常人际交往中使用频率最高的一种礼节。它没有十分严格的模式与要求,通常用于相识的人或只有一面之交的人之间在各种场合打招呼。致意时,应该诚心诚意,表情和蔼可亲。若致意时毫无表情或精神萎靡不振,则会给人以敷衍了事的感觉。

二、致意的种类

(一)点头礼

点头礼适用于与对方不宜交谈的场合,例如,会议或会谈正在进行,行进在人声嘈杂的街道上,或是置身于影院、剧院等公共场合之中。与仅有一面之交者在商务交往中相逢,或是与相识者在同一场合中多次见面,点头礼也可以大派用场。在外交场合,遇到身份高的领导人,当对方没有主动伸手行握手礼时,应有礼貌地向其点头致意,表示欢迎。

(二)欠身礼

欠身礼是通过降低自己的体位以表示对他人的敬意,适用的范围比较广泛。欠身礼类似鞠躬礼。只是弯曲身体的度数不用太大,15°～30°即可。

(三)挥手礼

挥手礼常用于领导向群众挥手致意或者相距较远的熟人之间打招呼。另外,行走匆匆不宜停留打招呼时可挥手致意。

(四)鞠躬礼

鞠躬礼表达的敬意更高一些,也显得较郑重其事。一般常礼行一次,大礼行三次。鞠躬礼主要是中国、日本、朝鲜等国家的传统礼仪。适用于演员谢幕、讲演、领奖、举行婚礼、悼念等。另外,服务行业也以此礼向宾客表示欢迎和敬意。

✎【案例 4－4】

向着顾客背影致意

旅游旺季,酒店大堂宾客进进出出,络绎不绝。一位手提皮箱的客人走进大厅,行李员微笑上迎,鞠躬问候,并跟在客人身后询问客人是否需要帮助。客人也许有急事,嘴巴说了声:"不用,谢谢。"然后头也没回径直朝电梯走去,那位行李员朝着离去的背影深深鞠了一躬,嘴里还不断地说:"欢迎,欢迎。"而有客人离开酒店,行李员或行鞠躬礼,或对着客人挥手告别,一直到客人身影不见才放下手。该酒店的服务理念,不仅当着客人鞠躬表示礼貌,对着客人背影更能表达最真情的致意,也许其意义更为深远。

【礼仪操作】

(一)点头礼操作要领

点头礼的正规做法应是:头部向下稍许晃动一两下,同时目视被致意者。不应把头高高扬起,用鼻孔"看"人,或是头部晃动的幅度过大,点头不止。点头时要注意面带微笑。微笑即面含笑容,是不显著、不出声、不露齿的笑,要真诚、自然、朴实无华,否则会有悖于与人为善的初衷。

(二)欠身礼操作要领

(1)欠身,即全身或身体的上半部分在目视被致意者的同时,微微前倾约15°,意在表示对他人的恭敬。

(2)欠身礼适用范围比较广泛,可以向一个人欠身致意,也可以向几个人欠身致意。

(3)行欠身礼时,双手不应拿着东西或插在裤兜里。

(三)挥手礼操作要领

(1)挥手致意的双方距离一般在2米~5米比较合适。

(2)只要将臂伸直,掌心朝向对方,轻轻摆一两下手即可,不要反复摇动。

(3)切忌大嚷大叫,特别是在公共场合。

(四)鞠躬礼操作要领

(1)行礼者距受礼者1.5米~2米。

(2)以腰部为轴,头、肩、上身顺势前倾。鞠躬度数视场合为15°、45°、90°。

(3)双手应在上身前倾时自然下垂放两侧,也可两手交叉相握放在体前。

(4)面带微笑,互视对方,还可附带问候语,如"您好"、"初次见面,请多关照"等。礼毕恢复原状。

四、致意时的注意事项

(1)上述各种致意方式,在同一时间对同一个人时,可以只选用一种,也可能数种并用。例如,点头、欠身等是可以一气呵成的。采用一种致意方式还是几种致意方式,关键要看对方是谁,以及致意人想将自己对对方的友善之意表达到何种程度。

(2)致意的同时最好伴以"你好"、"早上好"等简洁的问候语,这样会使致意显得更生动、更具活力。

（3）受礼者一般用相同的非语言符号和语言答礼。

【实训项目二】　致意训练（鞠躬礼）

1．实训目标：通过实训，使同学们了解鞠躬礼的运用场合和各种方式，致意动作更加规范。

2．实训地点：礼仪实训室、大屏幕教室。

3．实训准备：摄像机、照相机、投影设备等。

4．实训方法：

（1）分解动作训练：面对镜子，原地进行鞠躬训练，同步注意语言的运用。

（2）情景模拟训练：面对面站立，一方进行鞠躬礼，另一方回鞠躬礼，注意表情自然。

展示表演过程可通过摄影、摄像等留存，然后投影回放，同学进行评价；老师点评。评选出"最深情的鞠躬"。

5．训练总结：通过训练，我的收获是＿＿＿＿＿＿＿＿＿＿＿＿＿＿＿＿＿＿＿。

表 4－2　鞠躬致意礼仪考核表

序号	操作规范	评分标准	实际得分
1	身体保持正直，脚跟并拢，面带微笑	20	
2	女士两手相握于体前，男士两手放在身体两侧	20	
3	以腰为轴上体前倾，头、颈、背部成一平面，视线落在斜前方	30	
4	欠身致意 15°、30°；鞠躬礼 30°、45°、90°	20	
5	同步语言问候，鞠躬后恢复原状	10	
合　计		100	

第四节　商务人员的介绍礼仪

我国自古以来就十分重视初次见面的介绍礼仪。随着社会的进步，日常商务交往中普遍为人们接受和使用的介绍礼仪融进了更加文明、更加丰富的内容。

一、介绍的含义

介绍是商务交往中与他人进行沟通、增进了解、建立联系的一种最基本、最常规的方式，是人们进行沟通的出发点。在日常生活中，与素不相识的人相识和建立友谊，主要靠的就是相互介绍或自我介绍。

二、介绍的种类

从介绍者主体角度讲，常用的介绍形式有以下两种：

（一）自我介绍

自我介绍,即将本人介绍给他人。商务人员在商务交往中如能正确地利用自我介绍,不仅可以扩大自己的交际范围,广交朋友,而且有助于自我展示、自我宣传,在交往中消除误会、减少麻烦。

1. 基本程序

先向对方点头致意,得到回应后再向对方介绍自己的姓名、单位和身份,同时递上事先准备好的名片。要注意以下四点:

（1）先递名片再介绍。

（2）自我介绍时间要短。

（3）内容要全面。自我介绍一般的内容包括四个要素:单位、部门、职务、姓名。

（4）倘若你的单位、部门和头衔较长,一定要注意第一次介绍时使用全称,第二次才可以用简称。

2. 具体形式

（1）应酬式。适用于某些公共场合和一般性的商务交往。这种自我介绍最为简洁,往往只包括姓名一项,如:"您好,我叫××。"

（2）工作式。适用于工作场合,介绍内容包括本人姓名、供职单位及其部门、职务或从事的具体工作等,如:"您好,我叫××,××公司的销售经理。"

（3）交流式。适用于商务交往活动中,表示希望与交往对象做进一步交流与沟通。内容具体应包括本人的姓名、工作、籍贯、学历、兴趣及与交往对象有关的内容。

（4）礼仪式。适用于讲座、报告、演出、庆典、仪式等一些正规而隆重的场合,内容包括姓名、单位、职务等,介绍时还应加入一些适当的谦辞、敬辞。

（5）问答式。适用于应试、应聘和公务交往。问答式的自我介绍应该是有问必答。

3. 注意事项

（1）态度要自然、亲切、随和,充满自信,目光正视对方。

（2）选择适当的时间,当对方无兴趣、无要求、心情不好,或正在休息、用餐、忙于处理事务时,切忌去打扰,以免尴尬。

（3）内容繁简适度。一般以 30 秒为宜,情况特殊下,也不宜超过 1 分钟。要做到实事求是,既不能把自己拔得过高,也不要自卑地贬低自己。

（二）为他人介绍

为他人介绍。在商务交往中,作为商务人员往往有为不相识者彼此引见一下的义务,这便是为他人作介绍。这是一种第三者为彼此不相识的双方引见的一种介绍方式。为他人介绍通常是双向的,即将被介绍者双方均做一番介绍。

1. 介绍人

按社交场合的惯例,介绍人一般应该是女主人。国际交往中,介绍人一般是三种人:第一种是专业对口人员;第二种是公关礼宾人员;第三种是礼仪上身份对等的人。

介绍人的姿势为站姿(三方都坐着就以坐姿),五指并拢,掌心向上以标准的手姿来介绍。如图 4-4 所示。

2. 介绍的顺序

介绍他人时必须遵守"尊者优先了解情况"的原则,即:先把职务低者介绍给职务高者;先把年轻者介绍给年长者;先把男士介绍给女士;先把家人介绍给同事、朋友;先把未婚者介绍给已婚者;先熟悉的人介绍给不熟悉的人;先把后来者介绍给先到者。

3. 介绍他人的内容

为他人介绍的内容大体与自我介绍的内容相同,即相互的姓名、职务、职业、共同的兴趣。

图 4-4　介绍他人

4. 介绍的开头语

介绍人在做介绍时第一句开始语也是很重要的。有三种方式。商务式:"请允许我来为二位做介绍……";重要礼仪场合:"我很荣幸为二位做介绍";朋友式:"我来介绍一下。"

✎【补充知识 4-1】

何为"破冰"

破冰是一个交际术语,这个叫法起源于冰山的理论,该理论是指人犹如一座冰山,意识的部分只占了很少的部分,而更大的部分是潜在的意识,或者说是不容易被分辨的意识,而破冰就是把人的注意力引到现在,因为注意力在现在就无法或者不容易被潜在的意识影响,这样就可以达到团队融合,离开怀疑、猜忌、疏远,进而达成团队合作及培养互相的默契及信任。破冰一般在各类培训或拓展活动中安排,旨在达到成员的快速了解及形成默契,因此成功的破冰是达到培训或活动预期效果的关键。自我介绍和介绍他人通常是破冰游戏中常见的形式。

串名字游戏:

小组成员围坐一圈,任意提名一名学员自我介绍,第二名学员继续自我介绍,但要说:"我是×××后面的×××",第三名学员说:"我是×××后面的×××的后面的×××",依此类推。最后介绍的一名学员要将前面所有学员的名字复述一遍。

5. 注意事项

(1)介绍者为被介绍者人做介绍之前,一定要征求一下被介绍双方的意见,切勿开口即讲,让被介绍者感到措手不及。

(2)被介绍者在介绍者询问自己是否有意认识某人时,一般不应拒绝,而应欣然应允。

(3)若介绍发生在宴会、会议、谈判中,介绍人和被介绍人可不必起立,被介绍双方点头微笑致意即可;如果被介绍双方相隔较远,中间又有障碍物,可相互挥手致意。

(4)介绍完毕后,被介绍者双方应依照合乎礼仪的顺序握手,并且问候彼此。问候语有"你好"、"很高兴认识你"、"久仰大名"、"幸会幸会"等,必要时还可以进一步做自我介绍。

【实训项目三】 介绍训练

1. 实训目标:通过实训,使同学们了解介绍礼仪的运用场合和各种方式,熟练介绍技能。

2. 实训地点:礼仪实训室、大屏幕教室。

3. 实训准备:摄像机、照相机、投影设备等。

4. 实训方法:

(1)介绍自己训练:模拟面试场景,由同学自己设定面试单位的性质及面试岗位,结合自身实际情况,进行自我介绍。

(2)情景模拟训练:模拟一个社交场面或客户迎接环节,作为介绍人如何进行他人介绍。

展示表演过程可通过摄影、摄像等留存,然后投影回放,同学进行评价;老师点评。评选出"最佳应聘者"。

5. 训练总结:通过训练,我的收获是_____。

表4-3 介绍礼仪考核表

序号	操作规范	评分标准	实际得分
1	介绍内容符合场景需要,陈述清晰流畅	30	
2	介绍时站姿标准、手势正确,表情自然	20	
3	介绍他人时,介绍次序符合"尊者居后"礼仪规范	30	
4	同步配合问候、握手及名片礼仪等	20	
合 计		100	

第五节 商务人员的名片礼仪

一、名片的使用

名片在交往中被普遍地使用,它是现代社会商务交往中的一种最为经济实用的介绍性媒介。

商务人员在递交名片给他人时,态度应郑重、从容、自然,动作要洒脱、大方,表情要亲切、谦恭。递交名片讲究"奉",即奉送之意,要谦卑、恭敬。应当事先将名片放在身上易于掏出的位置,如西装内侧口袋,然后再找适当的时机得体地交给对方。

二、名片的用途

（一）自我介绍

这是名片的主要功能。名片的规格一般为10厘米×6厘米，无论是个人名片还是商用名片，名片上的基本信息均应包括姓名、职务、工作单位、地址、联系电话。

（二）替代便条

在交往中，视名片犹如见其本人一样，如拜访他人不遇，可留下名片或托人转交。名片还可以用作短信，在名片的左下角用铅笔写下几行小字或短语，如同长信一样正式。若留言内容较多，也可以写在名片背面。在国外的商务交往中，流行以法文缩略语写在名片左下角向他人表示慰问、鼓励、感谢、祝贺。常用的缩略语如下：

（1）n. b.——提请注意；

（2）p. f.——祝贺；

（3）p. r.——感谢；

（4）p. c.——谨唁；

（5）p. p.——介绍；

（6）p. p. c.——辞行。

【礼仪故事 4 - 1】

宋庆龄的名片

北京宋庆龄故居的工作人员在宋庆龄同志的遗物中整理出了三种名片，一种是英文花字体的"孙逸仙夫人"；一种是英文印刷体的"孙逸仙夫人"；一种是中文竖排的"宋庆龄"。与名片存放一起的，还有一块印制名片的铜版，上面雕着花体的反字"孙逸仙夫人"。

新中国成立前，宋庆龄曾经使用过一种中文名片，上面只有竖行排列的三个字"宋庆龄"。有的时候，她也在别人的名片上写上她的名字，以表示她的存在。1936年11月，全国各界救国联合会的七位领袖被逮捕。宋庆龄经过多方奔走都未能援救"七君子"出狱。1937年6月，宋庆龄和何香凝等16人发表《救国入狱运动宣言》，要求与七君子同服爱国罪。7月5日，宋庆龄与其他救国入狱运动发起人赴苏州高等法院，自请入狱。宋庆龄、胡愈之、诸青来被推为代表，与高等法院院长谈判。国母这一激烈的行动，立即在国内掀起轩然大波，并最终迫使当局释放了"七君子"。在会见法院院长时，宋庆龄就是将自己的名字签在了诸青来的名片上。这张意义重大的名片，现存苏州草俞博物馆。

新中国成立后，宋庆龄基本不使用名片，但她仍精心收藏着这三种几十张名片和这块印版。我们可以想见，她所保存的，实际上是承载着一段生命的沉重的回忆。

三、递交名片的操作要领

商务人员在工作中常常要递交和接受名片,递交是否礼貌,接受是否妥当,都将会影响你给对方的第一印象,因此必须懂得如何礼貌地接受名片和递交名片。

（1）双手呈递,以表示对对方的尊重。将名片放置手中,用拇指夹住名片两个角,其余四指托住名片背面,手不要压住字。如图4-5所示。

（2）将名片的文字正向对方,以便对方观看,切勿将名片的背面面对对方或颠倒着递给对方。

图4-5　双手递名片

（3）在递交名片的同时,可以讲些"请多联系"、"有事可以联络我"之类的表示友好的话,或者先作一下简单的自我介绍。

（4）在多人交换名片时,要注意讲究先后顺序,由近到远,由尊到卑。

（5）在未确定对方的身份之前,不要轻易递出名片,否则不仅有失庄重,而且可能日后被冒用。同样,为了尊重对方的意愿,尽量不要向他人索要名片。

也许你会认为上述这些都是区区小节、不足挂齿的事情,可是有的时候就因为对名片处理不当而使商务工作功亏一篑。

四、接受名片的操作要领

接受名片的时候讲究一个"恭"字,即恭恭敬敬。

（1）空手的时候必须双手接受。试想,如果别人用同样的方法来接受你的名片,你也一定会因感到被尊重而由衷地高兴。

（2）接过名片后要马上浏览一下,不可随便瞟一眼或根本看都不看。礼貌的做法是边看边复述重要信息,以示敬仰。遇到难认的字要及时询问,不问又念错是非常失礼的。

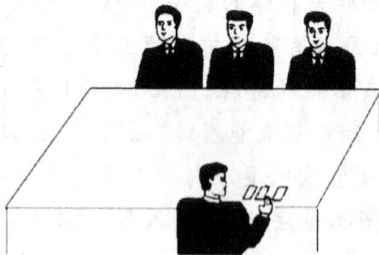

图4-6　接受多张名片的技巧

（3）如果一次同时接受多张名片,一定要记住哪张名片的主人是哪位。如果是在会议席上,休息时不妨拿出来摆在桌上,按对方的座次排列次序,这样的举动不仅不会让人觉得失礼,反而会让对方感受到被重视。如图4-6所示。

（4）当对方递给你名片之后,如果自己没有名片或没带名片,应当首先对对方表示歉意,再如实说明理由,如"很抱歉,我没有名片"、"对不起,今天我带的名片用完了,过几天我会亲自寄一张给您"等。

（5）名片的存放。接过他人名片后,应郑重其事地将其名片放入名片盒、名片夹或西装内侧胸袋,不可边交谈边摆弄名片或随意搁在桌上。

【实训项目四】　名片礼仪训练

1. 实训目标:通过实训,使同学们了解名片礼仪的运用场合和各种方式并熟练操作。

2. 实训地点：礼仪实训室、大屏幕教室。

3. 实训准备：摄像机、照相机、投影设备、名片（同学可自行设计一份自己的名片）等。

4. 实训方法：

（1）递送名片训练：模拟一个社交场面或客户迎接环节，由同学主动向他人递送名片，可结合介绍礼仪和握手礼仪等。

（2）接收名片训练：模拟会议场景，接受他人名片，并演示接受名片后的正确处理。

展示表演过程可通过摄影、摄像等留存，然后投影回放，同学进行评价；老师点评。评选出"社交达人"。

5. 训练总结：通过训练，我的收获是_____。

表4－4　递接名片礼仪考核表

序号	操作规范	评分标准	实际得分
1	（起身）站立，并以致意问候	10	
2	以双手食指和拇指执名片的两角，名片文字正对对方	30	
3	一边自我介绍，一边递送名片	20	
4	眼睛正视对方，面带微笑	20	
5	附"这是我的名片，请多关照或多指教"等寒暄语	20	
合　计		100	

表4－5　接收名片礼仪考核表

序号	操作规范	评分标准	实际得分
1	尽快起身或欠身，致意问候	20	
2	面带微笑，目光友好，正视对方	10	
3	双手接收对方所呈名片，并轻声念读对方姓名及职务	30	
4	感谢对方主动所呈名片，可回递本人名片	20	
5	妥善放置对方名片，以示重视	20	
合　计		100	

第五章　国际商务办公礼仪

【实训目标】

1. 掌握处理人际关系的基本常识,包括上下级关系和同事之间共事与协作的礼仪。
2. 掌握商务拜访礼仪、接待礼仪。
3. 掌握接打办公室电话礼仪、手机礼仪和收发传真礼仪。
4. 掌握电子邮件礼仪的各种技巧。

导入案例

珍妮是美国加州精密仪器(中国)公司总经理约翰的秘书。约翰到上海不到两个星期,就与研发部副经理李飞发生了冲突,差一点"擦枪走火"。

事情是这样的,约翰上任后就对公司的工作流程和工作任务进行了分析,发现公司现在有些项目与公司长期发展战略不符,比如,研发部副经理李飞正在做的一本客户手册,它与公司的战略没有什么关系,所以,约翰决定"砍"掉这个项目。李飞曾做了多年的客户服务,与许多大客户建立了良好的关系。为了满足客户的需求,他开始编写客户手册。本来打算写薄薄几页,没想到一发不可收拾,结果像一本大学教材了。这当然花了不少时间和金钱。因此,约翰让珍妮通知李飞立刻停止这个项目时,李飞一听火冒三丈,跑到约翰办公室来理论,在约翰的办公室两人最后差点拍桌打椅。

李飞出去后,约翰非常沮丧。一方面,他不希望失去李飞,因为李飞对公司未来的发展很重要;另一方面,他需要维护自己的权威,而这是自己新官上任后作的第一个重要决定。看着事态的发展,珍妮找了一个空闲的时间谈了自己的看法。

珍妮提醒约翰注意这场冲突背后隐含的文化背景差异。约翰作为新上任的总经理,希望在短时间里树立和维护其权威,这完全可以理解。但是,约翰也要考虑李飞的感受。由于李飞非常了解中国市场,编写客户手册将对维护发展客户关系,进而促进公司业务的发展有重要作用。这种做法既是李飞工作价值的体现,也是李飞奉行的为人准则的体现。如果约翰这么"砍"掉他的项目,会让李飞非常没面子。中国文化有个显著特点,那就是讲面子。面子事关一个人的尊严,而它既可以与工作有关,也可以与工作无关。所以,即使约翰是他的老板,他也会抗争。

约翰对珍妮说:"我做出取消他这个项目的决定纯粹是从公司战略出发,并没有什么私心,也没有与他李飞过不去的意思,我从来是对事不对人!"

珍妮告诉约翰,他这种做法恰好与中国文化里的人际关系原则相冲突,中国文化里渗透着很多"人情"等非制度性因素。因此,即使在外企里,中国员工的价值观也或多或少影响其中,李飞亦不例外。

案例分析

作为刚上任的总经理,约翰也有必要树立自己的权威,如果撤销自己刚做出的决定,会使他的权威受到质疑。但是,李飞是公司的资深员工,在工作中建立了许多良好的客户关系,如果约翰维持最初的决定,不顾及李飞的感受,这会让李飞丢失面子,挫伤工作的积极性,也许会导致他辞职加入竞争对手公司,这将对公司的发展产生负面影响。因此,为了既能维护双方的面子,又能实施公司战略,约翰可以找李飞直接交流沟通,一方面为自己武断的决策道歉,另一方面征求李飞和其他同事的意见,再作决定。这样一来,上下级关系能更和谐,也不会让李飞对约翰产生偏见,双方之间的信任也能一步步地建立起来。

资料来源:《涉外秘书实务》,谭一平、史玉峤、符海玲,北京大学出版社;第 1 版,内容有增删。

第一节　办公室礼仪

人际关系的处理是办公室礼仪的核心部分,人际关系礼仪就是实现各种人际关系和谐的行为规范,主要包括上下级关系礼仪、同事之间的共事与协作礼仪。

一、上下级关系礼仪

要建立融洽的上下级关系,摆正位置是前提,互相尊重是首要原则。在工作中,不论年龄大小、阅历深浅及水平高低,下级一定要分清私交和工作之间的关系,自觉维护上级的威望和尊严,而上级要身先士卒,带头履行相关制度,发挥领导的示范作用。

(一)下级对上级的礼仪

尊重上级、维护上级威望是下属对上级的基本礼仪。

1. 下级与上级会面

下级和上级会面时,不应佯装看不见而避开,应主动打招呼,称呼上级注意不能直呼其名,应采取姓加职位、职业或头衔,具体做法可参见称呼礼仪。

进上级办公室时,即使门敞开着,也应轻轻敲门或向上级打招呼,提示有人进入,经允诺后进入并回手轻轻关门。如果上级正在接电话,应静候片刻,如上级正在接待访客,最好不要打扰,如有急事要打断对话,注意把握时机和技巧。

2. 下级接受上级布置工作

上级安排工作时,下级应摆正位置并遵从上级指挥。对于安排的工作,不得顶撞,应迅速应答,用心聆听或做好记录,接受工作布置。

为更好地领会工作要义,避免听错或误解,在上级交代完毕后,可就不理解或存有异议的问题当面请教沟通,而不能背后非议,也可复述交代的工作,以取得上级的确认。根据具体工作的性质和要求,申请必要辅助条件,确定完成期限。

下级离开前,须跟上级确认是否还有其他事项要交代。

3. 下级向上级汇报工作

在执行工作过程中,需及时向上级汇报工作进展和完成情况,并注意以下几点:

(1) 首先要向直属上级汇报,不要轻易越级汇报工作。对于非直属上级给予的委托和指示,出于尊重的考虑,直属上级享有知情权。

(2) 汇报前认真准备,汇报时控制时间,长话短说,内容简洁,逻辑清晰。依据报告特点,可选择口头报告、书面报告或电子邮件等形式,内容复杂时,可附上适当的资料以便于理解。对于上级提出的问题,若一时不能回答,切不可胡编乱造,可待事后做补充汇报。汇报结束后,上级如果谈兴犹存,应等上级表示结束时才可告辞。

(3) 一定要控制好汇报的时间,不大量占用他人时间,长话短说。

✎【案例 5 - 1】

年轻的小王非常聪明,能力又好,所以大学毕业后,经应聘很快就进入一家规模很大的贸易公司的杭州分公司工作。经过一段时间的努力,他被分公司的李经理看中,调到经理办公室当起了秘书,干得倒也有声有色。

这些天小王很兴奋,因为总公司的张副总经理要来他们分公司视察工作。由于他工作出色,李经理点名让他陪同一起向张副总经理汇报工作。小王心想机会来了,他一定要精心准备一番,在副总经理面前好好表现一把,不光能让李经理脸上有光,说不定借此以后还可以调到总公司工作。所以在张副总经理视察其间,小王总是抢着介绍公司某些具体情况,侃侃而谈,娓娓道来,从现状到未来发展趋势、从具体工作到宏观评价无一遗漏。有时对自己了解得不太准确的情况,也能灵机一动,迅速做出汇报。对张副总经理给公司布置的任务,小王都毫不犹豫地承诺下来。视察结束后,小王还给张副总经理留了名片,表示今后张副总要办什么事,无论公私,都可以直接找自己。

送走张副总经理以后,小王对自己的表现有些沾沾自喜,可是他发现李经理的脸色有些不对头,李经理并没有表扬他,只说了一句:"辛苦了。"没过几天,小王被调到销售科当业务员去了。他怎么也没有想到会是这个结果,郁闷极了。

案例分析

作为下属,在工作中应该有积极主动的精神,辅佐自己的领导做好接待的准备工作,并在接待的过程中做好服务和补充工作。但是,关键时刻下属不是主角,是领导背后的影子,对自己在职场中的位置和角色必须有清醒和明确的界定。小王由于忽视了对自己位置和角色的界定,"积极主动"过头,出现"越位"现象,抢了领导的风头,导致喧宾夺主的境况,才会聪明反被聪明误。

小王在接待上级领导过程中,一是汇报工作越位,本来应由领导来汇报的情况,他抢先汇报;二是表态越位,超越自己的身份,胡乱表态。在工作中,下属热情过高造成工作越位,只要不是"武大郎"式的领导,一般都不会过于计较。但下属必须严格把握好自己,因为热情过高,表现欲过强而造成工作越位,往往会在不知不觉中干预领导的职权范围,这对领导来说,是绝对不能容忍的。如果下属经常犯这样的毛病,领导就会设法来"制裁",最直接的做法就是请之另谋高就。

（二）上级对下级的礼仪

尊重下属的人格，这是上级最基本的修养和对下属最基本的礼仪。

根据下级的出身、年龄、性别、性格、文化程度和社会阅历不同，上级应有所区别，尽量避免官腔，让对方易于接受、乐于交谈。对下属不能存有偏见，应善于听取下属的意见和建议，对给工作提出意见和建议的下属不能存有偏见，一定要广开言路，笑纳逆耳忠言，才能集思广益博采众长。如遇有异议，要努力调整自己的情绪，注意就事论事，不要居高临下，显示自己的优越地位压制下属。批评下属时，要注意场合，禁忌当场呵斥。注意就事论事，不要居高临下，突显自己的优越地位压制下属。

对于下属请教的问题，应根据公司现行的实际情况确切作答，不管有什么意见，在答复下属时最好不要模棱两可，含糊推脱。作为上级，应言而有信，不轻易许诺，如已许诺应努力办到，若无法办到应尽快说明原委，做出解释，求得谅解。

不要轻易越级指挥，如确需越级，出于尊重的考虑，直属下级享有知情权。

✎【补充知识 5-1】

与上司的私交界限，你看得清吗？

美国石油大王约翰·D·洛克菲勒说："我愿意付出比天底下得到其他本领更大的代价，来获取与人相处的本领"。这种本领正是如何把握距离感的尺度。

在外企中流行着一句名言，"老板可以经常拍你的肩膀，但你永远别拍老板的肩膀"。而这样的尺度，往往增一分则长，减一分则短。

"我既想与你成为好朋友，同时也想与你保持陌生感。至于我选择哪一种，取决于我们最终的目标。"老板的话让人醍醐灌顶。

在职场上的朋友不能用私人朋友的期望值去要求对方。毕竟你与公司内部的同事或上司之间或多或少会涉及公司利益，用私交的感情替代公事准则，不仅朋友关系难以维系，也许还会使自己或朋友的职业生涯受连累。

另外要注意的是，在同事面前表现出和上司超越一般上下级的关系，尤其是炫耀和上司及其家人的私交，就好像在办公室中埋下一颗不定时炸弹，只要有引线，随时可能爆发意外的后果。

二、同事之间的共事与协作礼仪

办公室里的同事关系不同于家人和朋友，同事关系是以工作为纽带的特殊关系，一件工作往往需要同事间相互协作，相互支持才能完成，同事之间能否处得和谐、融洽，对工作是否轻松愉快，事倍功半有着很大的作用。

平等、真诚与相互尊重是同事共事的基本礼仪。同事间不论是否投缘，都应建立良好的职业人际关系。待上以敬，待下以宽，对年长的同事要多学多问，对新人要多帮助、多鼓励、多爱护。

同事之间相处一切以工作为出发点，不以自我为中心，要发扬团队精神，齐心协力共同完成任务。当同事的工作受阻，或遭遇挫折时，应及时给予关心；对方请求帮助时，应尽己所能真诚相助，但应把握好分寸，关系不能过于亲疏，尽量避免物质上的往来。

与同事交流时，不可表现得过于随便或心不在焉。不要过于坚持自己的观点。切忌闲聊是非、在背后议论同事隐私，更不可挑拨离间破坏同事关系。就工作中出现的问题，应积极沟通协调，共同解决问题。当有误解时，主动进行调解，对自己的失误主动道歉说明。

✎【案例 5－2】

小红是今年刚毕业的大学生，经过几轮的笔试和面试，可谓是过五关斩六将，终于以较好的成绩如愿地被两家规模颇大的合资企业录取，做了前台秘书。年轻漂亮的小红意气风发，刚参加工作就想好好表现，得到公司的认可。

到单位上班后，小红整天笑容满面，礼貌热情，抢着接待客人，对公司的其他部门的同事也是问寒问暖，大家都夸奖她伶俐能干。可她发现前台的其他四个同事对她很冷淡。其中，赵姐的资格最老，已经来公司三年了，另三位来的时间也不短。小红在上班过程中明显地感觉到赵姐对她的敌意很深，问她什么事都爱答不理的，而另三位同事唯赵姐马首是瞻，对她也是冷冷淡淡。

刚开始，小红没有太在意，心想我做好自己的工作就行了。后来发现这很困难。因为她们前台接待的客人很多，工作头绪又多，她虽然受过培训，但毕竟新来乍到，还有很多业务不甚熟悉，公司的方方面面的情况也不是很清楚，需要同事们的指点和帮助，同时，前台工作的性质本来也需要大家的配合和协助。认识到这一点，小红开始反省自己，是不是自己哪些方面做得不好，使得同事讨厌自己。她决心改变做法，让同事喜欢自己。所以，接下来的日子，小红经常为同事们打水、打饭、跑腿，脏活累活抢着干，天天赵姐长赵姐短，虚心向赵姐她们学习。有一次，人力资源部经理过来问她："工作怎么样？和同事们处得怎么样？"小红当着赵姐她们的面回答说："经理不用担心，赵姐她们经验丰富，经常教给我很多东西，也经常帮助我把工作做好。"经理满意地走了。

慢慢地，小红发现赵姐她们对待她的态度变了，不再那么冷淡了。在小红坚持不懈的努力下，终于有一天，赵姐对她说："小红，今天跟我们一起吃饭吧。近一段时间你也辛苦了，以后我们一起好好相处，把工作做好。"小红欣慰地笑了。

案例分析

小红的问题是刚到单位，还摸不清状况，就急于表现自己的能力，急于表现自己的出类拔萃，不注意与自己部门的同事搞好关系，打成一片。这样就使得部门里的其他同事很难接受她，视她为潜在的竞争对手或是异己力量，甚至会联合起来一起排挤她，使她的工作陷入被动。因此，新人到岗后，不要马上高调地介入工作，而应该先熟悉组织内部、外部的人际环境，再决定自己应该采取怎样的姿态去加入工作。这样，才容易融入群体，站稳脚跟。再者，一旦发现同事中有敌视你的人，不能不在意，一定要及时洞察她敌视你的原因，了解后马上采取有效措施予以化解；否则，积怨会越结越深，给工作和团结带来不利影响。小红就是及时发现问题后反省自己,主动修复关系,最终和敌视她的前辈们和睦相处,打成一片。

同事间交往的基本原则是平等、真诚与相互尊重。在处理种种事情时,必须多设身处地换位思考,请教问题要虚心,解答问题要耐心。待上以敬,待下以宽,对年长的同事要多学多问,对比自己年轻的新人则要多帮助、多鼓励、多爱护。

在单位应少说话多做事。在同事面前,不该说的不要说,特别是涉及其他同事、工作任务等方面的话题时,不要发牢骚,最好的办法是少说多做,用行动来表达自己的观点,就工作中出现的问题,积极地沟通和协调,当有误解时,要主动进行调解,对自己的失误应主动道歉说明。

同事的工作受阻,或遇到挫折和不幸时,及时给予真诚的关心,对方请求帮助时,则应尽己所能真诚相助。应注意的是,向同事许诺事情时应考虑到责任,做到言必信行必果,没有把握或做不到的事情,不信口允诺,如因意外原因无法达成,应诚恳地向对方表示歉意,不能不了了之。

同事间相处具有相近性和长期性的特点,不论是否投缘,都应建立良好的职业人际关系。谨记"君子之交淡如水",把握好分寸,和同事间的关系不过分亲疏,对于物质上的往来应一清二楚,切忌闲聊是非、在背后议论同事隐私,更不可飞短流长、挑拨离间破坏同事关系。

【实训项目】 上下级沟通礼仪

1. 实训目标:通过本实训掌握与下级沟通一些困难问题时的技巧,尽量在沟通时学会"铺垫"这一技巧。

2. 实训地点:模拟办公室、教室。

3. 实训背景:

宏利公司分管行政的李副总找到办公室主任老张,要求他与手下的小王谈一下近来他的工作表现和态度问题。小王在最近一个月内已经有了一次旷工和两次早退的记录。李总要求老张和小王说清楚,这是最后一次警告,如果再无行动改正,就要采取断然的行政手段将小王开除出公司了。

事实上,李总和老张都认为,小王这个人还是有才能的,公司也需要像他这样的人。只不过年轻人,太自由散漫了些。李总和老张都认为,应该尽量帮助他改正。

下午,小王应约来到老张的办公室。老张开门见山地说:"小王,你最近的工作表现可是相当糟糕呀,看来你对工作抱着消极的态度,好像对什么事漠不关心。这种情况必须马上改变才行。你也知道,我这么说可是为了你好,可是你要是自己也不愿意帮助自己,那我也无能为力,只能请你离开公司了。我们公司要求每一个员工都积极投入地工作。而年轻人更应该看重自己的前途与发展……"。

老张在滔滔不绝地说着,小王板着脸,几乎没有什么反应,只是在老张说到"我这么说可是为了你好"时,他才轻轻地从鼻孔里"哼"了一声。老张很生气,可又无可奈何。

4. 实训内容:实训可以三人一组.其中一人扮演老张,一人扮演小王,一人进行监督和评价。每个人都要轮演各个角色。第一阶段,三个同学讨论,老张与小王的沟通是否成功,这次沟通失败之处在什么地方?第二阶段:由扮演老张和小王的同学就工作表现进行沟通,时间 10 分钟,然后三个同学就刚才的沟通过程进行讨论,讨论重点放在预期反应与实际反应的差距上。

5. 实训提示:在下行沟通中,最令人头痛的就是向下属传递负面信息或者是一些下属不希望接纳的信息。如指出手下员工工作上出现差错,按照规章制度必须给出明确批评,即指出下属行为中不当的表现,甚至有时是训诫下属,以达到杜绝此类现象的目的。在进行此类信息沟通时,容易出现的情况是员工产生抵触情绪甚至产生对领导的怨恨。因此,在向下属传递负面信息时,要特别注意技巧。有效的技巧之一就是学会在正式传递负面信息时,适当地先做个铺垫以缓和紧张气氛,形成良好的沟通氛围。

6. 训练总结:通过训练,我的收获是_____。

表 5-1　上下级沟通礼仪考核评分表

	评价项目与内容	标准分	扣分	实得分
上下级沟通礼仪	按脚本演练,也有临场发挥和应变能力	10		
	小组成员仪容仪表仪态是否符合规范	20		
	说话清楚、标准,剧本台词紧扣主题	10		
	角色的言行举止到位,表现得体	30		
	轮演角色后的沟通分析	30		
评价	总分	100		

第二节　商务拜访礼仪

拜访人员的言谈举止,不仅反映个人素养,也代表所在单位和部门的形象。因此,员工熟知拜访流程和礼仪细节,是必备的职业素养之一。

【案例 5-3】

李强是一位刚大学毕业分配到利华公司的新业务员,今天准备去拜访某公司的王经理。由于事前没有王经理的电话,所以李强没有进行预约就直接去了王经理的公司。李强刚进利华公司还没有公司制服,所以他选择了休闲运动打扮。到达王经理办公室时,刚好王经理正在接电话,就示意让他在沙发上坐下等。李强便往沙发上一靠,跷着二郎腿,一边吸烟一边悠闲地环视着王经理的办公室。在等待的时间里不时地看表,不时地从沙发上站起来在办公室里走来走去,还随手翻了一下放在茶几上的一些资料。

案例分析

李强在此次拜访中有多处失礼之处:

第一,李强在没有预约的前提下,直接去了王经理的公司。拜访他人前,我们要做到事先有约,不做不速之客。

第二,李强穿着休闲运动服饰去拜访他人,没有遵循着装的 TPO 原则,是不尊重他人的失礼行为。拜访他人前,应衣冠得体、整洁,不做邋遢之客。

第三,李强"往沙发上一靠,跷着二郎腿,一边吸烟一边悠闲地环视着王经理的办公室",行为举止不雅,且不尊重他人。拜访他人时,应举止文明,不做粗俗之客。

第四,李强在等待的时间里表现出了不耐烦的情绪。拜访他人时,应耐心等待他人,不要时不时地看时间或在房间走动,不做冒失之客。

第五,李强在等待王经理时,"随手翻放在茶几上的一些资料",拜访他人时,不经同意不动他人物品,不做失礼之客。

一、拜访口诀和原则

(一)拜访口诀

事先预约,不做不速之客;做好准备,不做仓促之客;如约而至,不做失约之客;为客有方,不做冒失之客;适时告辞,不做难辞之客。

(二)拜访原则

待客以礼,客随主便,不给主人增添不必要的负担和麻烦。

二、拜访基本流程

(一)拜访前的准备工作

1. 明确拜访目的
首先,分析本次拜访要解决的问题。其次,分析拜访过程中,可能出现的问题;最后,做出对拜访结果的相关预测,以便准备好应对措施。

2. 拜访预约规范
预约可通过电话,也可当面约定。预约内容包括访问主题、时间、地点和人员,并征求对方同意。

(1)约定主题:简洁明了地向对方表明拜访目的,表达意思要清晰,避免使对方产生误解;

(2)约定时间:需说明到访时间和停留时间;艺术地选择时间,避开对方刚上班、中午用餐、休息或即将下班的时间。

(3)约定地点:需明确是对方的单位或住家,还是其他地方,并确认详细的具体地址;

(4)约定人员:需告知对方具体人数及各自身份;

3. 个人形象及相关资料准备
拜访前,要检查个人仪容和仪表,准备拜访时可能用到的资料,检查各项携带物是否齐备,如文件、证件、名片、笔、记录本和笔记本电脑等。第一次拜访对方住家时,可适当准备小礼物。如若可能,可提前了解拜访对象和所在单位的基本情况。

4. 用车细节
如需用车,应提前与相关部门联系,办理用车手续,并根据出访时间协调车辆出行时间。如自行前往,应选择合适的交通工具,熟悉相应的交通线路,算好出发时间,以保证准时赴约。

5. 其他细节

(1) 在访客途中,应注意保管重要物品,防止丢失;发生意外情况,及时与对方联系说明情况,并致歉意;

(2) 提前5~10分钟赴约,不宜过早;见面前,再次检查自己的仪容、仪表及相关资料;

(3) 对前台或门卫人员,需说明来意,态度谦虚、面带微笑、语调温和;若被门卫或前台告知并引导至会谈地点时,应对对方的帮助表示感谢。

(二) 拜访时礼仪细节

1. 若被访者未到,应耐心等待,不可显出不耐烦或懒散的样子。等待时,防止看手机太入神而忽略被访者的到来,也不应在被拜访者的公司内到处走动,甚至乱翻资料档案。受访者到来时,应主动起身,打招呼并点头致意:"×××,您好!"

2. 到达会谈地点,主人不让坐,不能随便坐下。如果主人是年长者或上级,对方不坐,自己不能先坐。主人让坐后,口称"谢谢"后以标准坐姿坐下。主人递上烟茶要双手接过,并表示谢意。如果主人没有吸烟的习惯,要克制自己的烟瘾,尽量不吸,以示对主人习惯的尊重。主人献上果品,要等年长者或其他客人动手后再取用。

3. 拜访过程态度应谦恭礼貌,谈话时身体微微前倾,以示用心聆听,适时做出反应,如点头或提出相关问题,目光注视对方,并保持微笑,如带笔记本和笔,可适当做些谈话记录。

(三) 拜访结束的礼仪细节

一般拜访时间在半小时左右。拜访目的达到后,应主动起身告辞。可用语"合作愉快"、"占用您这么多时间,真不好意思"。如果还有问题没解决好,可用语"关于××,我回去商量后再跟您联系。"再一次同受访者道别,如果受访者有意起身相送,应礼貌地请对方留步。

离开时,检查是否遗落东西,以免给双方增添麻烦,给自己造成损失。再一次同受访者道别,如果受访者有意相送,应礼貌地请对方留步。

【实训项目】

1. 实训目标:看《华尔街》学拜访礼仪。

2. 实训地点:礼仪实训室、大屏幕教室。

3. 实训背景:电影《华尔街》的主人公福巴德,是一位业务平平,却不甘平凡的年轻的业务员。他通过周密的安排、耐心地守候,运用出色的沟通技巧以及彬彬有礼的态度,最终获得了和他的目标VIP客户盖葛先生5分钟沟通的机会,继而抓住这难得的5分钟,从而也就获得了一个由此改变他一生命运的机遇。

4. 实训方法:?

每两位同学一组演绎这段拜访礼仪,参演的小组中评选出"最佳表演奖"。

写观影心得与体会。心得与体会的录入、排版和打印格式规范,并能按要求准时上交。各位同学进行评价,老师点评。

5. 训练总结:通过训练,我的收获是_____。

表5-2 拜访礼仪考核评分表

	评价项目与内容	标准分	扣分	实得分
拜访礼仪	按脚本演练,也有临场发挥和应变能力	10		
	说话清楚、标准,剧本台词紧扣主题	10		
	小组成员仪容仪表仪态是否符合规范	20		
	角色的言行举止到位,表现得体	30		
	观影心得按要求准时上交	30		
评价	总分	100		

第三节 商务接待礼仪

在商务交往中,接待就是生产力,应做好接待准备,亲切迎客、热忱待客、礼貌送客。

一、接待准备

商务接待前,根据来访者的身份,合理制定出规范的接待方案。以下为一般的接待准备事项,视客人的实际来访情况选择一两项、几项或全部准备:

1. 事先了解访客基本情况

接到来客通知后,首先要了解清楚客人的单位、姓名、性别、职业、级别和人数等;其次要掌握客人的来访目的和要求,了解客人前来的交通工具,问清客人到达的日期、所乘车次或航班的抵达时间;

2. 确定接待规格

接待规格是指接待工作的具体标准,其基本内容包括接待规模的大小,主要陪同人员职务高低以及接待费用的多少等,一般分为高格接待、对等接待和低格接待三种形式。

3. 拟定访客的日程安排

根据客人在本地驻留的时间及来访目的,来确定活动内容,拟定客人在本地活动的日程安排,也可与对方共同协商确定。

4. 确定下榻酒店

如果与对方商定由我方负责订酒店,根据来访人数先定好房间,还要考虑饭店的接待能力和设施是否能够满足客人。尤其是对待外商,为使其有一个舒适的居住环境,便利的商务活动条件,则需要了解外商的生活习俗,根据其生活习惯和要求来决定下榻酒店。

5. 安排欢迎宴会

主要确定时间、地点、饭店、菜单、经费、我方出席人员。

6. 商务会谈的安排

确定会谈时间、地点、出席人员,以便布置会议室和桌椅,并准备好相关的资料;

7. 安排参观或娱乐活动

参观游览可以使外地客人了解本地的文化传统和当地风俗,有利于相互之间的进一步交流与沟通。

(1) 选定参观游览的项目。要根据宾客来访的目的、性质、兴趣及本企业的实际条件确定参观游览的项目。

(2) 落实日程。参观游览日程安排与宾客协商,比如先参观哪里,途中休息和用餐、逗留和集体时间、所安排的交通工具等。企业应安排身份适合的人员陪同宾客参观游览,并选派技术人员解说。做好接待准备同时,注意对商业秘密和产品信息进行保密和安全。

(3) 注意事项。在接待参观者游览过程中,要有张有弛,注意宾、主双方人员的疲劳程度和安全。

8. 安排赠礼

主要是确定礼品品种、数量和赠礼时机。

二、亲切迎客

访客来临,应马上放下手中的工作,抬头微笑,起身迎接"您好,欢迎!"

1. 预约访客

对于预约访客,在来访之前应有所准备,事先记住对方的姓名和背景资料。当来访者应约而至,需热情地将其引至会客室,并立即向受访者通报。

2. 未预约访客

(1) 受访者在公司。有些来访者临时来访,受访者当时不便接待,且又不好推辞,相关人员应热情、友好地接待来访者。询问客人来意后,依当时情况,选择适当的应对方法:

询问受访者是否愿意、是否有时间接待,如受访者正在开会(或会客),并同意见客,只是目前不便接待,对来访者可用语:"抱歉,××正在开会(或会客),请您稍等。"随后邀请对方入座并倒茶。

如受访者忙碌,没时间接待,可有两种应对方式:一是请示受访者可否派人接见来客,如同意派人,则告知来访者;二是帮受访者挡驾,认真记录来访者的要求,日后予以答复,不能推诿、拖延或敷衍。

(2) 受访者不在公司。应礼貌地请客人稍候,拿些书报给客人,或陪着聊会儿天。客人问起受访者去向,可回答他刚好出去了,大概多久之后回来,除非受访者有留言或指示,不要轻易透露受访者行踪。

三、热忱待客

接待人员需热情、周到地接待来访者,但切勿热情过度。和客人谈起公司情况时,应点到为止,切忌知无不言、言无不尽。

1. 奉茶礼仪

(1) 奉茶的方法。奉茶要及时,上茶应在客人入座后或主客未正式交谈前;奉茶时,右手拿着茶杯的中部,左手托着杯底,双手端茶从客人的右方奉上,茶杯轻放于客人面前右手边的桌面上,杯耳朝向客人,面带微笑,眼睛注视对方并说"您好,请用茶",然后后退两步,再转身挪步离开。

(2)奉茶的顺序。奉茶的顺序应遵循先客后主,主宾双方都按职位的高低顺序先后奉茶。

(3)奉茶的禁忌。应双手递杯,尽量不要用一只手上茶,尤其不能用左手;为客人奉茶时一定要握杯把,无把的茶杯握中部,切勿用手直接抓杯口;茶满欺人,茶水不宜太满,七分满即可,以杯深的2/3处为宜。茶温不宜太烫,以免客人不小心被烫伤;把握好续水的时机,以不妨碍宾客交谈为佳,要随时注意领导及宾客的眼神及讲话,不能等到茶叶见底后再续。

2. 奉茶后待客细节

奉茶后,及时办理通知找人等事项;如所找之人或办理事项未果,要及时向来访者汇报情况;如受访者不在或不便接待时,则应礼貌地请客人稍候,在客人等候过程中需及时续茶。客人问起受访者的去向,回答时需点到为主,除非受访者有留言或指示,不要随便透露受访者行踪。

三、礼貌送客

客户表示告辞后,一般情况下,主人不要太主动,要有留客之意。要礼貌身送,行握手礼或挥手致意礼;要有说辞表达感谢与告别,如"请慢走";要有周到的服务,如帮提重物等。

送客到什么程度,要看来客级别。一般情况下至少送出办公室,低层建筑送至大门口;高层建筑送至电梯口;访客有车,目送车离去;无车,目送客远走,或安排专车送客走。

四、接待领导视察访问礼仪

1. 接待准备工作

(1)参考前面的"接待准备";拟好直接负责接待的人员名单,所有参与接待的人员(包括后勤服务人员)都应注意仪容仪表。必要时开动员大会。

(2)在接待区域或领导将到达的房间内要注意设备运行良好,且外观整洁,比如灯具、空调等。用于美化环境的物件也应保持清洁,如花盆、花瓶。要保持花盆及花瓶中的花是新鲜的,不可以枯萎凋落。凡贵宾有可能到达的地方,都应及时打扫干净,保持环境整洁、整齐划一。

(3)根据安排,通知相关部门进行照相、录像和后续报道。准备好接待所必需的物品,如饮用水、开水、茶具、茶叶、香烟、烟灰缸、纸巾、打火机等,做好细节的检查工作,比如检查茶杯内是否放置好茶叶,逐一进行打火试机、烟灰缸底部置少许水,准备水果。

(4)准备好领导的饮食起居,在贵宾与公司领导会谈的地方及贵宾室或下榻之处摆放鲜花、水果或点心。张贴欢迎视察或指导工作的宣传标语。欢迎词要恰当得体,应张贴在领导可能经过的明显位置。

(5)有必要时,事先安排好贵宾一行人参观的车辆。

2. 接待细节

(1)全部接待准备工作应在客人到达前安排就绪。

(2)由公司领导或专门人员亲自迎接,待视察领导稍休息后,将视察参观的具体安排向领导汇报,征求意见并按视察领导的意愿由公司领导或指派专人带领参观视察。

(3)在视察参观过程中,注意保证领导的安全,应提醒领导本公司有某些方面的规范制度,如进入施工现场要戴安全帽等。做好安保工作,切忌出现聚众围观、吵闹等不适宜的情况发生。

3. 接待结束,送走领导

(1)视察参观结束时,应向贵宾赠送礼品,并对其视察指导表示感谢。必要时,应举行欢送仪式或张贴欢送标语,派专车专人负责将视察领导送出单位所在区域。若有必要,应主动与下一接待方联系接洽,安排好视察领导的下一行程。

(2)整理领导视察参观工作过程中的相关资料,形成文件,并报送上级批示。根据上级批示,进行后续的宣传。

【实训项目】 接待礼仪

1. 实训目标:如果你是办公室负责人,你怎么安排这次接待?

2. 实训地点:模拟办公室、教室。

3. 实训背景:强远药业集团公司准备为一家外资企业推荐一套公司生产的最先进的国外输液管生产线。经过前期沟通后,外资企业的副总决定带人到强远药业集团公司进行实地考察并落实合作事宜,强远药业集团公司接到消息后,迅速安排办公室负责此次接待。

4. 实训要求:先请全班同学分组讨论,并汇集意见总结出办公室接待的一般程序,并分组分角色演练。

5. 训练总结:通过训练,我的收获是_____。

表5-3 接待礼仪考核评分表

	评价项目与内容	标准分	扣分	实得分
接待礼仪	分组讨论办公室接待的程序	30		
	小组成员分工明确	10		
	剧本台词紧扣主题,说话清楚标准	10		
	小组成员仪容仪表仪态是否符合规范	20		
	角色的言行举止是否到位	30		
评价	总分	100		

第四节 电话礼仪

在日常工作中,商务人员使用正确的电话语言和技巧对商务工作的成功来说很关键,它直接影响着一个部门的声誉;打电话时虽然相互看不见,但说话声音的大小、对待对方的态度、使用语言的简洁程度等看不见的风度表现,都通过电话传给了对方,同时也凭借声音了解了对方的态度、心情、修养等,形成了对方的"电话形象"。

一、电话礼仪基本规范

1. 通话四步骤

拨打或接听电话,一开始要礼貌问候并自我介绍,然后立即转入主题,谈话时内容条理清晰,通话过程中要认真倾听并积极呼应对方,谈话完毕应适时挂断并互相道别,整个过程正是体现了通话四步骤:

(1) 礼貌问候、自我介绍。电话接通后切忌"开门见山",没有一句问候语就切入正题。双方均应先问候对方"您好!"以示礼貌。为了在第一时间告知并明确对方身份,接电话者先略作自我介绍,介绍中带有公司、部门或姓名信息即可,同时证实一下对方的身份,打电话者需及时回应对方,并略作自我介绍。

(2) 转入主题、内容紧凑。在问好和自我介绍后应立即转入主题,拨打电话的一方可以直接告诉对方为何打电话,将通话内容的要点准确地表达出来,主次分明,条理清晰,可以节省双方通话的时间。

(3) 认真倾听、积极呼应。通话时要认真倾听,但不可长时间沉默无语,因为这会使对方误以为你没有认真倾听,在通话过程中应积极呼应对方,可以说些适当的短句,比如:"是的"、"好的"、"是这么回事"、"请您继续说"等让对方感到你是在认真听着,以示尊重。

(4) 适时挂断、互相道别。结束电话交谈时,彼此客气地道别,说一声"再见",一般由打来电话的一方先挂,然后接听方再挂上电话,不可只管自己讲完就挂断电话。如果对方的社会地位高、职务高,则应是尊者先挂电话,然后自己再轻轻放下话筒。

【补充知识 5-2】

结构思考力重构的四项核心原则——论、证、类、比。如图 5-1 所示。

论,即结论先行,一次表达只支持一个思想,最好出现在开头;证,即以上统下,任何一个层次思想需是其下一层次的概括;类,代表归类分组,每一组思想需属于同一类范畴,比如内部的就是对内的,外部的就是对外的;比,即逻辑递进,任何一组思想,需要按照一定的逻辑顺序进行组织。

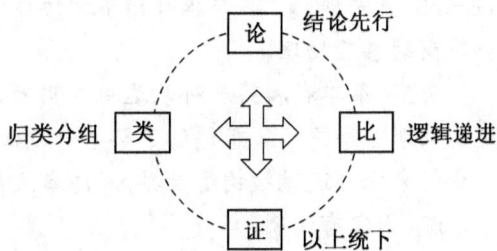

图 5-1 结构思考力重构的四项原则

假如你是某公司的人力资源总监，一个早晨，你接到了下属小赵打来的电话，他是公司的劳动关系与安全主管，在电话中跟你说了一件紧急情况：当天早6点10分，在郑州203国道上发生重大交通事故，本公司销售部的小马驾车与一辆大货车相撞，当场死亡，对方司机重伤，目前正在医院抢救；与小马同车的还有公司的销售员人员张三、李四和王五，三人都不同程度受伤，但无生命危险，目前事故责任还不能确定。小赵准备立刻前往郑州处理相关事务，希望跟你商量一下应对措施。

作为他的领导，你需要马上给下属进行工作任务安排，你该如何在电话中回复？某位人力资源总监是这样回复的：

"小赵，立即向主管总裁汇报，然后联系相关医院全力救治伤病员，再联系保险公司，协商理赔事宜。还有，联系伤亡员工家属，别忘了跟郑州交警部门确定事故责任，一定要全力维护公司利益。通知销售部门，让他们确保货物安全，做好工作交接，处理好与供应商的关系，请对方理解……按照公司应急预案，立即成立事故处理小组处理上述事宜。对了，别忘了做好伤亡员工家属前往郑州的准备。"

换位思考一下，作为下属，听到这样的工作任务布置，能受得了吗？这通电话让下属完全不知道到底要做哪几件事情、做事的先后顺序。

到底怎样的表达会让我们的回复更加明了，并让对方更容易记忆？需要讨论四个问题：

第一，在表达中，不仅要有一个总体的操作原则（结论），还需要很多详细的操作方法。西方人想到的是先说结论，因为从信息传递的效率会比较高；而中国人习惯先说理由，铺垫之后再说结果，但是从信息传递的角度来讲，接受信息者更愿意先听到一个总体的结论，这会提高我们沟通的效率。

第二，在众多具体的操作方法中，可通过多种分类方式进行分类，比如，按照时间的先后顺序、做事的先后顺序等；也可按照公司内、外部分别处理哪些事务来分。

第三，分类之后，将每一类操作方式概括到一起，综合表达一个观点。

第四，在同一分类中的众多事物，表达时安排先后顺序，多数情况下按照重要顺序排序。实际操作中只要符合一定的逻辑顺序就好，让接受信息者更容易记忆。

基于四个问题的讨论，我们可得出案例中的参考答案：

"小赵，根据公司应急预案，组成事故处理小组。第一，跟总裁汇报情况，并联系销售部做好善后工作；第二，与医院、家属、交警和保险公司等多方协调维护员工和公司利益。"

"小赵：跟总裁汇报，根据预案成立事故小组处理事故。第一，确保伤病员的全力救治，并好家属安排；第二，与各部门多方协调维护员工和公司利益；第三，销售部做好货物和供应商的善后处理。"

很明显，第二种和第三种表达观点明确，条理清晰，效率会非常高，对方也非常清晰地知道要做哪些事情。如想详细了解某一方面，可以针对其展开详细介绍。

资料来源：《透过结构看世界：洞悉本质的思考艺术》，李忠秋，电子工业出版社；2015年第1版，内容有增删。

2. 时间和空间原则

（1）选择通话时间。打电话的时间具体分为两个方面：一是通话时间的选择。选择通话时间，应以方便对方为准。一般尽量避开过早（8点之前）或过晚（10点之后）、对方忙碌、快下班、用餐或休息的时候。给海外人士打电话，要事先了解地域时差。二是通话时间的长短。一般通话时间不宜过长，最好不要超过3～5分钟。

（2）选择通话地点。选择打电话的地点时，应考虑以下因素：一是通话内容是否具有保密性，看是否需回避某些场合；二是尽量不要借用外人或外单位的电话，特别是不宜长时间借用；三是不要在办公室打私人电话，在公司除非你拥有一个独立的私人办公室，那么打私人电话的时候一定要小心而且要注意技巧，在多人共用办公空间的场合，如果有人用办公室电话旁若无人地大声聊天，或用电话大谈家务事，不然很容易遭到周围同事的反感，并且会给老板一种很不敬业的印象。

3. 其他细节

（1）通话时要避免有气无力、粗鲁傲慢、急躁不堪和语言生硬等不礼貌表现，也不宜与第三者岔话。若必须应答，先向通话对方致歉，让他/她等待再按电话"HOLD（保持）"键，或用手捂住话筒再说话。

（2）正在通话时，如有人拜访，需先安顿访客，可行点头致意礼，或眼神交接，或配合手势或按住话筒对访客说"请您稍等一下"。

（3）处理来电等待时，需先告诉对方等待的原因，说明需等待的时间。如果是短暂的等待（1分钟内），可用语"请稍等、马上就好"。重新通话时，对来电者的等候表示歉意，可用语"抱歉、让您久等了"。如果是长时间的等待（超过1分钟），应询问对方是否愿意等待，或问清对方的电话号码，事后及时与他联系。

二、打电话礼仪

1. 通话前

打电话前，应理顺思路，拟好谈话内容的要点和顺序，确保通话时内容有序、逻辑清晰和简洁高效。

2. 通话中

一般情况下，拨通电话后，应先问候"您好"，然后自我介绍和证实对方的身份并立即转入主题，通话内容紧凑，通话时要认真倾听，并积极呼应对方。如果打电话给上级或客人，视情况询问"现在与您说话方便吗"，得到肯定回复后再转入主题。打电话时，若无人接听，振铃6声时搁下。

3. 通话结束时

结束电话时，彼此客气道别，通常由打电话的一方先挂。如果与上级或客人通话，则由对方先挂电话。

三、接电话礼仪

1. 及时接听

听到电话铃声需及时接听（通常在三声之内）。办公室的座机电话，可代为接听；最好不代人接听手机。

2. 礼貌应答

通话过程中,问候对方并自报家门,仔细聆听并及时作答,必要时与对方确认或复述,通话结束时要礼貌告别。问候并自报家门时,可用语"您好",或"您好!这里是××集团××部",或"我是××集团××部××,请问怎么称呼您",或"您好,这里是××集团××部,请问您找谁"等。

✍【案例 5-4】

新加坡利达公司销售部文员刘小姐要结婚了,为了不影响公司的工作,在征得上司的同意后,她请自己最好的朋友陈小姐暂时代理她的工作,时间为一个月。陈小姐大专刚毕业,比较单纯,刘小姐把工作交代给她,并鼓励她努力干,准备在蜜月回来后推荐陈小姐顶替自己。某一天,经理外出了,陈小姐正在公司打字,电话铃响了,陈小姐与来电者的对话如下:

陈小姐:"……"(不出声)

来电者:"您好,我是晨新有限公司的业务经理,请问您这儿是利达公司吗?"

陈小姐:"是。"

来电者:"你们经理在吗?"

陈小姐:"不在。"

来电者:"你们是生产塑胶手套的吗?"

陈小姐:"是。"

来电者:"你们的塑胶手套多少钱一打?"

陈小姐:"1.8美元。"

来电者:"1.6美元一打行不行?"

陈小姐:"不行的。"

说完,"啪"挂上了电话。

上司回来后,陈小姐也没有把来电的事告知上司。过了一星期,上司提起他刚谈成一笔大生意,以一打1.4美元的定价卖出了,客户共订了1 100万打。陈小姐脱口而出:"啊呀,上星期有人问1.6美元一打,我说不行的。"上司当即脸色一变说:"你被解雇了",陈小姐哭丧着脸说:"为什么?"

陈小姐在接电话方面犯了几个错误,总结分析其主要表现为:

(1)陈小姐一开始接听电话时,没有问候对方并自报家门。而且整个通话过程无一句礼貌用语,态度冷漠语气生硬;挂电话时不等对方说完,就"啪"挂上电话,显得傲慢无礼。在电话礼仪中,应是尊者先挂或地位高者先挂电话。在此案例中,客户即是尊者,当通话完毕,陈小姐应道一声再见,待对方挂机时,再轻轻挂上电话。

(2)通话过程中,陈小姐遗漏了对重要信息的询问记录。比如,这位业务经理的姓名和电话号码、对方的手套的需要量等,陈小姐该问的没有问,该记的没有记录。不仅如此,她还在电话里自作主张否定议价,在价格上不向上司请示,不该说的却说了。最后,通话结束后陈小姐没有及时向上司汇报,该做的也没有做。

　　这个案例告诉我们,接听电话不可太随便,得讲究必要的礼仪和技巧,以免错失发展机会。接听电话时,我们会遇到各种问题与情况,表 5-4 所示解决技巧可供参考。

表 5-4　接听电话时不同情况的应答技巧

问题与情况	接电话礼仪
铃响几声接	两三声,不立即接,也不拖延
电话让对方久等,应说	抱歉,让你久等了
第一声,怎么说	问候对方并自报家门,如"你好!这里是××公司××部",或"我是××公司××部××,请问怎么称呼您?",或"您好!这里是××公司××部,请问您找谁?"
当来电者说明找谁后,有三种情况: 一是刚好是本人接电话; 二是人在,但不是这个人接的电话; 三是要找的人不在办公室里。 每种情况该怎么说	第一种情形,说:"我就是,请问您是哪位?" 第二种情形,接话人说:"他在旁边,请稍候。"或"请稍候,我帮你叫一下。" 第三种情形,接话人则说:"对不起,他不在。您需要转告吗?"
能替别人接听电话吗? 如何代为接听	办公室的座机可以接听,最好不要代人接听手机 如果座机主人不在,告诉对方要找的人不在,问他要不要留言或转达什么信息 如果对方说不需要,让他过后自己再打过来,或用其他方式联系要找的人,或直接互相告别 如果需要转告,应清晰地做好记录,节约时间
来电需要转告如何记录	一定要认真做好记录,记录完毕后向对方重复一遍,以确保准确无误。这些留言记录应包括: 1. 来电人的姓名(或贵姓)、单位、回电号码和来电的主要内容 2. 来电的时间以及要联系的人或部门
不方便接电话时,如何说	简单说明不方便的原因,自己方便时给他打过去,或直接说现在不方便接电话,在某个时间段回电
如何处理来电等待	1. 应先告诉对方等待的原因 2. 要说明需等待的时间: (1) 如果是短暂的等待(1分钟内),就告诉对方:"请稍等,马上就好";重新通话时对来电者的等候表示歉意,"对不起,让您久等了" (2) 如果是长时间的等待(超过1分钟),应询问对方是否愿意等待;或问清对方电话号码,有了消息会及时与他联系
如何暗示对方终止通话	总结通话内容,重复要点,再次确认所要说的事;或先致歉再以某待办急事为由暗示对方
接到别人打错电话,该怎么说	应礼貌提示:"对不起,你打错了,我们是××公司",对方抱歉时,回应"没关系"
会客时有重要电话要接,如何处理	向对方致歉:"不好意思,我先接个电话",或"非常抱歉,接个电话,稍等片刻"

【案例5-5】

李老板约了陈老板吃饭,可是过了约定时间二十多分钟,陈老板还没到。李老板便给他的单位打了个电话,问:"喂! 我是李老板,跟你们陈老板有约,他出来了吗?"

接电话的人说:"他早走了,急着去工厂去了。"

"急着去工厂?"李老板听到这话有点纳闷,心想最近刚好有一批货交给陈老板来办,该不会是这批货出问题了吧? 于是,李老板顺藤摸瓜,很快发现货的质量有问题。最后,李老板向陈老板摊牌、施压,逼他把这批货以7折的价格卖给自己。只可惜,陈老板赔了钱,还不知道问题到底出在哪里?

作为商务人士,学会把握说话的尺度与办事的分寸,当替人代为接听时,不要画蛇添足,比如说他去哪儿了、为什么不在等。另外代人接听还有个细节需要注意,如果来电者索问要找的人的手机号码,考虑到手机的私密性,如果没有得到当事人的允许,一般情况下不宜透露号码。

【补充知识5-3】

应答示例

当来电者说明找谁后,应答方式分为受话人接的电话和非受话人接的电话。

1. 受话人接的电话

如能通过电话显示,确切知道对方是谁,可直接称呼并礼貌问候。如不知对方是谁,接话人可答"我就是,请问您是哪位?"

会客时,如需接重要电话,应向访客致歉,可用语"不好意思,我先接个电话",或"非常抱歉,我接个电话,请稍等片刻"等。

如不方便接电话时,可简单说明原因,方便时再回电。或直接说,现在不方便接电话,在未来某个时间段回电等。

暗示对方终止通话时,可总结通话内容,并重复要点,再次确认所要说的事。或先致歉,再以某待办急事为由暗示对方,不可直接挂断电话。

接到别人打错电话,应礼貌提示,可用语"对不起,您打错了,我们是吉利集团公司"等;若对方抱歉时,可回应"没关系"。

2. 非受话人接的电话

代接电话要以礼相待、尊重隐私、记录准确和传达及时。可用语"他在旁边,请稍候"或"请稍等,我帮您叫一下"。若受话人不在或不便接听时,接话人可用语:"对不起,他不在(或他在忙),您需要我帮忙转告吗?"如对方说不需要,可让他稍后再打,或通过其他方式再联系,或直接互相告别。如需转告,应清晰做好记录,记录留言应包括:来电者姓或姓名,对方单位,回电号码和来电何事,并记录来电时间及要联系的人等。

资料来源:《吉利控股集团员工礼仪指导手册》,2014年,内容有增删。

四、手机礼仪

手机作为一种联络工具提高了我们的工作效率,带来了很多便利,但手机也是一个很容易被滥用的工具。导入案例中的王莉不仅能够适时适度地使用手机,而且非常有礼有节对待交往对象,树立了良好的商务形象。

【案例5-6】

王莉是一名职场丽人,她平时特别注意手机礼仪。在开会时,她总是习惯地把手机调成静音。王莉经常说:"当你正在出席会议时,接听一连串的电话肯定会让他人反感,同时你也不想让你的谈话被人听到。

开会时处理来电,她的经验是:有些来电短信回复;有些来电开完会再回,要遇急事立马回电。真碰到了什么急事,最好安静迅速地离开会场回复电话;实在不能离开又必须接听,需要压低声音快速回应。一切动作以不影响在场的其他人为原则。"

1．手机通话礼仪

手机的通话礼仪,跟座机的使用基本一致,可以参照电话礼仪四要素、打电话和接电话礼仪的内容。为了保持手机处于正常状态,防止手机电池续航差不便联络,随身准备移动充电宝备用。总的来说,手机给我们带来诸多便捷,但需注意一点,杜绝做手机的奴隶。

2．即时通讯(短信或微信等)

收到他人短信应及时回复,因某些原因不能及时回复,应表示歉意,如"抱歉,回复晚了"。在无法确定对方是否方便接电话时,可先发短信询问:"有事找您,给您打电话是否方便?"

(1)初次发短信,为了便于收件人识别短信,需有称谓有署名,即开头有称呼,结尾一定署名。

以下三条短信,哪条短信最显诚意?

	特点	短信内容
1	有头无尾,无头也无尾	祝您新年快乐,吉祥如意!
2	没称谓有署名,无头但有尾	祝您新年快乐,吉祥如意！李伟敬贺
3	有称谓有署名,有头有尾	王总,祝您新年快乐,吉祥如意！李伟敬贺

祝福短信尽可能自己编写单独发送,不要采取群发的形式,尤其是那些你认为对你很重要的人,应当输入对方的名字(或称谓),以示对收信方的尊重。

(2)学会用短信预约。有时给身份高或重要的人打电话,知道对方平时较忙,可以先发短信预约,比如"有事找您,是否方便给您打电话?"如果对方没有回短信,可能不是很方便,除非有急事,选择较久的时间以后再拨打电话。

(3)学会判断和选择适合的信息通讯方式,如果只是单向通知对方、无须对方回复的信息,适宜用短信或者微信文字,而不是直接打电话。

（4）收到他人短信应及时回复，即使只是确认一下收到了或提示对方"正在忙"。因某些原因没能及时回信，应当表示抱歉。

✍【补充知识 5-4】

《自媒体攻略：8个要点，做好你的微信礼仪》导读

第一，申请关注被通过后，主动打招呼；

第二，设置真人头像，亲和力强；

第三，个人签名积极、阳光；

第四，发话要有信息量，节省彼此的时间；

第五，分享慢慢来，不要刷屏；

第六，紧急的事，别用语音；

第七，不在人多的地方用语音；

第八，发布正能量内容，不管原创还是转发。

3. 铃声

人们在享受手机带来的种种便捷乐趣的同时，也在忍受它带来的干扰。商务用途的手机铃声，不能用恶搞的、怪异的和低俗类的铃声。在办公区域内，手机铃声不宜太大，防止影响他人工作。在需要保持安静的场合，应主动将手机调成静音或振动状态。

五、传真礼仪

传真文件礼仪包括发送文件礼仪和接收文件礼仪。

发送传真时，如果需先人工呼叫，在接通电话时应自报家门，说"你好"然后报出自己公司及部门名称。传真应当尽量写清接收人的全名，包括联系信息、传真件页数和发件日期，留下发件人的联系方式，以便后续事宜的联络。

人们在使用传真设备时，最为看重的是它的时效性。因此在接收到他人的传真后，应当在即刻采用适当的方式告知对方，需要办理或转交、转送他人发来的传真时，千万不可拖延时间，第一时间交给需要传真文件的人，以免耽误对方的要事。

【实训项目】 回电给董事长，该怎么说？

1. 实训目标：打电话时，将通话内容的要点准确地表达出来，节省双方通话的时间。

2. 实训地点：礼仪实训室、教室。

3. 实训背景：

今天周二，上午董事长临时要求助理王伟打电话联系李总、陈总和王总共同参加工作会议，联系后回电话给他。王伟联系后发现：

（1）李总来电说他不能参加今天的会议了，周三、四、五都可以。

（2）陈总说他不介意晚一点开会，明后天开也可以，但明天10：30以前不行。

（3）王总的秘书说，王总明天晚些时候才能从北京赶回来。

（4）看过董事长这一周的行程表，周四上午的时间可以保证。

（5）会议室明天已经有人预订了，但星期四没有人预定。

综上所述，会议时间定在星期四上午10点似乎比较适合。王伟回电话给董事长时，怎么说才能做到主次分明，条理清晰？

4．实训方法：选5位学生进行角色扮演，其中3位同学扮演李总、陈总和王总，另外2位同学模拟董事长和助理王伟之间的通话。各位同学进行评价，老师点评。

5．训练总结：通过训练，我的收获是_____。

表5-5　电话礼仪考核评分表

	评价项目与内容	标准分	扣分	实得分
电话礼仪	按脚本演练，也有临场发挥和应变能力	10		
	小组成员仪容仪表仪态符合规范	20		
	小组成员分工明确	10		
	角色的言行举止到位，表现得体	30		
	王伟回电内容是否主次分明、条理清晰	30		
评价	总分	100		

第五节　电子邮件礼仪

电子邮件，简称E-mail，是通过网络在计算机用户间传递各种信息的一种联络方式。收发电子邮件成为商务人员利用网络办公最常见也是最重要的内容之一，电子邮件礼仪也由此成为商务礼仪的一部分，并且对于客户关系的影响日益显著。如何写好一封商务电子邮件呢？这是每个商务人员都需掌握的一项工作技巧。

【案例5-7】

2006年4月7日，原EMC大中华区总裁陆纯初想回办公室取东西，但是到门口却发现自己没带钥匙进不了门。此时他的私人秘书瑞贝卡已经下班。气愤之下，陆纯初给瑞贝卡发了一封措辞严厉的"谴责信"邮件。而瑞贝卡则马上回复了一封咄咄逼人的邮件，并抄送给EMC中国公司的所有员工。

From：Hu，Rui[mailto：Hu Rui@emc. com]

Sent：2006年4月10日13:48

To：Loke，Soon Choo

CC：China All(Beijing)；China All(Chengdu)；China All(Guangzhou)；China All(Shanghai)；Lai，Sharon

Subject：FW：Do not assume or take things for granted

Soon Choo，

首先,我做这件事是完全正确的,我锁门是从安全角度上考虑的,北京这里不是没有丢过东西,如果一旦丢了东西,我无法承担这个责任。

其次,你有钥匙,你自己忘了带,还要说别人不对。造成这件事的主要原因都是你自己,不要把自己的错误转移到别人的身上。

第三,你无权干涉和控制我的私人时间,我一天就 8 小时工作时间,请你记住中午和晚上下班的时间都是我的私人时间。

第四,从到 EMC 的第一天到现在为止,我工作尽职尽责,也加过很多次的班,我也没有任何怨言,但是如果你们要求我加班是为了工作以外的事情,我无法做到。

第五,虽然咱们是上下级的关系,也请你注重一下你说话的语气,这是做人最基本的礼貌问题。

第六,我要在这强调一下,我并没有猜想或者假定什么,因为我没有这个时间也没有这个必要。

From:Loke,Soon Choo

Sent:Saturday,April 08,2006 1:13AM

To:Hu,Rui

CC:Ng,Padel;Ma,Stanley;Zhou,Simon;Lai,Sharon.

Subject:Do not assume or take things for granted

Rebecca,I just told you not to assume or take things for granted on Tuesday and you locked me out of my office this evening when all my things are all still in the office because you assume I have my office key on my person.

With immediate effect,you do not leave the office until you have checked with all the managers you support—this is for the lunch hour as well as at end of day,OK?

瑞贝卡因此被网友称为"史上最强女秘书",并在"邮件门"事件不久后离开了公司。

职场中处理分歧可有两种应对的态度:一是意气用事,赢了一口气,但不利于问题的解决;二是不意气用事,先处理心情后处理事情,养成良好职业素养。一位曾在通用和甲骨文公司服务多年的资深人士给予了这样的处理意见:瑞贝卡应该用英文写一封回信,语气温婉有礼,解释当天的原委并接受总裁的要求,同时给自己的顶头上司和人力资源部的高管另外去信说明,坦承自己的错误并道歉,而不是感情用事,咄咄逼人。

电子邮件看似简单,实则大有学问。商务电子邮件礼仪的基本宗旨是效率、清晰和礼貌,要懂得替对方节省时间,只把有价值的信息提供给需要的人,注意细节如下:

1. 标题

不要空白标题,空白标题不仅不规范、不够职业,也是不尊重对方的表现。标题不宜冗长,需简短且提纲挈领,可以说简洁扼要的标题不仅方便对方阅读和分类,将来自己查找邮件时也比较方便。

2. 正确区别使用收件人(To)、抄送(CC)、密送(BCC)

三者之间的区别如表 5-6 所示:

表5-6　收件人、抄送和密送的区别

发件人（From）	收件人（To）	抄送（CC）	密送（BCC）
发送邮件的人	要受理这封邮件所涉及的主要问题，理应对邮件予以回复响应	只需要知道这封邮件的内容，没有义务对邮件予以响应，但可以给予建议	收件人和抄送者都不知道发送者将邮件发给密送者。但密送者知道邮件的所有信息，除了不知道邮件同时又密送给了谁
举例：假如A发送邮件给B，抄送给C_1、C_2，密送给D_1、D_2	B知道这封是A发送给B的邮件，并且抄送了C_1、C_2，但不知道密送给了D_1、D_2	C_1知道这封是A发送给B的邮件，并且抄送了C_1、C_2，但不知道密送给了D_1、D_2	D_1知道这封是A发送给B的邮件，并且抄送给了C_1、C_2，而且密送给了自己，但不知道密送给了D_2

　　一般抄送和密送有备份、知会或者监督跟踪的作用，密送功能很实用，比如公司产品的信息需要通过邮件给全国的各个客户，最好采用密送方式，这样不仅可以保护各个收件人的地址不被其他人轻易获得，而且可以使收件人节省下收取大量抄送的 E-mail 地址的时间。密送功能实用的同时也有危险的一面。

✎【案例 5-8】

　　两个部门经理吵架，在邮件上两个人争得不可开交，甲为了让总经理了解事情真相，将邮件密送给总经理，而总经理着急澄清此事，回复邮件时直接点击"回复全部"。乙收到邮件更是气愤，觉得这么小的事情甲还密送给总经理，甲也太小人了，从此和甲结下不解之仇。

　　3. 邮件正文

　　正文需有头有尾，即开头有称呼，结尾有署名，内容要简明扼要，行文通顺。可用1、2、3、4之类的列表罗列要点，以便使行文清晰明确。如果所阐述的事情单纯用文字让人难以理解，可以配合图表加以说明。如果具体内容很多，正文只作摘要介绍，然后单独写文件作为附件进行详细描述。

　　4. 附件

　　如果邮件带有附件，应在正文提示收件人查看附件，对附件内容做简要说明。附件文件名应能概括文件主题内容，注意附件数目不宜超过4个，数目较多时应打包压缩成一个文件。过大附件保存在云盘或用超大附件。鉴于有时发邮件忘记附上附件，因此可以尝试在发送带有附件的邮件之前，收件人和抄送栏先空着，先写邮件正文，然后附上附件，仔细检查确认无误后再放上收件人和抄送，最后将邮件发出去。

　　5. 回复技巧

　　（1）及时回复。对一些紧急重要的邮件，理想的回复时间是2小时；对于一些优先级低的邮件可集中在特定时间处理，但一般不要超过24小时。

　　（2）想必你一定遇到过事情复杂、无法及时确切回复的情况。那先回复对方说"收到了，我们正在处理，一旦有结果就会及时回复。等等"。对方就会安心等待你的后续答复。

（3）当回邮件答复问题的时候，最好将相关的问题复制到回件中，然后附上答案。

（4）回复字数不宜过少。尤其是当对方给你发来一大段邮件，如果只回复"是的"、"对"、"谢谢"、"已知悉"等字眼，这是非常不礼貌的。

（5）不要就同一问题多次回复讨论。如果收发双方就同一问题的交流回复超过3次，这只能说明交流不畅，说不清楚。此时应采用电话、微信或其他方式进行交流。结束后可以写邮件作为备忘。

（6）对于较为复杂的问题，多个收件人频繁回复，可能导致邮件内容混乱不便于阅读。此时应对之前的讨论结果进行汇总小结，突出有用信息。

（7）区分"回复"和"全部回复"。如果只需单独一人知道的事，单独回复给他即可；如果你对发件人提出的问题或要求做出回应，应该"全部回复"，让大家都知道；如果你对发件人提出的问题不清楚，或有不同意见，应该与发件人单独沟通，不要当着所有人的面频繁来回回复。

（8）不要向上司频繁发送没有确定结果的邮件。

（9）为避免无谓的回复，可根据情况在文末添上注明"仅供参考，无须回复"、"已全部完成，不必回复"等语句。

6. 签名档的使用

一个好的签名能够让你的邮件锦上添花。需注意的是，过于正式的签名会与对方产生距离感，显得疏远。签名应该进行简化，签名信息不宜过多，可以包括姓名、职务、公司、电话、传真、地址等信息。根据单位内部和外部各群体的邮件往来，在邮件系统中设置多个签名档，根据情况灵活使用。

7. 群发单显、读信回执等功能的使用

群发单显（分别发送）功能，即群发的邮件，采用一对一单独发送，每个收件人只看到自己的地址，不知该邮件是被群发，可以防止别人信息泄露。比如学生毕业求职需同时发送多个求职简历时，既希望节省时间又不希望各个企业看到这封邮件是群发的，就可以使用"群发单显"功能。比如邮件发送后希望及时知道收件人是否已阅读过邮件，可以设置读信回执功能，即在发邮件前设定要回执，在接收人点开邮件阅读时系统会自动回执通知发件人接收人已阅读信息。

✎【案例 5－9】

不知道为什么，一直和张译、李晨双向联系的合作单位孙科长，现在只和李晨联系了。百思不得其解的张译把这件事汇报给了领导。领导也奇怪，孙科长与他们单位合作多年，还没有出现过这样的情况。领导私下和孙科长沟通后得知，这都是张译的问题。孙科长是个工作严谨的人。但自从和张译联系后发现，他的邮件签名个性十足，孙科长发给他的邮件，经常两三天后才有回复消息。发来的邮件，连个邮件主题、落款都没有。忘发附件也是常事……孙科长说，这样不严谨的人，细节上一点都不下功夫的人，他实在不想浪费自己的时间来联系。

8. 其他细节

邮件发送时，除了以上提到的几点，还有几个细节需要注意：

（1）收件人或抄送者如有多人时，邮件地址的排序应遵循尊者为先的原则，比如按职位的等级从高到低排列。

（2）选择合适的字体和字号。在商务邮件的写作中，比较适合在线阅读的字号和字体有：中文宋体或新宋体，英文 Verdana 或 Arial 字形，字号用五号或 10 号字。切忌用过小的字号，这会让人读起来很费劲，也不要用稀奇古怪的字体或斜体。

（3）合理提示重要信息。对于需要对方格外关注的重要信息，可使用大写字母、粗体斜体、颜色字体、加大字号等手段进行提示。但这些字体需要合理运用，如果通篇都是重点，只会让人抓不到重点，影响阅读速度。

（4）商务邮件写作不要动不动使用":)"之类的笑脸字符，也最好不用背景信纸，会显得比较轻佻。

（5）处理紧急重要的邮件时，收件人可能由于出差或在外办事没办法及时回复时，发件人发完邮件后最好能主动打电话或通过即时通讯如微信或短信等方式告知收件人，而不是一味在等待邮件的回复。

【实训项目】　商务电子邮件礼仪的基本宗旨

1. 实训目标：效率、清晰和礼貌地收发电子邮件。

2. 实训地点：礼仪实训室、教室。

3. 实训内容：假设你是 13 会计 1 班的王昊同学（学号为 26 号），即将面临毕业。今天你将毕业论文初稿发邮件给论文指导老师李教授批阅。同时，李教授指定班级学委帮忙登记已交论文初稿的同学，寝室室友希望你发给他一份论文初稿作为参考。

4. 实训要求：

（1）邮件写给李教授，抄送给学委，密送给室友。

（2）邮件需有头有尾，即开头有称呼，结尾有署名，内容简明扼要，行文通顺。毕业论文初稿作为附件附在邮件中，在正文中需有提示。

（3）需设置签名档，需有基本的班级、姓名、学号和联系方式等信息。

5. 训练总结：通过训练，我的收获是_____。

表 5-7　电子邮件礼仪考核评分表

评价项目与内容		标准分	扣分	实得分
电子邮件礼仪	TO、CC、BCC 操作无误	20		
	主题简洁扼要、提纲挈领	20		
	开头有称呼，结尾有署名	10		
	内容简明扼要，行文通顺	20		
	附件名称符合规范，在正文中有提示	20		
	设置签名档，包括基本信息	10		
评价	总分	100		

第六章　国际商务活动礼仪

【实训目标】

1. 掌握商务会议的工作流程，了解会议座次礼仪，掌握会议组织人员、会议主持人、与会人员和会议后勤服务人员的礼仪细节。

2. 了解商务谈判的含义、特点，掌握商务谈判的礼仪细节。

3. 了解展览会的含义、特点和类型，掌握展览会的组织与实施，掌握展览会参展方工作人员的礼仪要求。

4. 了解记者招待会的含义、特点，掌握记者招待会应注意的礼仪事项与细节。

导入案例

　　珍妮是美国加州食品（中国）公司总经理奥尼尔的秘书，奥尼尔上任不到一个月，就带着珍妮和律师乔治·李到盛产土豆的西北某市洽谈合作的事。

　　为了迎接奥尼尔一行，合作方天泉公司总经理胡志强他们驱车两百多公里到省会来接机。到了下榻的宾馆，胡总对奥尼尔先生说："您旅途劳累了，先休息休息。"

　　奥尼尔先生听了有些不解，但是他也没有太在意。晚上，胡总安排了丰盛的宴席为客人接风。奥尼尔对一顿饭有那么多菜感到迷惑，于是说道："这么多菜我们一次吃不完。"但是胡总答道："招待不周，请多见谅。"奥尼尔先生吃惊地说："谁说中国穷了？"于是他认为胡总是个虚伪的人，因为他竟然为如此丰盛的宴席道歉说"招待不周"。

　　第二天，奥尼尔就急不可待地要开始谈判。胡总笑道："不着急，您看，你们是第一次到我们这里来，一定要先在我们市转转。玩得开心，然后我们再静下心来工作，您说是不是？"

　　这时，奥尼尔有点不高兴了："如果不合作，我们千里迢迢从上海来这里做什么？"

　　"我知道你们是来合作的，但是我们同样也要让你们玩得开心，不是吗？晚几天也无妨嘛。"

　　"生意是生意，我很感激您的好意，但是我们来这里不是为了我们自己玩，而是为了公司的生意。"

　　胡总有些尴尬，但是还是同意开始谈判。在谈判进程中，奥尼尔先生提出了一些条款，但是胡总经常这样回答："我能理解，但是还有不少问题，这很复杂。"

　　奥尼尔先生追问道："那问题在哪儿？"胡总感到很尴尬，开始沉默不语。

　　最后，奥尼尔先生再也控制不住自己的情绪："我想你们公司根本没有诚意与我们合作。"

胡总也很生气,但他只说道:"别生气,我们确实想与贵公司合作,但是您看一些事情很复杂,我们慢慢谈。"

胡总的含糊其辞,奥尼尔听了更生气:"那好,等你们的事情变得简单之后我们再谈。"说着,一行三人回到了宾馆。回到宾馆后,奥尼尔让珍妮马上安排回上海。

待奥尼尔情绪稍微平静之后,珍妮对他谈了自己的看法。珍妮认为,胡总他的确办事拖沓、关系复杂、喜欢绕弯子等,但今天的矛盾更多的是由中美两国不同商业文化差异造成的。

案例分析

美国的商业文化是任务导向型,在美国文化中,因果思维占有主导地位。美国人在商务活动中首先是识别所要达到的目标,然后制定一个战略去实现它,并且在任务的过程中,随时监测进展状况,以清楚地知道项目的完成情况。奥尼尔等人只将此行看成是单纯的商务活动,完成合作谈判的相关事宜是首要大事,因此在胡总盛情款待他们并为其安排了参观市区等娱乐活动时表现出不耐烦和疑惑,指出他们是为公司来出差的而不是旅行休假,并问胡总何时能开始谈判。当奥尼尔提出一些条款而胡总表示不能立即给出答复时,奥尼尔便认为对方根本没有诚意与自己合作,因为这样的不确定性增加了完成任务的时间和成本。

中国的商业文化是关系导向型,这种文化认为建立良好的关系是商业合作中最重要的环节,这种良好的互信关系可以确保合作取得预期的结果;双方之所以能顺利签署合同是因为先前建立了良好的关系,只有这种关系才能确保合同的履行。关系导向型文化不怎么看重结果本身,而是实现目标的方法。胡总为与奥尼尔建立起互信关系,付出了大量的精力、时间和财力,如驱车几百公司专程接机、精心准备欢迎宴席、安排参观等娱乐活动等。他之所以想建立起良好的关系,就是为以后双方深入合作做好铺垫。

现在这种僵局的出现,就是因为奥尼尔不了解中国这种关系导向型谈判风格,而胡总也了解美国式的任务导向型谈判风格。

资料来源:《涉外秘书实务》,谭一平、史玉峤、符海玲,北京大学出版社,内容有增删。

第一节 会议礼仪

会议是企业商务活动中经常性的活动,是否熟知会议礼仪,直接关系到会议的成效。

一、会议座次礼仪

会议室的座次安排,国际商务的尊位和尊座判断应遵循面门为上(良好视野为佳)、以右为上(遵循国际惯例)、居中为上(中央高于两侧)、前排为上(适用所有场合)和以远为上(远离房门为上)。

(一)尊位判断

通常宾主分坐会议桌的两边,尊位(见深色座位)判断如下:

1. 进门会议桌横放

参照"面门为上",则面向门的一侧为上座,归宾方坐。背对门的一侧是下座,由主方坐。如图 6-1 左图所示。

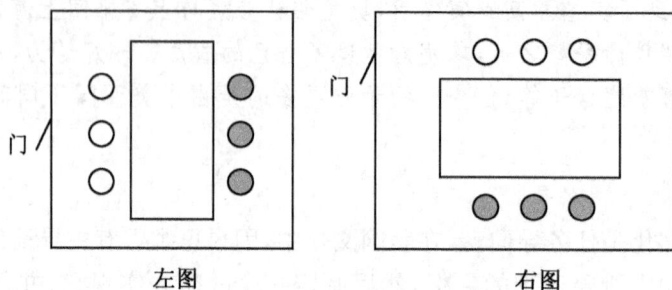

左图　　　　　　　　右图

图 6-1　会议座次礼仪之尊位判断

2. 进门会议桌竖放

参照"以右为上"、"以远为上",则以离进门远些的右侧为上座,归宾方坐。进门时左侧为下座,归主方坐。如图 6-1 右图所示。

(二) 尊座判断

1. 参照"面门为上",尊座为面门位置,如图 6-2 左图所示。

2. 参照"以远为上"、"居中为上",第一尊座为离门最远、居中位置,如图 6-2 中图所示。

3. 参照"面门为上"、"居中为上",尊座为面门居中位置,如图 6-2 右图所示。

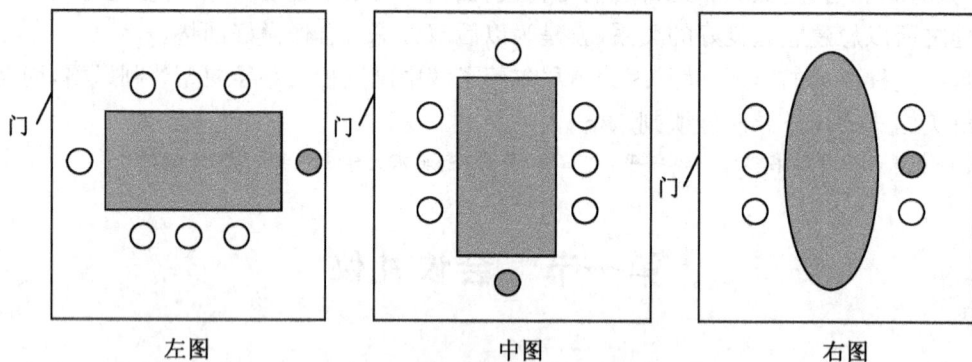

左图　　　　　　　中图　　　　　　　右图

图 6-2　会议座次礼仪之尊座判断

✐【补充知识 6-1】

中间高于两侧,左右尊位中外有别。国内政府会议及公务场合,座位以左为尊;国际交往则一律右侧高于左侧。中国传统习惯"居中为上,左高右低"(如图 6-3、图 6-4 所示);有外宾参加的会议,按照国际惯例"居中为上,右高左低"(如图 6-5、图 6-6 所示)。

5　　3　　1　　2　　4　　（宾方）

4　　2　　1　　3　　5　　（主方）

门口

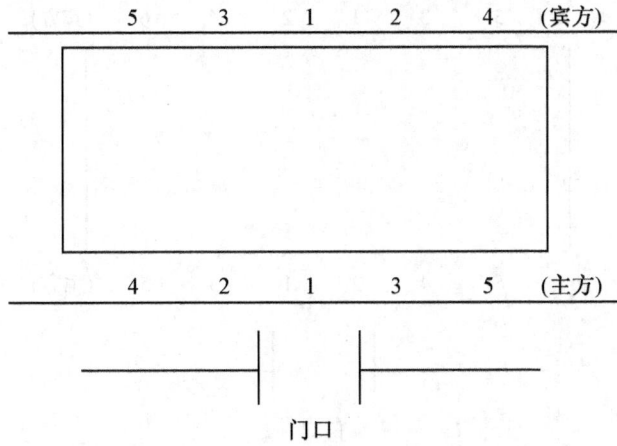

图 6 - 3　会议人数为单数

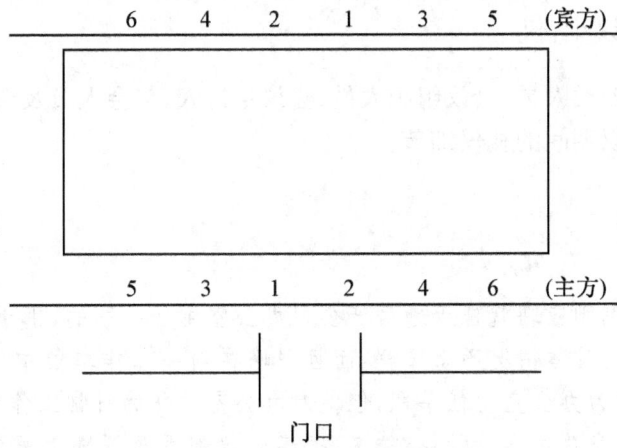

6　　4　　2　　1　　3　　5　　（宾方）

5　　3　　1　　2　　4　　6　　（主方）

门口

图 6 - 4　会议人数为双数

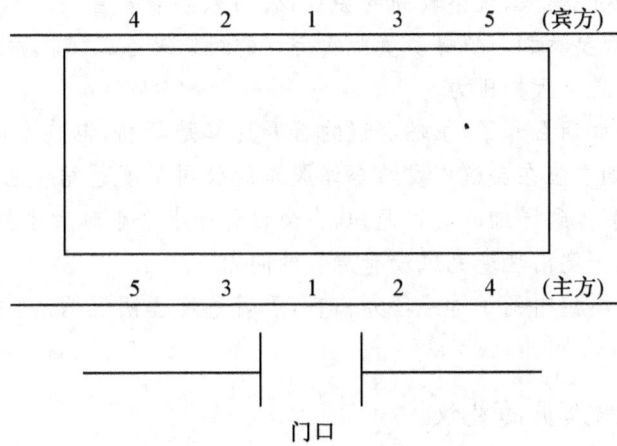

4　　2　　1　　3　　5　　（宾方）

5　　3　　1　　2　　4　　（主方）

门口

图 6 - 5　会议人数为单数

```
      5   3   1   2   4   6   (宾方)
     ┌─────────────────────────┐
     │                         │
     │                         │
     │                         │
     └─────────────────────────┘
      6   4   2   1   3   5   (主方)

              门口
```

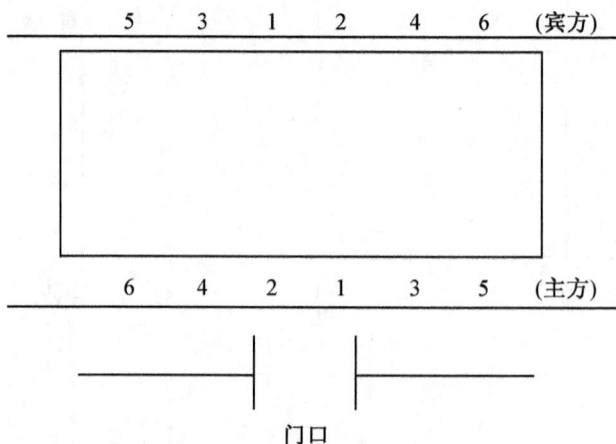

图 6-6　会议人数为双数

二、一般会议礼仪

会议一般涉及四类人员：会议组织人员、会议主持人、与会人员及会议后勤服务人员，以下是各类人员会议期间的礼仪细节。

【案例 6-1】

罗峰是一周前刚刚应聘就任天地房产公司办公室主任一职的，由于入职时间尚短，对天地房产公司内部的具体情况不太了解，而且罗峰在前一工作单位中做的是人力资源管理工作，现在虽被聘为办公室主任一职，但他对办公室主任的日常工作仍然不太熟悉。然而恰逢年底，公司各类总结会、办公会较多，很多会议都需要罗峰主要负责组织安排。由于一般会议规模较小，罗峰都勉强完成了。但一年一度的公司年会马上就要开始筹备了，这对公司来说是一次规模大、规格较高的会议，公司领导非常重视。届时公司董事长、全体股东及全体员工都要参加。罗峰负责此次会议的组织筹备工作。面对千头万绪的会议组织工作，罗峰承受着巨大的压力。

最终，公司年会如期召开了；虽然会议的召开还算是顺利，但整个会议召开过程中仍然出了许多纰漏。如本应在会议中发给全体股东的公司年度总结报告没有及时准备好；有一位股东由于没有接到详细的会议通知，在会议开始半个小时后才匆匆赶到；在公司总经理做总结报告时，一度出现麦克风没有声音的问题。

会议结束后，罗峰被叫到了总经理办公室，看着总经理阴沉的脸，罗峰意识到等待自己的将是一场痛批。

（一）会议组织人员的礼仪

会议组织人员是按照组织经营需要组织和策划会议的人员，包括会议召集人和会议主持人。会议组织人员，尤其是会议主持人，其言行直接关系到会议的成效，可以体现出一个组织的形象。

1. 会前准备

（1）明确会议目标。会议组织人员应明确此次会议目的，即会议召开的背景，需要解决的问题以及此次会议要达到的效果。

（2）确定会议议题。会议议题是会议需要讨论的内容。确立会议议题时应注意，议题不宜太多，否则会分散会议注意力，影响会议成效，应把重要、紧要问题放在前面讨论。

（3）确定与会人员和座次。依据会议目的、规模和性质确定与会人员、会议主持人和秘书，根据来宾的不同级别和职位安排座次，如有贵宾，需准备相应的桌牌。

（4）选择会议时间。会议时间以主要与会人员的时间安排而定，以便主要与会人员准时出席会议。在会议时间确立后，若由于某种原因致使部分与会人员或某些关键与会人员不能出席，应重新确定会议时间或取消会议，并将会议变动情况及时通知与会人员。会议时间应包括会议的开始、结束时间，也包括每个议题讨论的时间。如果会议时间较长，还应考虑中间休息和就餐时间。

（5）选择会议场所。会议场所需要与会议的性质相符，并进行相应的会场布置；准备好会议所需的相应设施和设备。

（6）起草会议议程。会议议程包括会议内容、讨论事项、与会者单位、部门和姓名、各议题的时间分配，开会时间和地点等。

（7）发送会议通知。会议组织人员应及时通知所有与会人员，通知内容包括地点、时间、出席人员，会议内容及会议议程。会议组织人员应提前把会议议程送交每一位与会者，以便与会人员有充足的时间思考问题和做好准备，尤其是会议期间安排发言的人员，还需提前送发和会议议程有关的资料。

（8）会场布置。会议前应根据会议目的进行会场空间安排，会议座次安排。

2. 会议进行期间

（1）会议签到。会议组织人员在开会前要对到会人数进行统计，以便做好会议安排工作。

（2）分发会议资料。会议组织人员应事先准备好会议资料，并将会议中所需要的文件材料分发到与会者手中或分发到座位上。如有必要，还要将发出的材料回收。

（3）引导座位。对于较大型的会议，会议组织者应在与会者入会场时安排人员引导座位。

（4）会议主持人宣布会议召开，会议秘书要及时记录会议内容。

（5）对于重要的会议，会议组织者要做好保密工作，并要处理好会议进程中的突发事件和临时事项。

3. 会后工作

（1）会议秘书在会议结束后要及时整理会议报告，对重要内容和关键数据认真核实后编号存档，如有必要可下发或发表。会议结束后需撰写会议纪要，会议纪要经有关领导审阅后，应发给与会人员和会议涉及的部门，以更好地贯彻会议精神。对于需保密的会议，可将会议内容摘要下发，并监督会议决议执行情况。

（2）会议结束后，会议组织人员需明确已完成的议程和形成的决议，评估会议是否达到预期效果,确定下一步需要解决的问题,及如何处理这些问题。

(二)会议主持人礼仪

1. 宣布开会

会议主持人需简述会议纪律、背景、议题和规则,决定讨论方法。在宣布纪律时,可用词"请各位将手机调成静音、振动或关闭状态"等。

2. 营造良好的会议气氛

(1)会议主持人应引导与会者积极参与,鼓励与会者发言。如果发生与议题无关的讨论应及时引导到议题上来。当会议上出现相近的见解时,主持人应将各种观点加以概括,并记录下来。某一议题讨论结束时,主持人对该议题的讨论加以总结,从而形成决议,并使之得到通过。

(2)控制会议时间。给每个相关人员表达意见的机会。当某个发言人占用时间太长时,需适当提醒。当某一议题讨论时间过长,又不能形成决议时,应暂缓讨论,进行下一个议题的讨论。同时根据会议议程,按顺序展开讨论,遵守预定时间,不要拖延。

(3)掌控会议秩序。会议主持人应注意会议气氛,不要让个别人左右会议。如在讨论的过程中出现了争执或过激场面,主持人需要立即化解。

3. 会议结束

根据会议议程,所有议题的讨论结束后,整个会议也就结束了,会议主持人要进行简要的总结,宣布会议结束。

(三)与会人员礼仪

1. 会议前的准备

与会人员需提前了解会议议程,阅读相关资料,深入考虑与自己有关的议题,做好相应的准备,并严守会议时间,按时参加会议。

2. 会议期间

(1)与会人员在参加会议期间,应遵守会场纪律,将手机等通信设备关闭或调至静音、振动状态,如有紧急事宜必须通话,则应到会场外接听。

(2)会议期间应认真聆听别人的观点并做好记录,不得走动、喧哗、鼓倒掌、吹口哨。需要发言前需整理好自己的观点,使自己的观点简洁扼要,条理清晰。与会人员发言时,语言的组织结构可参考如下:问题是什么、原因在哪里、有哪些解决方案、建议采用哪一种,等等。总而言之,要注意自己发言的方式、说话的语气和态度,切忌啰嗦、重复;切忌一味追究他人责任、一个问题没解决就扯远话题,或长时间谈论与会议主题无关的事。

3. 会后工作

会后需整理会议记录,贯彻会议精神,努力完成会议形成的工作任务。

✎【案例6-2】

李伟的公司应邀参加一个研讨会,该次研讨会邀请了很多商界知名人士以及新闻界人士参加。老总特别安排小李和他一道去参加,同时也让李伟见识下大场面。

李伟早上睡过了头,等他赶到,会议已经进行了二十分钟。他急急忙忙推开了会议室的门,"吱"的一声脆响,他一下子成了会场上的焦点。刚坐下不到五分钟,肃静的会场上又响起了摇篮曲,是谁在播放音乐? 原来是李伟的手机响了! 这下子,李伟可成了全会场的明星……

不管是参加自己单位还是其他单位的会议,都必须遵守会议礼仪。在这种高度聚焦的场合,不懂会议礼仪,便会有损自己和单位的形象。

(四) 会议后勤人员服务礼仪

1. 会前准备

会议后勤人员需打扫会议场所,确保会议场所干净卫生,会议场所的地面、桌椅、玻璃窗、台布等都要洁净,同时需要按照会议组织人员安排布置好会场,包括会标悬挂、主席台和会场桌椅摆放,调试好相关的设备,如:音响、电源、麦克风、投影仪等。

为参加会议的人员准备好相应数量的水杯、茶叶、开水或桶装饮用水等。值得一提的是,为了保证会议场所的空气清新或维持适当的温度,可以提前打开会议场所的门、窗通风或打开空调。

2. 会间服务

后勤人员需为每位与会人员提供茶水服务,从与会贵宾和主要领导开始,依次往下,每隔 30 分钟续茶。如遇大型或重要会议,需配备礼仪,在会议室门口等候与会人员,引导与会人员入座。会议结束后,要在会议室门口送客,提醒各位与会者带齐自己的物品。

3. 会后工作

会议结束后,后勤人员需将会议室打扫干净,将有关设备收好,把桌椅等设施摆放整齐,关闭电器电源,关好门窗,如果发现与会人员遗忘的物品,应立即上交。

【实训项目】　商务会议的礼仪细节

1. 实训目标:了解会议座次礼仪,掌握会议组织人员、会议主持人、与会人员和会议后勤服务人员的礼仪细节。

2. 实训地点:礼仪实训室、大屏幕教室。

3. 实训准备:桌椅、投影仪。

4. 实训方法:编写会议礼仪情景剧,可以考虑选择模拟班级会议或企业会议,并按角色演绎。各位同学进行评价,老师点评。

5. 训练总结:通过训练,我的收获是＿＿＿＿＿＿＿＿＿＿＿＿＿＿＿＿＿＿＿＿。

表6-1　会议礼仪考核评分表

评价项目与内容		标准分	扣分	实得分
会议礼仪	情景剧内容设计的脚本(包括情节和台词)合理、有内涵、有感染力	10		
	按脚本演练,也有临场发挥和应变能力	10		
	小组成员仪容仪表仪态是否符合规范	20		
	说话清楚、标准,剧本台词紧扣主题	20		
	角色的言行举止是否到位,表现得体	20		
	对会议礼仪的掌握程度	20		
评价	总分	100		

第二节　商务谈判礼仪

一、商务谈判的含义

商务谈判也称"谈生意",是指参与谈判的各方以某一具体商务目标为谈判客体,以经济利益为谈判目标指向,通过信息沟通与磋商,寻求达成双方共同利益目标的行为互动过程。

商务谈判所要解决的问题,虽不如国内外政治、军事谈判那样具有显赫影响,但它是最常见的,既平凡又频繁。如日常生活中的购物还价,虽然数额小,但包含了商务谈判的一切必备要素和基本环节,并运用了各种谈判技巧。

二、商务谈判的基本特点

(一)以获得经济利益为目的

不同的谈判者参加谈判的目的是不同的。外交谈判涉及的是国家利益,政治谈判关心的是政党、团体的根本利益,军事谈判主要是关系到敌我双方的安全利益。虽然这些谈判都或多或少涉及经济利益,但其重点不是经济利益。与其他谈判相比,商务谈判更加重视谈判的经济效益,也更注意谈判所涉及的技术、成本、效率和效益。所以,人们通常以获取经济利益的多少来评价一项商务谈判的成功与否。

(二)以价值谈判为核心

商务谈判涉及的因素很多,谈判者的需求和利益表现在众多方面,但价值几乎是所有商务谈判的核心内容。在商务谈判中,我们一方面要以价格为中心,坚持自己的利益,另一方面又不能仅仅局限于价格,应该拓宽思路,设法从其他利益因素上争取应得的利益。与其在价格上与对手争执不休,还不如在其他利益因素上(如附加服务、产品品质、运输、保险等)使对方在不知不觉中让步,这也是从事商务谈判的人需要注意的。

（三）注重合同条款的严密性与准确性

商务谈判的结果一般是通过双方协商一致的协议或合同来体现的。合同条款实质上反映了各方的权利和义务，合同条款的严密性与准确性是保障谈判所获得的各种利益的重要前提。有些谈判者在谈判中花了很大气力，为自己争取到了较有利的结果，但在拟订合同条款时掉以轻心，不注意合同条款的完整、严密、准确、合理、合法，让谈判对手在条款措辞或表述技巧上有机可乘，不仅把到手的利益丧失殆尽，而且为此付出了惨重的代价。这种例子在商务谈判中屡见不鲜。因此，在商务谈判中，不仅要重视口头上的承诺，更要重视合同文本的措辞。

（四）更注重时效性

商场如战场，商机不等人。市场变幻莫测，竞争者虎视眈眈，时间变化往往会使黄金变成粪土。特别是零售商品购销，一旦过了销售旺季，就只有大打折扣一条路了。所以，在商务谈判中，谈判者都非常注重谈判的效率和合同履行的时间保证。

三、商务谈判的礼仪细节

（一）谈判准备

谈判前应对谈判主题、内容、议程做好充分准备，制定好计划、目标及谈判策略，做好谈判的行动方案，要确定的内容有谈判主题、谈判目标及可行性、谈判人员、谈判议程、谈判方式、时间地点、物质准备等。其中，主办方还要重点负责谈判环境的布置、食宿交通的安排等。

1. 发出谈判要约

这是整个谈判的起点，是指谈判各方通过一定方式确定谈判内容、方式及有关事宜。通常由一方首先提出建议，发出邀请，另一方或多方做出允诺，从而确定谈判项目。在正式谈判之前，一般由较低一级人员就有关问题进行非正式磋商，内容包括谈判内容、人员规格、谈判程序以及时间、地点等。其中，主办方需布置好谈判会场，采用长方形或椭圆形的谈判桌，安排好与会人员的用餐、住宿和交通等工作。

2. 确定谈判人员

商务谈判之前首先要确定谈判人员，与对方谈判代表的身份、职务相当。谈判代表要有良好的综合素质，注意仪容仪表仪态礼仪，穿着整洁正式、庄重，言行举止得体自然。必要时，对参与谈判的人员进行培训。

3. 收集对方情报

谈判不能打无准备之仗，只有知己知彼，才能取得谈判的主动权。要了解己方的谈判意图，明确合适的谈判目标，包括临界目标、期望目标和理想目标。收集与谈判主题有关的信息资料、政策法令以及公开渠道能获得的各种资料，还要了解谈判对手的信息，包括谈判对手的权限、履历、性格、兴趣爱好等。

（二）谈判时

1. 认真观察与聆听，创造友好气氛

谈判之初，谈判双方接触的第一印象十分重要。认真聆听对方谈话，细心观察对方举止表情,并适当给予回应,这样既可了解对方意图,又可表现出尊重与礼貌。言谈举止要尽可能创造出友好、轻松的良好谈判气氛。

做自我介绍时要自然大方,不可露傲慢之意。被介绍到的人应行致意礼,起立一下微笑示意,可以礼貌回应:"幸会"、"请多关照"之类。询问对方要客气,多用雅语和敬语,比如"请教尊姓大名"等。如有名片,要双手接递。介绍完毕,可选择双方感兴趣的话题进行交谈,稍作寒暄,以沟通感情,创造温和气氛。

2. 合理报价,礼貌磋商,处理冷场

谈判实际上是一个讨价还价的过程。在了解对方的态度、谈判焦点和大致内容后可适时报价,报价要注意以下几点:报价要合乎情理,要为讨价还价留下充分的回旋余地,报价必须坚定明确,给对方一个认真诚实的印象。对方一旦接受价格,即不再更改。

讨价还价事关双方利益,容易因情急而失礼。要注意保持风度,应心平气和,求同存异。遭遇冷场或僵局时,谈判者可以利用谈判中的可变因素,如通过变换场所、调整部分人员、暂停谈判、私下沟通等方式消除分歧,处理冷场,打破僵局。

(三)谈判结束

谈判结束后还有一些后续工作,例如共同起草协议、会谈纪要或公报,形成有一定约束力的文件,根据需要召开新闻发布会,向公众发布谈判结果等。

【实训项目】 商务谈判的礼仪细节

1. 实训目标:学习掌握谈判前的准备工作、谈判时的应对策略以及谈判结束的后续工作。
2. 实训地点:礼仪实训室、大屏幕教室。
3. 实训准备:方形或椭圆形的会议桌、椅子等。
4. 实训方法:编写商务谈判情景剧本,模拟甲乙双方的商务谈判。各位同学进行评价;老师点评。
5. 训练总结:通过训练,我的收获是_____。

表6-2 商务谈判礼仪考核评分表

评价项目与内容		标准分	扣分	实得分
商务谈判礼仪	情景剧内容设计的脚本(包括情节和台词)合理、有内涵、有感染力	10		
	按脚本演练,也有临场发挥和应变能力	10		
	小组成员仪容仪表仪态是否符合规范	20		
	说话清楚、标准,剧本台词紧扣主题	20		
	角色的言行举止是否到位,表现得体	20		
	对商务谈判礼仪的掌握程度	20		
评价	总分	100		

第三节　展览会礼仪

一、展览会的含义

展览会是一种常见的商务活动。展览会是指企业为了推销产品或服务、展示成果或介绍业绩,集中陈列实物、模型、文字、图片、影像资料等方式组织的宣传活动。成功地举办展览活动,可以达到吸引公众的注意、实现双向沟通、树立良好形象的目的。

二、展览会的特点和类型

(一)展览会的特点

1. 直观性

展览会是一种非常直观、形象的传播方式。它把实物直接展现在公众面前,给人以真实的感受。

2. 复合性

展览会是一种复合性的传播方式。它往往以实物展出为主,配以文字宣传资料、图片、幻灯、录像、动画等,再加上动人的解说、友好的交谈、优美的音乐、生动的造型艺术,具有很强的渲染力和吸引力。

3. 双向性

展览会能给企业提供与公众直接沟通的机会,即在向公众展示自身形象的同时收集公众反馈意见,有针对性地就某种特殊情况进行解释,使公众心服口服。

4. 新闻性

展览会是一种综合性的大型活动,除本身能进行自我宣传外,还往往能够成为新闻媒介追踪的对象,成为新闻报道的题材。通过新闻媒介的报道,展览会的宣传效应将大大提高。

5. 高效性

展览会可以一次展示许多行业的不同产品,也可以集中展示同一行业的多种品牌产品,是一种高效率的沟通方式,节省了大量的时间和费用。

(二)展览会的类型

1. 根据展览内容划分

可以分为综合性展览和专项展览。综合性展览是介绍一个地区或一个组织的全面情况,要求内容系统、重点突出。专项展览则是围绕某一项目或某一专业、某一专题进行,要求主题鲜明、内容集中,有一定的深度。

2. 根据展览的性质划分

可以分为贸易性展览会和宣传性展览会。贸易性展览会的目的是大做实物广告,促进产品销售。宣传性展览会则是展出照片资料、图表和有关实物,目的在于宣传某一观点、理念。

3. 根据展览的规模划分

可以分为大型展览会、小型展览会和微型展览会。大型展览会通常由专门机构主办,参展者报名参加,参展项目多,展览技术较高。小型展览会可由有关组织自办或某一单位主办,主要展示与本组织有关的产品,如××企业产品展览会。微型展览则指橱窗展览、流动车展览等,也称袖珍展览会。

4. 根据展览会的地点划分

可分为室内展览会和露天展览会。大多数展览会放在室内举办。但某些展览,如花展、灯展、汽车展览等,通常露天举办。室内展览会较隆重,不受气候的影响,时间长短皆宜,但场地布置较复杂,费用较高。露天展览会则比较简便,费用少,但受气候影响较大。

5. 根据展览时间的长短划分

可分为长期性展览、周期性展览和一次性展览。长期性展览有比较固定或稳定的内容,如文物展览;周期性展览是定期举行的;一次性展览则是配合某一主题活动临时设计组织的专题性展览。

三、展览会的组织与实施

1. 明确展览会的主题和目的

每次展览会都应有明确的主题和目的,并确定相应的展览方式、接待形式,这是决定展览的内容、形式和观众群的前提条件。

2. 指定展览会总编,并构思展览基本框架

由指定的总编负责撰写展览脚本,设计展览主题画,选择展厅并布置和美化,明确总体布局并负责与各部门沟通。

3. 明确参展单位和参展项目

可以采用广告和发邀请的形式组织参展单位,并为有可能参展的单位提供展览会的宗旨、展出项目造型、对参观者人数及类型的预测、参展要求和费用等基本资料。

4. 选择时间和地点

时间上要考虑展出内容的季节性和周期性,以及与重大社会活动时间的冲突性等。地点上要考虑交通的便利性,以及展览场所的大小、质量、设施等。此外还应考虑展览场所周围环境与展览主题的相互协调性问题。

5. 明确参观者的类型和数量

在筹划展览会时,应对参观者范围有较精确的估测,以便确定展览的方式。

6. 选择并确定与展览有关的资料及实物

各部分的编辑人员应根据展览大纲或总编的意图、思路收集各参展单位要参展的实物和文字、图片、录音、录像等宣传资料,并按要求完成设计创作任务。

7. 成立专门的对外新闻发布机构和接待机构,做好新闻宣传和服务工作

展览会中有许多具有较高新闻价值的信息资料可供公共关系人员发掘。这项工作应

该由专门机构来制定计划和组织实施。同时,必须同时做好各项服务工作,以扩大展览会的社会影响。

8．培训参展工作人员

展览会的工作人员素质与技能对整个展览效果有着重大影响,因此要对展览会的工作人员进行公共关系的训练,尽可能使其服务符合要求。参展工作人员包括讲解员、接待员、服务员等。

9．展览会的经费预算

经费预算一般包括:场地使用费,内含各种设备使用费、能源使用费等;设计建造费,内含材料费;工作人员酬金,内含工资、津贴、差旅费;传播媒介使用费,内含视频制作、计算机、幻灯机、幻灯片、新闻广告等花费的费用;宣传品、纪念品制作费用;交际联络费,内含举行招待会、购买茶点、接待宾客及交际应酬的各种费用;运输费;保险费;预备金;等等。

10．筹划和组织开幕仪式

大型展览会应精心设计一个独特、新颖的开幕仪式,安排好开幕式的新闻采访、嘉宾致辞等工作。

11．展览效果测定

可通过问卷调查、有奖测验、意见簿、小型座谈会、电话访问、新闻分析等方法,来了解和掌握公众的反映,测定展览会的效果。

四、展览会工作人员的礼仪要求

参展人员应注意仪容仪态仪表礼仪,着装自然得体,时时注意待人礼貌。要具有相关专业素质,乐于交谈,了解来访者的需要,认真做好产品的宣传工作,会将实现准备好的企业印刷品或精致礼品适时发送给潜力客户。

(一)努力维护整体形象

在参与展览时,参展单位的整体形象对自己参展的成败影响极大。参展单位的整体形象,主要由展示之物的形象与工作人员的形象两个部分所构成。

1．展示之物的形象

展示之物的形象主要由展品的外观、展品的质量、展品的陈列、展位的布置、发放的资料等构成。用以进行展览的展品,外观上要力求完美无缺,质量上要优中选秀,陈列上要既整齐美观又讲究主次,布置上要兼顾主题的突出与观众的注意力。而用以在展览会上向观众直接散发的有关资料,则要印刷精美、图文并茂、资讯丰富,并且注有参展单位的主要联络方法,如公关部门与销售部门的电话、电子邮件等。

2．工作人员的形象

工作人员的形象指在展览会上代表参展单位的参展人员的仪容仪表仪态。在一般情况下,要求在展位上工作的人员应当统一着装。最佳的选择,是身穿本单位的制服,或者是穿深色的西装、套裙等正式服装。

（二）言谈举止有礼有节

参展单位的工作人员将礼貌待人放在心坎上，并且落实在行动上。展览一旦正式开始，全体参展单位的工作人员即应各就各位，站立迎宾。不允许迟到、早退，无故脱岗、东游西逛，更不允许在观众到来之时坐着不起，怠慢对方。

当观众走近自己的展位时，不管对方是否主动问询打招呼，工作人员都要面含微笑，主动地向对方说："您好！欢迎光临！"

当观众在本单位的展位上进行参观时，工作人员可随行于其后，以备对方向自己进行咨询；也可以请其自便，不加干扰。假如观众较多，尤其是在接待组团而来的观众时，工作人员亦可在左前方引导对方进行参观。

对于观众所提出的问题，工作人员要认真做出回答。不允许置之不理，或以不礼貌的言行对待对方。当观众离去时，工作人员应当真诚地向对道以"谢谢光临"，或是"再见"。

（三）善于运用解说技巧

解说技巧，此处主要是指参展单位的工作人员在向观众介绍或说明展品时，所应当掌握的基本方法和技能。要善于因人而异，使解说具有针对性。

与此同时，要突出自己展品的特色。在实事求是的前提下，要注意对其扬长避短，强调"人无我有"之处。在必要时，还可邀请观众亲自动手操作，或由工作人员为其进行现场示范。此外，还可安排观众观看与展品相关的影视片，并向其提供说明材料与单位名片。通常，说明材料与单位名片应常备于展台之上，由观众自取。

【补充知识 6－2】

"FABE"原则

按照国外的常规说法，解说时一定要注意"FABE"并重。其中，"F(Feature)"指展品特征，"A(Advantage)"指展品优点，"B(Benefit)"指客户利益，"E(Evidence)"则指可资证明的证据。要求工作人员在展览会上向观众进行解说之时，要求其解说应当以客户利益为重，要在提供有利证据的前提之下，着重强调自己所介绍、推销的展品的主要特征与主要优点，以争取使客户觉得言之有理，乐于接受。不过，争抢、尾随观众兜售展品，弄虚作假，或是强行向观众推介展品，则不可取。

【实训项目一】 展览会接待礼仪

1. 实训目标：理解展览会如何组织与实施，掌握展览会参展方工作人员的礼仪要求。

2. 实训地点：礼仪实训室、大屏幕教室。

3. 实训准备：名片、产品资料、投影、桌椅等。

4. 实训方法：编写展览会接待的情景剧本，模拟展览会参展人员与潜在客户的对话以及礼仪细节。

5. 训练总结：通过训练，我的收获是_____。

表 6－3　展览会谈判礼仪考核评分表

评价项目与内容		标准分	扣分	实得分
展览会礼仪	情景剧内容设计的脚本(包括情节和台词)合理、有内涵、有感染力	10		
	按脚本演练,也有临场发挥和应变能力	10		
	小组成员仪容仪表仪态是否符合规范	20		
	说话清楚、标准,剧本台词紧扣主题	20		
	角色的言行举止是否到位,表现得体	20		
	对展览会礼仪的掌握程度	20		
评价	总分	100		

第四节　记者招待会

一、记者招待会的含义

记者招待会又称新闻发布会,它是以企业的名义邀请新闻机构的有关记者参加,由企业的专门人员以会议的形式向新闻媒体的记者发布重要信息或介绍情况,并接受记者采访,回答记者提问的一种特殊会议。记者招待会的特点是、双向互动、传播广泛。

二、记者招待会的特点

记者招待会是一种两级传播,即企业将信息告知记者,再通过记者所属的大众传播媒介告知公众。其特点如下:

(1) 正规隆重,规格比较高。

(2) 记者可以根据自己感兴趣的方面进行提问,以更深入地发掘消息。记者招待会在深度上和广度上比其他新闻发布方式更具有优越性。

(3) 比其他新闻发布方式占用记者和组织者的时间更多,所耗费的成本比较高,同时对发言人和主持人的素质要求比较高。

✎ 【补充知识 6－3】

"记者招待会"的由来

一位叫安妮·罗亚尔的女记者总希望能单独采访一次当时的美国总统亚当斯,但每次提出要求都被白宫婉言拒绝。后来,她得知总统常到附近的波多马克河去游泳,于是便在一天中午尾随走出白宫的总统来到河边。当总统脱掉衣服跳入河里游泳时,她走过去,坐在总统脱下的衣服上,非要当场采访不可,总统只得回答她提出的问题。罗亚尔走后,亚当斯越想越觉得这次被迫接受采访所答问题言不由衷,未尽其意,一旦公开会引起世人误解。于是他回到白宫立即举行了名为"记者招待会"的新闻媒体见面会,向记者阐述和澄清了一些问题,避免了可能出现的不良后果。"记者招待会"因此得名,且一直沿用至今。

三、记者招待会的礼仪事项

(一)记者招待会前

1. 确定会议的重要性和主题
即明确为什么要举办记者招待会,想要达到何种目的。

2. 确定会议的时间和地点
召开的时间应尽量避开节假日和有重大社会活动的日子,以免记者不能来参加。选会议地点时,主要考虑能否给记者创造各种采访的条件,如录像和拍照的辅助灯光、视听辅助工具、幻灯或电影的播放设备是否齐备,适合记者使用的桌椅、电话机、传真机等是否齐备,以及交通是否便利、会场是否安静等。总的来说,要符合交通便利、设施齐全、环境良好的原则。

3. 确定邀请的对象并发出邀请
根据会议的主题,有选择性地邀请有关的记者参加。同时根据消息发布的范围来确定记者的覆盖面和级别,如考虑选择报纸、杂志、广播、电视、互联网新媒体等不同新闻媒体的记者。邀请对象一旦确定,邀请函应提前7天至10天送到,临近开会时还应打电话联系落实。在公关工作中,细节是值得重视的。所以,召开记者招待会前应注意再打电话核实一遍出席记者招待会的人数,以确保宣传效果。

4. 选定主持人和发言人
由于新闻记者的职业要求和习惯,他们大都会提出一些尖锐、深刻甚至难以回答的问题。这对会议的主持人和发言人提出了很高的要求。主持人和发言人除要求具有较高的文化修养和专业水平外,还要思维敏捷、口齿伶俐。主持人一般由企业公共关系部门的负责人来担任,发言人则应由企业的高级领导人来担任。不论是主持人还是发言人,都是企业形象的化身,其外表形象的设计也应下一番功夫,服饰仪表、言谈举止都应给人以礼貌真诚的感觉。

5. 要准备好发言稿和报道提纲,以及宣传辅助资料
根据会议的主题全面收集有关资料,针对记者可能提出的问题,提供准确、生动的发言稿供发言人参考,必要时还需准备一些与会议主题有关的图片、实物、影像、模型等辅助资料,同时还要写好报道提纲,在会上发给记者作为采访报道的参考。需特别注意的是,会前应将会议主题、发言稿和报道提纲在组织内部通报一下,以防会上口径不一而引起猜疑和混乱。

6. 布置会场,安排好工作人员
要提前布置会场并调试各类器材,人员安排也要提前做好计划。

7. 做好组织记者参观的准备

必要时要为记者创造实地采访、摄影、录像的机会，增强记者对会议的感性认识。此外，注意安排好接待、介绍工作。

8. 根据会议的规格和规模做出可行的经费预算

经费预算的项目一般包括场租费、会场布置费，印刷品、茶点、礼品、文书用品、音响器材等费用以及电话费、交通费等，需要用餐时还应加上餐费。

9. 小型宴请的安排和礼品准备

必要时应安排一些小型酒会、冷餐会或茶会，以密切关系。同时，适当准备一些小纪念品、礼品，以扩大影响，加深友谊。

（二）记者招待会中

1. 主持人应注意的礼仪细节

主持人不要随意变更会议程序，也不要随意变更主题，不可与记者发生冲突。主持人不允许越俎代庖，也不允许与发言人公开反驳，应与发言人相互尊重、相互配合。

当会议冷场时，活跃会议气氛，引导记者踊跃提问；当记者的提问离会议主题太远时，要善于巧妙地将话题引向主题；当会议出现紧张气氛时，能够及时调节缓和；控制好会议时间，不能随意延长。

2. 发言人应注意的礼仪细节

发言人在发言和回答问题时，不能条理不清，没有重点。对于发布的信息必须做到准确无误，若发现错误应及时予以纠正。

发言人遇到不友好的问题时，不应随便打断记者的提问，也不应以各种动作、表情和语言对记者表示不满，应该冷静、礼貌、机智地阐述事实与看法。即使记者的提问带有很强的偏见或带有挑战性，也不能激动发怒，要表现出深厚的涵养，用冷静的态度和缓和的语言陈述事实，予以纠正和反驳。

遇到回答不了的问题，最好不要简单地说"不清楚"、"不知道"、"无可奉告"，而应灵活而又通情达理地给予回答，如告诉记者可到哪里获得答复或资料，以免引起记者的反感。对于不愿发表或透露的信息，应委婉地向记者做出解释，切忌吞吞吐吐。

（三）记者招待会后

1. 整理记录材料，做出评价和总结并归档备查

尽快整理出记者招待会的记录材料，对记者招待会的组织、布置、主持、回答等各方面工作的经验和不足做出评价和总结，并归档备查。

2. 归类分析报道资料，分析原因并设法弥补

收集到会记者发出的报道资料，并对这些报道内容及倾向进行归类分析。通过分析来检查是否达到了记者招待会的预定目标、是否由于失误而造成谬误。对于不利于组织的报道，若是组织自身行为引起的，应虚心接受并致歉意；若是记者方面的问题，则应采取行动说明真相，要求媒体更正，对于检查出的问题要分析原因并设法弥补。

3. 收集与会代表的会后反映,了解会议安排的不当之处

收集到会记者及其他与会代表对记者招待会的反映,了解接待、议程安排等工作是否有欠妥和不当之处,并对照签到簿看哪些记者对该会作了报道,以作为以后举行同类会议的邀请名单的参考。

【实训项目一】 记者发布会的组织程序和礼仪

1. 实训目标:掌握记者招待会应注意的礼仪事项与细节。

2. 实训地点:礼仪实训室、大屏幕教室。

3. 实训准备:摄像机、照相机、投影设备、投影、话筒、桌椅等。

4. 实训方法:编写记者招待会接待的情景剧本,选定主持人、发言人和记者,模拟记者招待会现场。

5. 训练总结:通过训练,我的收获是＿＿＿＿＿＿＿＿＿＿＿＿＿＿＿＿＿＿＿＿＿＿＿。

表 6-4 记者招待会礼仪考核评分表

	评价项目与内容	标准分	扣分	实得分
记者招待会礼仪	情景剧内容设计的脚本(包括情节和台词)合理、有内涵、有感染力	10		
	按脚本演练,也有临场发挥和应变能力	10		
	小组成员仪容仪表仪态是否符合规范	20		
	说话清楚、标准,剧本台词紧扣主题	20		
	角色的言行举止是否到位,表现得体	20		
	对记者招待会礼仪的掌握程度	20		
评价	总分	100		

第七章　国际商务仪式礼仪

【实训目标】

1. 了解商务活动中的各种仪式礼仪。
2. 熟悉几种类型仪式礼仪的流程及礼仪要求。
3. 能够较好地承担各种仪式礼仪工作。

导入案例

2012年6月28日,莫迪维克包装设备(上海)有限公司在上海市松江区茜浦路举行隆重的开业典礼。现场有二百余人出席活动,其中有公司领导、特邀嘉宾以及公司员工,现场热闹非凡。

在开业仪式上,董事长Boekstegers先生首先发表致辞,他对公司的开业表示欣慰,并希望公司前景一片大好。随后,来宾代表也发表致辞。接下来的环节是领导们为雄狮点睛,醒来的雄狮随之起舞,博得满堂喝彩,也将整个活动的现场气氛烘托到高潮。会议接近尾声,前来参加的嘉宾上台合影留念,记录下这一历史性瞬间。

开业典礼结束后,嘉宾们还应邀参观公司的工厂,他们对工厂的设备及环境给予了高度赞赏。为答谢嘉宾们百忙之中前来参加公司的开业典礼,主办方还特意准备了丰盛的晚宴答谢大家。本次活动在一片赞誉声中顺利落下帷幕。

案例分析

一场成功的开业典礼可以很好地体现企业的组织能力,企业员工应精心设计、安排庄重而热烈的开业仪式。莫迪维克包装设备(上海)有限公司开业典礼的形式并不复杂,但是办得热烈隆重、丰富多彩,给人留下深刻而美好的印象。

仪式是指人们在人际交往中,特别是在一些比较盛大、比较庄严、比较隆重的场合,为了激发出席者的某种情感,或是为了引起其重视,而郑重其事地按合乎规范与惯例的程序,按部就班地所举行的某种活动的形式。商务仪式是指企业为了庆祝或纪念某个重要日子、重大事件而举行的气氛热烈而又隆重的活动,如开业仪式、签字仪式、新闻发布会仪式、宴请仪式等。

第一节　开业仪式

开业仪式,也叫开业典礼,是宾馆、商店、银行等企业在成立或正式营业时,为了表示庆贺或纪念,经过周密策划、精心安排,按照一定的程序所举行的一种庆祝仪式。常见的形式有开幕仪式、开工仪式、奠基仪式、通车仪式、首航仪式等。

一、开业典礼的作用

一般认为,举行开业仪式,至少可以起到下述五个方面的作用:

(1) 有助于塑造本企业的良好形象,提高企业的知名度与美誉度。

(2) 有助于扩大本企业的社会影响,赢得社会各界的重视与关心。

(3) 有助于将本企业的建立或成就"广而告之",借以招徕顾客。

(4) 有助于让支持过自己的社会各界人士与自己一同分享成功的喜悦,进而为日后的进一步合作奠定良好的基础。

(5) 有助于增强本企业全体员工的自豪感与责任心,从而为企业创造一个良好的开端,或是开创一个新的起点。

一场成功的开业典礼可以很好地体现企业的组织能力、社交水平及文化素质。商务人员应精心设计、安排庄重而热烈的开业仪式。筹办开业典礼的工作大致可归纳为准备工作、开业活动、结束工作三部分。

二、开业典礼的准备

开业仪式尽管进行的时间不长,但要营造出现场的热烈气氛,取得彻底的成功,绝非一桩易事。由于它牵涉面甚广,影响面巨大,因而不能不对其进行认真的筹备。筹备工作认真、充分与否,往往决定着一次开业仪式能否真正取得成功。因此,企业应本着热烈、节俭与缜密的原则,认真筹备。所谓热烈,是指要想方设法在开业仪式的进行过程中营造出一种欢快、喜庆、隆重而令人激动的氛围,而不应令其过于沉闷、乏味;所谓节俭,是要求主办单位勤俭持家,在举办开业仪式以及为开业仪式进行筹备的整个过程中,在经费的支出方面量力而行,要节制、俭省,反对铺张浪费。缜密,则是指主办单位在筹备开业仪式之时,既要遵行礼仪惯例,又要具体情况具体分析,认真策划、注意细节、分工明确、一丝不苟,力求周密、细致,严防百密一疏、临场出错。具体来说,筹备开业典礼是,应注意在舆论宣传、来宾约请、场地布置、接待服务、程序拟定等几个方面做好认真的安排和充分的准备。

(一) 做好舆论宣传工作

对于一个企业来说树立形象、走好第一步极其重要,开业庆典就是一个经济实体、形象广告的第一步,因此需要做好宣传,扩大影响。企业可以利用报纸、杂志等视觉媒介物传播,具有信息发布迅速、接受面广、持续阅读时间长的特点。也可以自制广告散页传播,向公众介绍商品、报道服务内容或宣传本企业本单位的服务宗旨等,所需费用较低。企业还可以运用电台、电视台等大众媒体。这种传播方式效率最高,成本也最高,要慎重考虑投入与产出。广告的内容一般应包括开业仪式举行的日期和地点、企业经营特色、开业时对顾客的优惠等。

(二)确定来宾名单

在举行庆典活动前,应确定合适的出席人员名单。除媒体记者外,在力所能及的条件下,要力争多邀请一些来宾参加开业典礼,但也不应滥竽充数,或是让对方为难。确定庆典的出席名单时,应当始终以庆典的宗旨为指导思想。一般来说,庆典的出席者通常应包括如下人士:

(1)上级领导。地方党政领导、上级主管部门的领导,大都对单位的发展给予过关心、指导。邀请他们参加,主要是为了表示感激之心,并希望能继续得到支持。

(2)社会名流。社会各界的名人对于公众最有吸引力,邀请社会名流,是希望通过他们的名人效应,更好地提高本单位的知名度和美誉度。

(3)合作伙伴。在商务活动中,合作伙伴对企业的发展起着至关重要的作用。邀请他们的目的是分享成功的喜悦及表明希望彼此进一步合作、促进本行业共同发展的愿望。

(4)大众传媒。在现代社会中,报纸、杂志、电视、广播等大众媒介,被称为仅次于立法、行政、司法三权的社会"第四权力"。邀请它们,并主动与它们合作,将有助于它们公正地介绍本单位的成就,进而有助于加深社会对本单位的了解和认同。

(5)社区关系。它们是指那些与本单位共居于同一区域、对本单位具有种种制约作用的社会实体。例如,本单位周围的居民委员会、街道办事处、医院、学校、幼儿园、养老院、商店以及其他单位等。请它们参加本单位的庆典,会使对方进一步了解本单位、尊重本单位、支持本单位,或是给予本单位更多的方便。

(6)单位员工。员工是本单位的主人,本单位每一项成就的取得,都离不开他们的兢兢业业和努力奋斗。所以在组织庆典时,是不容许将他们完全"置之度外"的。

以上人员的具体名单一旦确定,就应尽早发出邀请或通知。请柬的格式如下:

　　　×××先生(女士):
　　兹定于×月×日(星期×)上午×时在××处举行××××开业典礼。敬请光临。
　　此致
敬礼!

　　　　　　　　　　　　　　　　　　　　　×××敬

(三)场地布置

开业仪式多在开业现场举行,其场地可以是正门之外的广场,也可以是正门之内的大厅。按惯例,举行开业仪式时宾主一律站立,故一般不布置主席台或座椅。为显示隆重与敬客,可在来宾尤其是贵宾站立之处铺设红色地毯,并在场地四周悬挂"×××商场开业典礼"、"×××公司隆重开业"的横幅,两侧布置一些来宾送来的花篮、贺匾、纪念物等,会场四周还可以张灯结彩,悬挂彩旗、气球、彩带、宫灯等。来宾的签到簿、本单位的宣传材料、待客的饮料等,亦须提前备好。对于音响、照明设备以及开业仪式举行之时所需使用的用具、设备,必须事先认真进行检查、调试,以防其在使用时出现差错。

（四）接待服务人员的确定

与一般商务交往中来宾的接待相比,对于出席典礼的来宾接待,更应突出礼仪性的特点,不但应当热心细致照顾好全体来宾,使每位来宾心情舒畅,而且应当通过热情的接待工作,使来宾感受到主任真挚的尊重与致意。因此,在举行开业仪式的现场,一定要有专人负责来宾的服务接待工作。一般应成立筹备组,下设若干专项小组,在公关、礼宾、财务、会务、接待等各方面"分兵把守",各司其职,又密切配合、步调一致。其中负责礼宾工作的接待小组,可由本企业的礼仪小姐组成。接待小组的具体工作有以下四项:① 来宾的迎送,即在举行庆典仪式的现场迎接或送别来宾;② 来宾的引导,即由专人负责为来宾带路,将其送到既定地点;③ 来宾的陪同,对于某些年事已高或非常重要的来宾,应安排专人陪同始终,以便给予关心与照顾;④ 来宾的招待,即指派专人为来宾送饮料、上点心以及提供其他方面的服务。

（五）馈赠礼品的选择

举行开业仪式时赠予来宾的礼品,一般属于宣传性传播媒介的范畴。馈赠来宾的礼品若选择得当,必然会产生良好的效果。根据常规,向来宾赠送的礼品应具有以下三大特征。

（1）宣传性。可选用本企业的产品,也可在礼品及其包装上印上本企业的标志、广告用语、产品图案、开业日期等。

（2）荣誉性。要使之具有一定的纪念意义,使拥有者对其珍惜、重视,并为之感到光荣和自豪。

（3）独特性。它应当与众不同,具有本企业的鲜明特色,使人一目了然,并且能令人过目不忘。

（六）庆典程序的拟定

确定好出席人员名单后,要拟定庆典活动的具体程序。拟定庆典程序时,有两条原则必须坚持:第一,时间宜短不宜长,一般不应超过一个小时。这既为了确保其效果良好,也是为了尊重全体出席者,尤其是为了尊重来宾。第二,程序宜少不宜多。程序过多,不仅会加长时间,而且还会分散出席者的注意力,并给人以庆典内容过于凌乱之感。总之,不要使庆典成为内容乱七八糟的"马拉松"。

（七）落实具体细微事项

在准备工作中,企业还要注意反复落实好有关的具体细微的事务,协调好各方面的关系,因为任何一个环节的具体工作出了差错,都会影响开业典礼的整体效果。比如,请柬是否及时发放并有反馈;开幕词、致贺词等资料的准备是否落实;现场接待人员佩戴的标志(胸卡、绶带等),来宾的胸花、饮品、礼物,迎宾车辆是否都准备好了等。

三、开业典礼的程序

依照常规,一次开业典礼大致上应包括以下几项程序。

(1)介绍来宾。请来宾就座,出席者安静,介绍来宾。

(2)宣布庆典正式开始。参与者全体起立,奏国歌。若有企业之歌,则唱本单位之歌。

(3)本单位主要负责人致辞。致辞内容主要是对来宾表示感谢,介绍此次庆典的缘由等,其重点应是报捷以及庆典的可"庆"之外。

(4)嘉宾讲话。一般而言,出席此次的上级主要领导、协作单位及社区关系单位,均应有代表讲话或致贺词。不过应当提前约定好,不要当场当众推来推去。对外来的贺电、贺信等,可不必一一宣读,但对其署名单位或个人应当公布。在进行公布时,可依照其"先来后到"为序,或是按照其具体名称汉字笔画的多少进行排列。

(5)揭幕或剪彩。揭幕的具体做法是:由本单位负责人和一位上级领导或嘉宾代表行至彩幕(红布)前恭立,礼仪小姐双手将开启彩幕的彩索递交对方。揭幕人随之目视彩幕,双手拉起彩索,揭去盖在单位标牌上的红布,宣告单位正式成立。参加典礼的全体人员在音乐声中鼓掌致贺,在非限制燃放鞭炮地区还可燃放鞭炮庆贺。

(6)安排文艺演出。这项程序可有可无,如果准备安排,应当慎选内容,注意不要有悖于庆典的主旨。

(7)邀请来宾进行参观。如有可能,可安排来宾参观本单位的有关展览或车间等。当然,些项程序有时亦可省略。

四、剪彩仪式

剪彩仪式是开业仪式中的重要内容,这里专门进行介绍。按照惯例,剪彩既可以是开业仪式的一项具体程序,又可以独立出来,作为一项独立的仪式。

(一)剪彩仪式的准备

1. 绸花

绸花由一匹红色绸缎在中间结成数朵花团做成。作为剪彩仪式之中的"彩",绸花自然为公众所瞩目。按照传统做法,它应当由一整匹未曾使用过的红色绸缎制作而成。目前,有些单位为了节约而代之以长度为 2 米左右的细窄的红色缎带,或者以红布条、红绳、红纸条作为其变通,这也是可行的。一般来说,红色缎带上所结的花团要生动、硕大、醒目,其具体数目往往同现场剪彩者的人数直接相关。红色缎带上所结的花团的具体数目可依两种方式而定:一是花团的数目较现场剪彩者的人数多一个;二是花团的数目较现场剪彩者的人数少一个。前者可使每位剪彩者总是处于两朵花团之间,尤显正式。后者则不同常规,亦有新意。

2. 剪刀

剪刀是剪彩者在剪彩仪式上正式剪彩时所需要用到的工具。剪彩者必须人手一把。剪彩前一定要逐把检查剪刀是否已经开刃、是否好用,务必要确保剪彩者在正式剪彩时一举成功,避免一再补剪。在剪彩仪式结束后,主办方可将每位剪彩者所使用的剪刀经过包装之后赠送给对方作为纪念。

3. 白色薄纱手套

在正式的剪彩仪式中,剪彩者在剪彩时最好每人戴上一副白色薄纱手套,以示郑重。准备白色薄纱手套时要注意,除了要确保其数量充足之外,还需使之大小合适、洁白干净。

4. 托盘

托盘在剪彩仪式中是托在礼仪小姐手中,用作盛放红色绸带、剪刀、白纱手套的。在剪彩仪式中,为了显示隆重、喜庆,可在使用的托盘上铺上红色绒布或绸布。

5. 红色地毯

红色地毯主要铺设在剪彩者正式剪彩时的站立之处。地毯长度可视剪彩人数的多寡而定,其宽度则不应在1米以内。在剪彩现场铺设红色地毯,主要是为了提升档次,并营造一种喜庆的气氛。

6. 剪彩人员

剪彩人员主要是由剪彩者与助剪者两部分人员构成,其中剪彩者是剪彩仪式的关键。在剪彩仪式上担任剪彩者是一种很高的荣誉。剪彩仪式档次的高低往往同剪彩者的身份密切相关。因此,在选定剪彩的人员时,最重要的是要把剪彩者选好。在剪彩仪式上,持剪刀剪彩之人,按照惯例,可以是一个人,也可以是几个人,但一般不应多于5人。通常由上级领导、合作伙伴、社会名流、客户代表等担任剪彩人。确定剪彩者名单必须是在剪彩仪式正式举行之前。名单一旦确定,应尽早告知对方,使其有所准备。必要之时,可在剪彩仪式举行之前将剪彩者聚集在一起,告之其有关的注意事项,并稍加排练。剪彩者的仪表和举止直接影响剪彩仪式的效果,因此,剪彩者应当讲究有关礼仪。剪彩者应着套装、套裙或制服出席,并将头发梳理整齐;穿着要整洁、庄重,精神要饱满,给人以稳健、干练的印象;不允许戴帽子或者墨镜,也不允许身着便装。若剪彩者仅为一人,则其剪彩时居中而立即可。若剪彩者不止一人,其上场剪彩的位次以其地位高低确定。

助剪者指的是在剪彩者剪彩的一系列过程中,从旁边为剪彩者提供帮助的工作人员。一般而言,助剪者多由东道主一方的女职员担任。现在,人们对她们的称呼是礼仪小姐。礼仪小姐需相貌姣好、身材颀长、年轻健康、气质优雅、反应敏捷、善于交际。

(二)剪彩仪式的程序

剪彩仪式通常应包含如下六项基本程序。

1. 来宾就位

在剪彩仪式上,通常只为剪彩者、来宾和本单位的负责人安排座席。在剪彩仪式开始时,即应敬请大家在已排好顺序的座位上就座。在一般情况下,剪彩者应就坐于前排。若剪彩者不止一人,则应使其按照剪彩时的具体顺序就座。

2. 宣布仪式正式开始

在主持人宣布仪式开始后，乐队应演奏音乐，现场可燃放鞭炮，全体到场者应热烈鼓掌。此后，主持人应向全体到场者介绍到场的重要来宾。

3. 奏国歌

此刻须全场起立。奏毕国歌，还可演奏本单位的标志性歌曲。

4. 致辞讲话

发言者应依次为东道主单位的代表、上级主管部门的代表、地方政府的代表、合作单位的代表等。其内容应言简意赅，每人不超过 3 分钟，重点应分别为介绍、道谢与致贺。

5. 剪彩

此刻，全体应热烈鼓掌，必要时还可奏乐或燃放鞭炮。在剪彩前，需向全体到场者介绍剪彩者。剪彩者走向剪彩的绸带时，应面带微笑、落落大方。当礼仪小姐用托盘呈上剪彩用的剪刀时，剪彩者应向工作人员点头致意，并向左右两边手持绸带的工作人员微笑致意，然后全神贯注，把绸带一刀剪断。剪彩完毕，剪彩者放下剪刀，转身向四周的人鼓掌致意。待剪彩者退场后，其他礼仪小姐方可列队由右侧退场。

6. 参观

剪彩之后，主人应陪同来宾参观。仪式至此宣告结束。随后东道主单位可向来宾赠送纪念性礼品，并设宴款待全体来宾。

一般来说，剪彩仪式宜紧凑，忌拖沓。不管是剪彩者还是助剪者，在上下场时都要注意井然有序、动作稳健、神态自然。在剪彩过程中，更是要表现得不卑不亢、落落大方。

★【礼仪故事 7-1】

剪彩的由来

剪彩的来历有两种传说。一种传说，剪彩起源于西欧。古代，西欧造船业比较发达，新船下水往往吸引成千上万的观众。为了防止人群拥向新船而发生意外事故，主持人在新船下水前，在离船体较远的地方，用绳索设置一道"防线"。等新船下水典礼就绪后，主持人就剪断绳索让观众参观。后来绳索改为彩带，人们就给它起了"剪彩"的名称。

另一种传说，剪彩最早起源于美国。1912 年，美国一家大百货商店将要开业，老板为了讨个吉利，一大早就把店门打开，并在门前横系一条布带，以引人注目。可是，在离开店前不久，老板的一个 10 岁的小女儿牵着一条小哈巴狗从店里窜出来，无意中碰断了这条布带。顿时，在门外久等的顾客，鱼贯而入，争相购买货物。

不久，老板又开一家新店，他又让其女儿有意把布带碰断，果然又财源广进。于是，人们认为小女儿碰断布带的做法是一个好兆头，群起仿效，用彩带代替布带，用剪刀剪断彩带来代替小孩碰断布带，沿袭下来，就成了今天盛行的"剪彩"仪式。

【实训项目】 开业庆典
1. 实训目标：掌握庆典活动的筹备、程序安排及场地布置等礼仪规范。
2. 实训地点：礼仪实训室。

3. 实训任务：真彩公司是一家新成立的服装公司，准备举行开业庆典活动。李先生是公司公关部经理，受命组织此次庆典活动。他该如何组织实施此次庆典活动？

4. 实训准备：彩带、彩旗、横幅等。

5. 实训方法：

(1) 编制一份开业庆典活动的程序。

(2) 模拟演示开业庆典仪式的大会场景。

(3) 实训角色分配。根据模拟活动情境，把学生分成6人一组，确定一名同学为公关部经理李先生，其他同学分别担任庆典筹备组成员、本企业致辞领导、外单位致辞领导、外单位来宾。

(4) 教师考核，考核评分标准如表7-1所示。

6. 训练总结：通过训练，我的收获是_____。

表7-1 开业庆典活动礼仪考核评分标准

	评价项目与内容	标准分	扣分	实得分
准备工作	文案准备（庆典活动程序）	15		
	实训过程全组协调良好	15		
庆典礼仪	庆典嘉宾邀请	10		
	庆典主持人表现	15		
	现场布置恰当	10		
	活动程序规范	15		
	来宾接待得当	10		
	参加庆典活动举止得体	10		
合　计		100		

第二节　签字仪式

签字仪式，通常是指订立合同的各方在合同上正式签字时多举行的仪式。对签署合同这一类称得上有关各方关系发展史上"里程碑"式的重大事件，应当严格地依照规范。举行签字仪式的情况有以下几种：

(1) 国家间通过谈判，就政治、军事、经济、科技等某一领域相互达成协议，缔结条约或公约，一般举行签字仪式。

(2) 当一国领导人访问他国，经双方商定达成共识，发表联合公报，有时也举行签字仪式。

(3) 各地区、各单位在与国外交往中，通过会谈、谈判，最终达成有关合作项目的协议、备忘录、合同书等，通常也举行签字仪式。

业务部门之间签订协议，一般不举行签字仪式。

一、签字仪式的准备

人们在签署合同之前通常会竭力做好以下四项准备工作。

(一)布置签字厅

签字厅有常设专用的,也有临时以会议厅、会客厅来代替的。布置的总原则是庄重、整洁、清静。

按照仪式礼仪的规范,签字桌应当横放于室内,在其后可摆放适量的座椅。签署双边性合同时,可放置两张座椅,供签字人就座。签署多边合同时,可以仅放一张座椅,供各方签字人签字时轮流就座,也可以为每位签字人都各自提供一张座椅。签字人在就座时一般应当面对正门。

在签字桌上,应事先放好待签的合同文本以及签字笔、吸墨器等签字时所用的文具。

与外商签署涉外商务合同时还需在签字桌上插放有关各方的国旗。插放国旗的位置与顺序必须按照礼宾序列而行。例如,签署双边性涉外商务合同时,有关各方的国旗需插放在该方签字人座椅的正前方。

(二)安排签字时的座次

在正式签署合同时,各方代表对于礼遇均非常在意,因而商务人员对于在签字仪式上最能体现礼遇高低的座次问题应当认真对待。

签字时各方代表的座次是由主方事先代为排定的。一般而言,举行签字仪式时,座次排列的具体方法有三种:并列式、相对式、主席式。

(1)并列式。并列式排座,是举行双边签字仪式时最常见的形式。它的基本做法是:签字桌在室内面门横放。双方出席仪式的全体人员在签字桌之后并排排列,双方签字人员居中面门而坐,客方居右,主方居左。

(2)相对式。相对式签字仪式的排座,与并列式签字仪式的排座基本相同。二者之间的主要差别,只是相对式排座将双边参加签字仪式的随员席移至签字人的对面。

(3)主席式。主席式排座,主要适用于多边签字仪式。其操作特点是二签字桌仍需在室内横放,签字席仍需设在桌后面对正门,但只设一个,并且不固定其就座者。举行仪式时,所有各方人员,包括签字人在内,皆应背对正门、面向签字席就座。签字时,各方签字人应以规定的先后顺序依次走上签字席就座签字,然后即应退回原处就座。

(三)预备待签的合同文本

依照商界的习惯,在正式签署合同之前,应由举行签字仪式的主方负责准备待签合同的正式文本。

举行签字仪式是一桩严肃而庄重的大事,因此不能将"了犹未了"的"半成品"交付使用,也不能临近签字时有关各方还在为某些细节而纠缠不休。应当在决定正式签署合同时就拟定好合同的最终文本,且这一文本应当是正式的、不再进行任何更改的标准文本。

负责为签字仪式提供待签的合同文本的主方,应会同有关各方一道指定专人,共同负责合同的定稿、校对、印刷与装订。按照常规,应为在合同上正式签字的有关各方均提供一份待签的合同文本,必要时还可再向各方提供一份副本。

签署涉外商务合同时,按照国际惯例,待签的合同文本应同时使用有关各方法定的官方语言,或是使用国际上通行的英文,亦可同时并用有关各方法定的官方语言与英文。使用外文撰写时,应反复推敲,字斟句酌,不要望文生义或不解其意地乱用词汇。

(四)规范签字人员的服饰

按照规定,签字人、助签人以及随员出席签字仪式时应当穿着具有礼服性质的深色西装套装、中山装套装,并且配以白色衬衫与深色皮鞋。着西装套装的男士还必须系上单色领带,以示正规。

签字仪式的礼仪人员、接待人员,可以穿着工作制服或是旗袍一类的礼仪性服装。

二、签字仪式的程序

签字过程是仪式的重点,它虽时间不长,但程序规范,气氛庄重而热烈。签字仪式的正式程序一共分为四项。

(一)签字仪式正式开始

有关各方人员进入签字厅,在既定的位次上各就各位。

(二)签字人正式签署合同文本

通常的做法是:首先签署己方保存的合同文本,接着签署他方保存的合同文本。这一做法在礼仪上称为轮换制。通过轮流签署,使有关各方均有机会在位次排列上居于首位一次,以显示机会均等、各方平等。

(三)签字人正式交换已经有关各方正式签署的合同文本

此时,各方签字人应正式交换已签署好的合同文本,并热情握手,互致祝贺,还可相互交换各自一方刚才使用过的签字笔,以示纪念。全场人员应鼓掌,表示祝贺。

(四)共饮香槟酒互相道贺

交换已签署的合同文本后,有关人员尤其是签字人应当场饮上一杯香槟酒,这是国际上通行的用以增添喜庆色彩的做法。

在一般情况下,合同在正式签署后应提交有关方面进行公证,此后才正式生效。

【实训项目】 签字礼仪

1. 实训目标:掌握签字仪式的操作程序、场地布置等礼仪规范。
2. 实训地点:礼仪实训室、办公室。
3. 实训准备:文件夹、旗帜、签字笔、签字单、照相机、摄像机、桌子等。
4. 实训方法:
(1)模拟两公司签字仪式的场景,各组自行摄影、摄像,课堂投影回放。

（2）实训角色分配。每位同学根据角色需要进行充分准备,分别扮演以下角色:A公司领导、B公司领导、接待人员及其他人员。

（3）角色扮演:要求小组各成员各司其职,轮流模拟演示。场景一:签字双方的前期接触和友好洽谈;场景二:签字仪式现场的控制。

（4）教师考核,考核评分标准如表7-2所示。

5. 训练总结:通过训练,我的收获是＿＿＿＿＿＿＿＿＿＿＿＿＿＿＿＿＿＿＿。

表7-2　签字仪式礼仪考核评分标准

评价项目与内容		标准分	扣分	实得分
准备工作	签字仪式方案	15		
	签字仪式安排合理,实训过程中全组协调良好	15		
签字仪式安排	签字桌椅布置合理	10		
	双方签字人员的座次正确	15		
	主客各方安排合理	10		
	助签人员动作标准	10		
	举止、神态得体	10		
	主持人的表现及主持词质量	15		
合　计		100		

第三节　新闻发布会

新闻发布会,简称发布会,有时亦称记者招待会。它是一种主动传播各类有关的信息,谋求新闻界对某一社会组织或某一活动、事件进行客观而公正的报道的有效的沟通方式。对商界而言,举办新闻发布会,是自己联络、协调与新闻媒介之间的相互关系的一种最重要的手段。新闻发布会的常规形式是:由某一商界单位或几个有关的商界单位出面,将有关的新闻界人士邀请到一起,在特定的时间里和特定的地点内举行一次会议,宣布某一消息,说明某一活动,或者解释某一事件,争取新闻界对此进行客观而公正的报道,并且尽可能地争取扩大信息的传播范围。按照惯例,当主办单位在新闻发布会上进行完主题发言之后,允许与会的新闻界人士在既定的时间里围绕发布会的主题进行提问,主办单位必须安排专人回答这类提问。简言之,新闻发布会就是以发布新闻为主要内容的会议。

通常,发布会上会聚集一些比较注重礼仪的人物,这时要是你的表现不当就会给人留下不好的印象。发布会礼仪,一般指的就是有关举行新闻发布会的礼仪规范。

一、新闻发布会的筹备

筹备新闻发布会,要做的准备工作甚多。其中最重要的,是要做好主题的确定、时空的选择、人员的安排、材料的准备等项具体工作。在新闻发布会上，主办单位的交往对象自然以新闻界人士为主。

在事先考虑邀请新闻界人士时，必须有所选择、有所侧重。不然的话，就难以确保新闻发布会真正取得成功。

（一）明确主题

新闻发布会的组织者一定要明确主题，以便确定邀请记者的范围，做到有的放矢。一般而言，新闻发布会的主题大致有三类，一是发布某一消息；二是说明某一活动；三是解释某一事件。

（二）选好时间

通常认为，举行新闻发布会的最佳时间为周一至周四上午 10：00～12：00，或是下午3：00～5：00。在此时间内，绝大多数人都是方便与会的。另外，在细节上还应注意：要避开节假日；避开其他单位的新闻发布会；避开新闻界的重点宣传和报道；避开本地的重大社会活动。而且要注意一次新闻发布会的时间应当限制在两个小时以内。

（三）准备好资料

认真准备好新闻发布会所需的各种资料，如会议所需的字、图片，主持人的发言稿，发言人答记者问的备忘提纲，新闻统稿以及其他背景材料、照片、录音等，以便开会前发给记者，供他们撰写新闻稿时参考。

（四）选好发言人

举办新闻发布会，一般由单位指定的发言人发布信息，回答记者提问。因此，事先确定好新闻发布会的发言人至关重要。发言人要随机把握会场气氛，措辞文雅而有力，风趣而庄重，头脑要机敏，口齿要清晰，且有较强的口头表达能力。

二、新闻发布会的程序

（一）新闻发布会的步骤

一般新闻发布会的步骤如下：第一步，主持人宣布开会；第二步，介绍应邀参加会议的政府官员和主要发言人；第三步，说明记者提问时间、提问规则等；第四步，宣布提问开始，并指定提问记者；第五步，宣布提问时间到，提问结束；第六步，组织参观或宴请。

开会时，应先由主持人介绍新闻发布会的基本情况，并向记者介绍发布新闻的有关人士，接着由主要发言人发布有关新闻；新闻发布完毕后，记者开始提问，由主要发言人及有关人士答问；回答记者提问时，应充分地、准确地向记者提供有关信息，但对涉及保密和不宜发表透露的内容时，应婉转地向记者解释。同时，对记者提出的一些敏感又回答不了的提问时，通常可采取删繁就简的方式回答。

会议中，尊重记者，以礼相待，建立相互的合作关系，不得随意打断记者的提问；记者提问结束时,发言人应向到会的记者表示感谢;最后由会议主持人宣布会议结束。同时,公司在新闻发布会中,应为记者的采访提供各种便利条件包括:选择交通便利、环境清静整洁的地点、提供齐全的设备如:电话、传真机、打印机、扩音设备等,桌椅设置应便于记者作记录、准备好有关的材料供记者做参考如:宣传材料、照片、实物、模型等,以及可配合新闻发布会,组织记者进行现场参观,给记者创造实地采访、摄影、录音、录像的机会。

(二)新闻发布会的现场控制

在新闻发布会正式举行的过程之中,往往会出现种种这样或那样的确定和不确定的问题。有时,甚至还会有难以预料到的情况或变故出现。要应付这些难题,确保新闻发布会的顺利进行,除了要求主办单位的全体人员齐心协力、密切合作之外,最重要的,是要求代表主办单位出面应付来宾的主持人、发言人,要善于沉着应变、把握全局。

1．要注意外表的修饰

在新闻发布会上,代表主办单位出场的主持人、发言人,是被媒体视为主办单位的化身和代言人的。按照惯例,主持人、发言人要进行必要的化妆,并且以化淡妆为主。发型应当庄重而大方,男士着深色西装套装、白色衬衫、黑袜黑鞋,并且打领带,女士则宜穿单色套裙,肉色丝袜,高跟皮鞋。服装必须干净、挺括,一般不宜佩戴首饰。在面对媒体时,主持人、发言人要举止自然而大方。要面含微笑,目光炯炯,表情松弛,坐姿端正。

2．要注意相互的配合

不论是主持人还是发言人,在新闻发布会上都是一家人,因此主持人与发言人必须保持一致的口径,不允许公开顶牛、相互拆台。当媒体提出的某些问题过于尖锐或难于回答时,主持人要想方设法转移话题,不使发言人难堪。而当主持人邀请某位新闻记者提问之后,发言人一般要给予对方适当的回答。

主持人要做到的,主要是主持会议、引导提问;发言人要做到的,则主要是主旨发言、答复提问。有时,在重要的新闻发布会上,为慎重起见,主办单位往往会安排数名发言人同时出场。若发言人不止一人,事先必须进行好内部分工,各管一段。当数名发言人到场时,只需一人进行主旨发言即可。

3．要注意语言艺术

新闻发布会上主持人、发言人的言行都代表着主办单位。必须注意自己讲话的分寸。

首先要简明扼要。不管是发言还是答问,都要条理清楚、重点集中,让人既一听就懂,又难以忘怀。不要卖弄口才、口若悬河。

其次要提供新闻。新闻发布会,自然就要有新闻发布。媒体就是特意为此而来的,所以在不违法、不泄密的前提下,要善于满足对方在这一方面的要求,要在讲话中善于表达自己的独到见解。

再次要生动灵活。适当地采用一些幽默风趣的语言、巧妙的典故,也是必不可少的。

最后要温文尔雅。新闻记者大都见多识广,加之又是有备而来,所以他们在新闻发布会上经常会提出一些尖锐而棘手的问题。遇到这种情况时,发言人能答则答,不能答则应当巧妙地避实就虚。无论如何,都不要恶语相加,甚至粗鲁地打断对方的提问。吞吞吐吐、张口结舌,也不会给人以好的印象。

三、新闻发布会的善后工作

新闻发布会举行完毕之后,主办单位需在一定的时间之内,对其进行一次认真的评估善后工作。善后工作主要包括:第一,对举办新闻发布会的总结;第二,对与会记者及稿件的关注。

【实训项目】 新闻发布会礼仪

1. 实训目标:使学生熟悉新闻发布会礼仪。

2. 实训地点:礼仪实训室。

3. 实训方法:

(1) 模拟新闻发布会仪式的场景,各组自行摄影、摄像,课堂投影回放。

(2) 实训角色分配。每位同学根据角色需要进行充分准备,分别扮演以下角色:新闻发布会主持人、新闻发布会主持人、新闻发布会嘉宾。

(3) 角色扮演:要求小组各成员各司其职,轮流模拟演示。

(4) 教师考核,考核评分标准如表 7-3 所示。

4. 训练总结:通过训练,我的收获是＿＿＿＿＿＿＿＿＿＿＿＿＿＿＿＿＿＿＿。

表 7-3 新闻发布会礼仪考核评分标准

	评价项目与内容	标准分	扣分	实得分
准备工作	仪式方案、会议资料准备充分	15		
	发布会安排合理,实训过程中全组协调良好	15		
新闻发布会仪式安排	会议主题明确	10		
	会议来宾选择适当	10		
	会议议程安排恰当	15		
	会议主持人礼仪准确、恰当	10		
	会议发言人礼仪准确、恰当	10		
	会议时间、地点选择恰当	15		
合 计		100		

第四节 宴请礼仪

商务宴请是现代商务人士为增进友谊和融洽气氛而款待同业、政界要人及重要客户等,是有组织的、有规范礼仪要求的群体性饮食活动。现代宴请礼仪的基本原则是"4M原则"。"4M 原则"是指在安排或者参与餐饮活动时,应对菜单(Menu)、举止(Manner)、音乐(Music)、环境(Mode)四个方面的问题予以高度重视,并力求使自己在这些方面的行为符合律己、敬人的行为标准。

一、宴请的类型

宴请按礼仪规范要求的档次不同可分为正式宴会和便宴两种,其中便宴按组织形式又可分为家宴、冷餐会、酒会、茶会等。宴会按时间的不同又可分为早宴、午宴和晚宴,一般来说,晚上举行的宴会要比白天举行的宴会更为隆重。

(一)正式宴会

正式宴会是指按一定的规格摆设的、对参加人及席间礼仪有严格规定的筵席。通常是政府和团体等有关部门为欢迎应邀来访的宾客,或来访的宾客为答谢主人而举行的宴会。

国宴是最隆重的正式宴会,往往规模庞大,参加人数众多,且接待规格极高。国宴特指国家元首或政府首脑为国家庆典或为外国元首、政府首脑来访而举行的宴会。举行国宴时按规定宴会厅内悬挂国旗,安排乐队演奏国歌及席间乐,宾主双方致辞、祝酒。印度尼西亚前总统苏加诺当年在"面积达数百英亩的仙境般的大花园中"举行国宴,人们"在一千支火炬照耀下用金制餐具用膳,乐师们在湖边奏乐,湖面铺满了白色的莲花和浮现在小木筏上的烛光",其排场之大,令人惊叹。近年来,许多国家宴请贵宾备菜讲究少而精,气氛显得亲切热烈。宴请,已逐渐变成领导人之间结交友情的礼节性活动。

正式宴会要事先安排好座位,并设有座位卡;使用讲究的餐具;服务员用大托盘上菜,让客人自己取用;进餐前先喝餐前酒,进餐后再喝餐后酒……这种宴会通常都在晚上举行,偶尔也可在午间举行,有时还规定穿着。出席宴会的客人数目总是双数,一般都是邀请夫妇一起出席。如果是单身的人,可以携同自己的异性朋友出席,也可以单独出席。席间一般有正式的致辞和祝酒。

(二)便宴

便宴即非正式宴会。这类宴会的安排比较简单,通常不预先排席位,对来宾的服饰也没有严格的要求,菜肴的数量和酒水可以根据主人的实力和客人的喜好而定。此外,席间礼仪要求也不如正式宴请严格。便宴的常见形式有下述四种。

1. 家宴

家宴顾名思义就是在家中设宴招待客人。家宴往往由主妇亲自下厨烹调,家人共同招待客人,显得亲切、自然,让客人产生宾至如归的感觉。西方人士喜欢采用这种方式,以示友好、融洽。

用家宴招待客人,要特别注意厨房做菜和客厅招待客人之间的矛盾,主人不能因在厨房里忙碌而很少在客厅招待客人。解决这一矛盾的最好办法是多选一些预先炖好或是蒸好的菜,少选一些需要现炒的菜。一般情况下,男女主人一人下厨,另一人充当服务员来共同招待客人,使客人感受到主人的重视和友好。

2. 冷餐会

冷餐会,实际上就是自助餐招待会。在冷餐会中,一般是不排席位的,食物放在餐厅或客厅中央一张大餐桌或长条桌上,让客人们环绕着走动自己取菜。有的冷餐会有服务员站在桌盘为客人服务,客人可以从桌上拿一条餐巾,一个菜盘,一份刀、叉,自己挑选愿意吃的食物放在菜盘中,然后用餐。冷餐会的用餐又有两种不同的方式:一种是客人选取食物之后,都坐在餐桌旁进餐;一种是客人选取食物之后,分散坐在椅子、凳子、沙发上或站立着进食。冷餐会以冷食为主,但也常有热菜,用保温的托盘使之保持热度。

冷餐会一般在中午 12 时至下午 2 时、下午 5 时至 7 时举行,它较适用于人数众多的宴请。

冷餐会对场地要求不高,这种自助餐会可以在家里的客厅、院子和花园里举行,也可以在餐馆、宾馆的大餐厅里以及其他比较宽敞的室内举行。

3. 酒会

酒会通常以酒类、饮料为主招待客人。一般酒会上酒的品种较多,并配以各种果汁,向客人提供不同酒类配合调制的混合饮料(即鸡尾酒);备有小吃,如三明治、面包、小香肠、炸春卷等。

酒会是一种比较简单但规格可高可低的款待朋友的方式。规格高的要发请柬,规格低的可以用电话邀请。在接到酒会邀请后,可以不必回复,在着装上也不用太讲究,只要穿便服就可以了。酒会在时间要求上也较宴会更宽松,可以适当晚到,但一般以不超出30 分钟为限度,过迟便有对主人不敬之嫌了。

酒会通常有两种形式:正餐前的酒会(或称鸡尾酒会,即 Cocktail Parties)和正餐后的酒会(After-dinner Parties)。

(1) 鸡尾酒会的时间一般在晚餐前 2 小时。由于鸡尾酒会在晚餐前举行,参加酒会的人都要赶回家吃晚饭,有的可能还要赴晚宴,因此它有非常明确的时间限制。参加酒会的人要准时到达,也须在规定的时间离去,逗留太久是失礼的。

(2) 正餐后的酒会通常是在晚饭后的 8 点至 9 点开始,没有具体规定客人告辞的时间。与鸡尾酒会不同,这种酒会除了喝酒外,还可以跳舞,客人如果兴致很高,还可以通宵不归。正因为如此,这种酒会一般在周末举行。事实上,它就是一种聚会或是家庭招待会。

酒会的特点是比较自由活泼,便于客人们广泛接触。客人可以拿着酒杯四处走动,与其他客人交谈,大家都可以充分利用这个机会进行社交活动。酒会与宴会相比,其目标和风格都截然不同。在宴会上,主人和客人们需要在相当长的时间内一起围坐在餐桌旁,大家尽可能寻找共同感兴趣的话题。宴会的目的主要是在原来相识的基础上进一步加深彼此的了解,增进相互的好感,从而深化已有的关系。而酒会则不同,主人与客人们不必集中在一起,他们可以各自去找感兴趣的人,去结识新的朋友,酒会的主要目的是建立新的联系以及加深那些乐于时常见面的人之间的交情。

4. 茶会

茶会是一种更为简单的招待形式,一般只邀请三五个朋友参加,其风格比酒会更为清新淡雅。茶会的时间既可以在上午,也可以在下午,一般持续 1 至 2 个小时。

茶会可以在专业茶馆中进行,这样茶艺服务就可由专业茶艺师操作,也可以在家里进行,通常设在客厅里,厅内设茶几、座椅,不排座位。每位客人都应有一个茶杯(配有杯托和茶匙)以及一个小碟。客厅里除了茶几,还应有一张用来放茶壶、茶叶缸、热水瓶、牛奶壶、糖缸以及食品的大桌子。

茶会以招待客人喝茶为主,间或吃一些水果、糕点。茶具和茶叶通常是比较考究的。客人到了,主人招呼客人入座后就可以起身去泡茶了。客人喝茶时,应一手持茶托,一手拿茶杯;吃点心时也一样,一手拿碟子,一手取食物。大家一边喝茶,一边聊天。

二、宴请组织礼仪

一旦确定要举行宴会,就必须保证能成功进行,并达到预期目的,因此宴会举行前的计划与准备就显得十分重要,它是宴会能否圆满举行的前提。

(一)宴请的目的、名义、对象和形式

1. 宴会目的

宴请目的一般有两类:一是为某个人而举行的宴请,如为某人接风、送行;二是为某件事而举行的宴请,如为庆祝某一节日、为展览馆的开幕、为某项工程的动工和竣工等。

明确宴请目的一方面有利于组织方确定形式、规模及参加对象;另一方面也便于被邀请者事先准备,包括礼品选择。

2. 宴请名义

即以谁的名义发出宴会邀请,如果是为某人而举行的宴请,一般以个人名义发出邀请。以主人名义出面邀请的人,其身份和地位应与主宾相对等。特别是在官方的宴请中,主人与主宾的身份对等非常重要,无论是以己方低级官员邀请对方高级官员,还是以己方高级官员邀请对方较低级官员,都是不礼貌的。前者让对方感觉受到怠慢;而后者让对方感到压力。如果是为某事而举行的宴请,规模较大的,一般以组织的名义邀请比较合适;规模较小的,则以相关部门的主管领导的名义邀请为宜。

如邀请主宾偕夫人出席,则主人应以夫妇的名义共同发出邀请。

3. 宴请对象

如果是为某人而举行的宴请,一般需考虑邀请什么人作陪,通常不能邀请与主宾有矛盾的人出席。如果是为某件事而设的宴请,就需考虑邀请与此事有关的方方面面的人士,请到哪一级别以及请多少人。可以先草拟一份邀请名单,明确邀请人数,同时依据主宾级别确定主办方作陪人数。

列名单时一定要仔细核对,检查有无疏漏,事务性宴请切勿遗漏关键性人物。如为疏通政府关系的宴请,除了邀请主管领导、相关部门领导外,还应邀请具体经办人员。

此外,以夫妻名义邀请宾客时,要搞清对方是否独身,以免出现尴尬场面。

4. 宴请形式

宴请采用何种形式,在很大程度上取决于习惯做法。一般来说,比较正式的、隆重的、人数不多的宴请,以宴会的形式较为适宜;不太正式的、人数较多的,以冷餐会较为适合;简单但较注重情趣的,可以选茶会或烧烤聚会;具有某种庆祝意义的,可以选择酒会。

✍【案例 7-1】

APEC 晚宴

2014 年 APEC 峰会前日在北京怀柔雁栖湖盛大开幕。会议期间,国内外元首相聚北京,国宴那可是万万不可少的一个重要环节。此次国宴围绕亚信峰会"一带一路"这个文化主题来设计,体现了丝绸之路这样一个文化特色,采用的都是中国最具有地方特色的食材,尤其是江南的时令食材得到充分利用。而且本次国宴在器皿上也充分体现中国古老文明特色,盛汤的"丝路宝船汤盅"设计灵感来源于海上丝绸之路的古船造型,汤盅的盖揪设计为一艘扬帆远航的古船帆,寓意着海上丝绸之路的历史文明。而在餐具的设计上,为了呼应"丝绸之路"这个文化设计主题,采用了牡丹元素,餐具瓷器上设计了两束盛开的牡丹花,因为丝绸之路起源于洛阳,洛阳盛产牡丹。借助丝绸之路的文化意象,表达亚洲文化、经济、政治等交流永续写的美好愿望。

(二)选择宴请的时间和地点

宴会时间的选择应考虑主宾双方的情况,尤其要照顾来宾方面。按国际惯例,晚宴被认为是规格最高的,通常安排在晚上 6 点到 8 点。安排宴会的时间要注意避开重要的节假日、重要的活动日和双方或一方的禁忌日。如对西方人士,不要选 13 日,更不要选 13 日且星期五。伊斯兰教徒在斋月内白天禁食,宴请宜在日落后进行。宴请活动时间要与主宾商量,经主宾同意并确定时间后,再约请其他宾客。

一般的小型聚会形式的宴请则可事先与其他参加人商定后再确定时间。

宴请的地点要根据活动的性质、规模、宴请的形式、主人的意愿以及实际情况而定。越是隆重的活动,越要讲究环境和条件,因为它体现了对对方的礼遇。官方正式的宴会,应安排在政府、议会大厦或高级宾馆内。民间的宴请可以安排在酒店、宾馆,也可以安排在有独特风味的餐馆。如家中场地条件许可,小型亲密型宴请也可安排在家里进行。

(三)发出邀请

发出邀请有正式与非正式之别。前者多采用书面形式,主要是请柬邀请;后者可采用口头邀请。各种正式的宴请活动一般均应发出请柬,这是一种礼貌,亦对客人起提醒备忘作用。如果被邀请的是具有很高身份的人,往往还需单独发出邀请信,以示诚意。一般的便宴可以不发请柬,而用电话邀请;工作进餐还可以口头邀请。请柬一般应提前 1 周至 2 周发出,以便被邀请人事先做好安排。

请柬上要将宴会活动的目的、名义、邀请范围、时间、地点等写清楚,重大的活动还要注明着装的要求及其他附加条件。口头约好的活动,仍应补送请柬,并在请柬右上方或左下方注上"备忘"字样。需要安排座位的宴请活动,为确切掌握出席情况,需被邀请者答复是否出席的,请柬上一般应注明"请答复"字样。如只需要不出席者答复,则注明"如不能出席请答复"字样,并注明电话号码,以备联系。请柬发出后,也可以用电话询问对方能否到席。主办方要及时落实出席情况,以调整席位安排。

在请柬的信封上,被邀请人的单位、姓名、职务要书写清楚、准确。国际上习惯给夫妇二人发一张请柬,需要凭请柬入场的场合要注意每人发一张。

如果宴请的形式是宴会,那么请柬发出后还应打电话给被邀请人进一步确认邀请(询问对方请柬是否收到并请对方届时一定出席),这样一来可以表示邀请的诚意,二来可以及时落实出席的情况,以便安排和调整席位。

✒【补充知识 7-1】

正式宴会请柬范例

×××先生(女士):

为欢迎美国×××州友好代表团访问杭州,谨定于××××年×月×日(星期×)晚×时在××饭店××阁举行宴会。

敬请光临!

××省人民政府

××××年×月×日

(四)确定菜单

宴会菜谱的确定应考虑客人的规格身份和预算安排菜肴档次、规格。充分尊重来宾的口味、喜好及禁忌,如伊斯兰教徒用清真席、不喝酒,印度教徒不吃牛肉,等等。不要以主人的喜好为准,也不要以为中国人喜欢的或认为名贵的菜肴也都适合外国人,比如海参、动物内脏,许多欧洲人都不喜欢。同时,注意营养搭配、荤素搭配;突出地方特色,尤其对异地客人,可在征求其意见的基础上适当突出本地特色。

菜单确定后,即可印制。正式的宴会上,菜单至少每桌一份,印刷应力求精美;讲究的可以每人一份,以便大家用餐时心中有数,各取所需,菜单也可留作纪念。

✒【补充知识 7-2】

揭秘世界各国国宴菜单

国宴说起来很严肃,其实不外乎是一种饮食文化与民风民情的展示。不同国家和民族文化背景不同,饮食习俗也千差万别,所以各国的国宴也因地因民族而异,五彩缤纷。

英国国菜:烤牛肉和约克郡布丁

英国:英国菜的特点是油少而清淡,讲究花样,注意色、香、味。"烤牛肉和约克郡布丁"被称为英国的国菜,是英国人待客的佳肴。这是用牛腰部位的肉再加鸡蛋、牛奶和面与牛肉、土豆一起在烤箱中烤制的菜肴。

墨西哥国菜:玉米宴

墨西哥人以玉米为主食,国宴也是一盘盘玉米美食。"托尔蒂亚"是将玉米面放在平底锅上烤出的薄饼,类似中国的春饼,香脆可口,尤以绿色玉米所制的薄饼最香。"达科"是包着鸡丝、沙拉、洋葱、辣椒,用油炸过的玉米卷;最高档的"达科"以蝗虫做馅。"达玛雷斯"是玉米叶包裹的玉米粽子,有馅拌鸡、猪肉和干果、青菜,肉香伴香嫩叶芬芳,吃后齿颊留香。"蓬索"是用玉米粒加鱼、肉熬成的鲜汤。整席玉米国宴,包括面包、饼干、冰激凌、糖、酒,一律以玉米为主料制成,令人开眼界。

日本国菜:生鱼片

日本人自称为"彻底的食鱼民族"。日本捕鱼量居世界第一位,但是每年还要从国外大量进口鱼虾,一年人均吃鱼100多斤,超过大米消耗量。日本人吃鱼有生、熟、干、腌等各种吃法,而以生鱼片最为名贵。国宴或平民请客以招待生鱼片为最高礼节。日本人称生鱼片为"沙西米"。一般的生鱼片,以鲣鱼、鲷鱼、鲈鱼配制,最高档的生鱼片是金枪鱼生鱼片。开宴时,让你看到一缸活鱼,现捞现杀,剥皮去刺,切成如纸的透明状薄片,端上餐桌,蘸着佐料细细咀嚼,滋味美不可言。

西班牙国菜:海鲜饭

西班牙海洋渔业资源十分丰富,海鲜常作为国宴的美味佳肴。"巴爱雅(Paella)"举世闻名,它实际是一种用油炒过的大米加上各种海鲜或肉食作配料制作而成。政府高官常用此招待外国贵宾。

秘鲁国菜:烤肉串

秘鲁以烤肉串作为国菜,尤以烤牛心、羊心、鸡心为主。烤前将肉串放入酒、醋、盐、蒜、辣椒等原料腌拌数小时,烤时掌握好火候,烤出的肉串芳香四溢。

德国国菜:香肠、火腿

德国人是名副其实的"大块吃肉、大口喝酒"的民族——吃猪肉喝啤酒。德国人每人每年的猪肉消耗量为65公斤,居世界首位。由于偏好猪肉,大部分有名的德国菜都是猪肉制品。德国的食品最有名的红肠、香肠及火腿。他们制造的香肠种类起码有1 500种以上,并且都是猪肉制品。最有名的"黑森林火腿"销往世界各地,可以切得跟纸一样薄,味道奇香无比。德国的国菜就是在酸卷心菜上铺满各式香肠及火腿;有时用一整只猪后腿代替香肠和火腿。

丹麦国菜:"魔鬼太阳"

丹麦人爱吃鸡蛋糕与甜点,做出了风靡世界的丹麦奶酥。丹麦气候寒冷,大地是个天然的冷冻箱,肉类无腐败之虞,可以拿来生吃。丹麦最有名的国菜就是用生牛肉剁成泥状,上面放一个生蛋黄,与肉搅匀了用汤匙挖下来一口一口吃掉,这道菜叫"魔鬼太阳",脾胃虚弱的人看到这道菜可能作三日呕,但是丹麦人吃起这道大餐却是食之如甘饴。

【案例7-2】

白金汉宫欢迎习近平国宴

2015年10月19日至23日,中国国家主席习近平对英国进行了首次国事访问。对这次时隔十年之后的中国国家元首的到访,英国方面给予了空前的重视与高规格礼遇。

当地时间 20 日中午,伦敦塔桥和格林公园分别鸣放 62 响和 41 响礼炮,这是接待外国领导人访英的最高礼遇。当天,伊丽莎白二世女王和丈夫菲利浦亲王迎接习近平夫妇,并举行了隆重欢迎仪式。在皇家骑兵的护卫下,女王夫妇陪同习近平夫妇,乘坐皇家马车前往白金汉宫下榻。女王为习近平夫妇欢迎晚宴亲定的菜单如下:

First course:Fillet of West Coast Turbot with Lobster Mousse

第一道:多宝鱼柳配龙虾慕斯。这道菜一般应是多宝鱼柳添加龙虾酱汁,在此则是将两道菜合二为一。多宝鱼肉质白色纤细,在欧洲是名贵鱼种,但味道稍清淡,龙虾慕斯则是佐味。

Meat course:Roasted Loin of Balmoral Venison with Madeira and truffle sauce

第二道:香烤 Balmoral 鹿里脊配马德拉红酒松露汁。一般正式晚餐可能就是香烤羊肉,而非鹿肉,鹿肉属于山珍或狩猎肉(game meat),更为昂贵稀有。巴尔默勒尔是巴尔默勒尔堡(Balmoral Castle),乃是英国王室在苏格兰的度假城堡,所以这鹿肉是巴尔默勒尔堡领地里饲养的野地鹿,这同时有以王室家珍款待来宾的意思。

Side dishes:Braised Red Cabbage, Cocotte Potatoes and Timbale of Celeriac and Butternut Squash

配菜:高汤焖红包心菜,小锅土豆,芹菜根南瓜塔。

Dessert:Delice of Chocolate, Mango and Lime. Fruit platter

甜品:巧克力,芒果,青柠法式甜饼。水果拼盘。

配餐酒:第一道和最后一道是英国产品。餐前第一杯香槟是 Ridgeview Grosvenor Brut,英国产起泡酒,最后一道 Warre's vintage port 是传统英国饭后烈酒波特酒。

(五) 席位安排

中餐宴会往往采用圆桌布置,西餐宴会往往采用方桌布置,通常 8 到 12 人为一桌。正式宴会一般都要事先安排好桌次和座次,以便参加宴会的人都能各就其位,入席时井然有序。安排席位时,先确定席位的高低,即哪里是首位、哪里是末位。中餐宴请席次的确定主要以门为依据:正对门的、离门最远的是首位,离门最近、背靠门的是末位。其他位置的席次是:离首位越近,位置越高;距离相等的右高左低。单主人和双主人的中餐席位高低安排如图 7-1 所示。

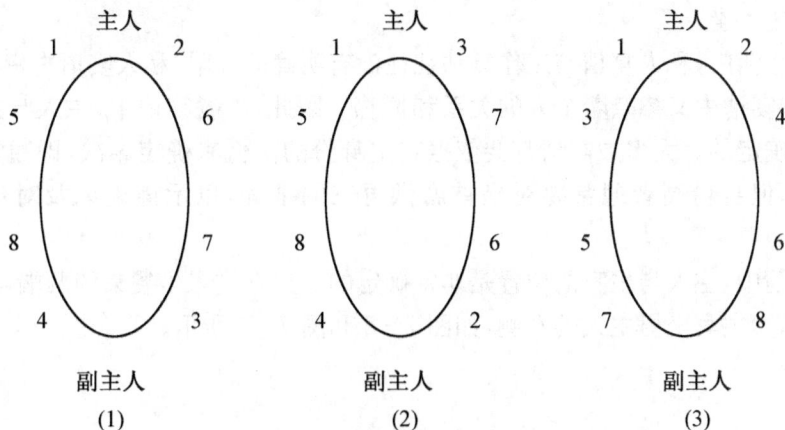

图 7-1 中餐席位高低确认

西餐宴请席次的确定主要依据主人的位置，即：离主人越近席位越高，离主人越远席位越低；距离相等的右高左低。如图7－2所示。另外，西餐席位的排法是男女客人隔着坐（西餐宴请要求男女宾客人数相同），而且在席位安排上有两个首位和两个末位，分别由男女宾客、主人坐。

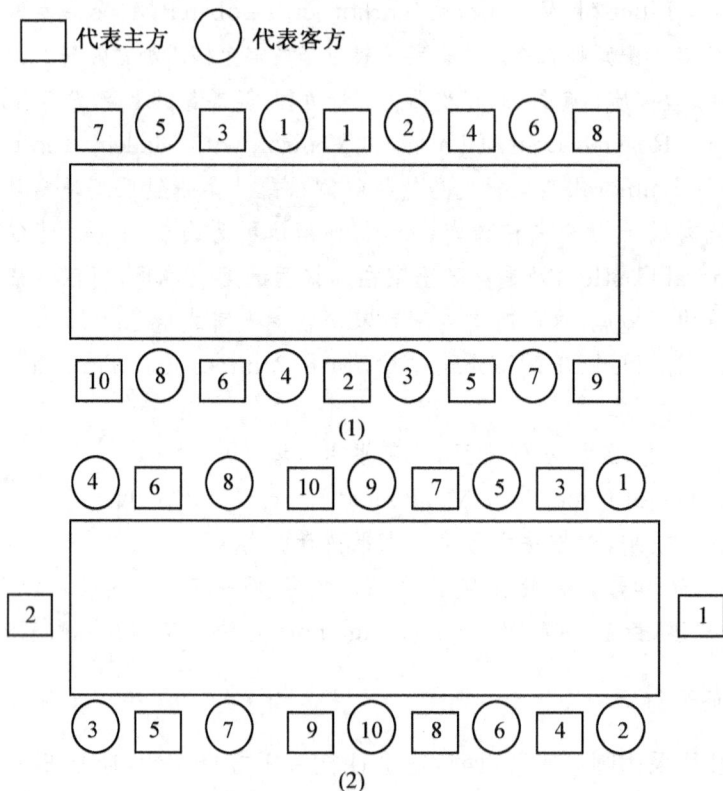

图7－2　西餐宴请席次确定

排定了席次后，就可以确定主人和主宾的位置了。如果是中餐的私人宴请，一般是主宾坐首席，主人坐末席，如图7－3所示。如果是中餐的工作宴请，一般是由主宾坐首席，主人坐在主宾的右侧，如图7－4所示。但如果主人的身份比主宾明显要高，主宾一般会把首席让给主人坐。

在日常生活中，私人宴请与工作宴请往往没有明确的界限，私人宴请中带有工作的性质，而在工作宴请中又掺杂着个人的关系和情感。因此，中餐宴请中，主人与主宾的位置并不是非常确定的。大多数宴请都会依据宾主身份的高低来确定席次，即通常由身份最高者坐首席，但身份高者通常要对坐首席做再三的推辞，以示谦虚以及对他人身份的尊重。

西餐宴请中，主人与主宾的位置是非常确定的。男女主人坐餐桌的两端，男主宾坐女主人的右侧，女主宾坐男主人的右侧，如图7－5和图7－6所示。

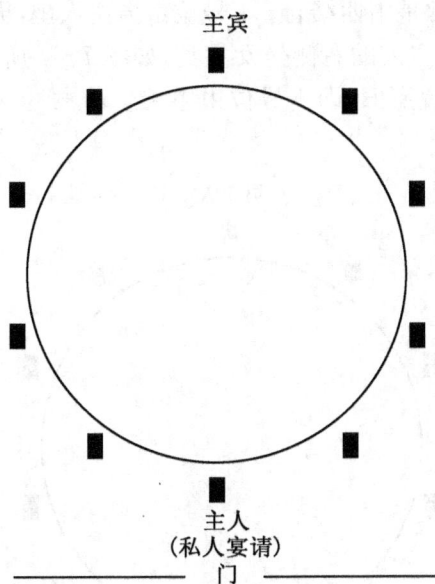

图7-3 中餐私人宴请的席位

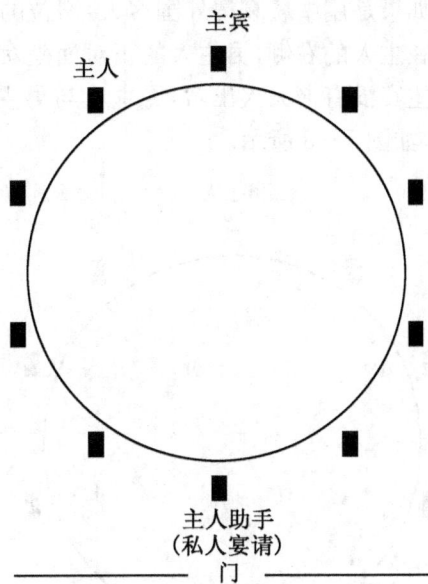

图7-4 中餐工作宴请的席位

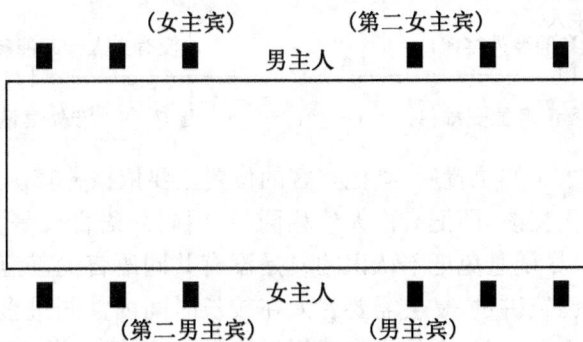

图7-5 西餐主人与主宾席位安排(1)

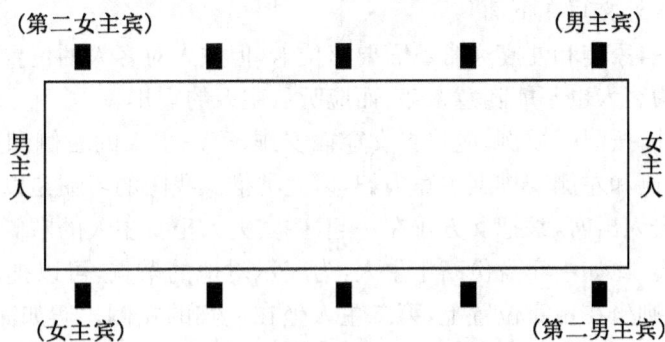

图7-6 西餐主人与主宾席位安排(2)

如果是用中餐宴请外国客人,席位的排法通常是中西结合。1号位由男主人坐,男主宾坐在主人的右侧,男主人的正对面坐女主人,女主人的右侧坐女主宾,如图7-7所示。如果主宾没有偕夫人出席,男主人与男主宾的位置照旧,即1号位由主人坐,2号位由主宾坐,如图7-8所示。

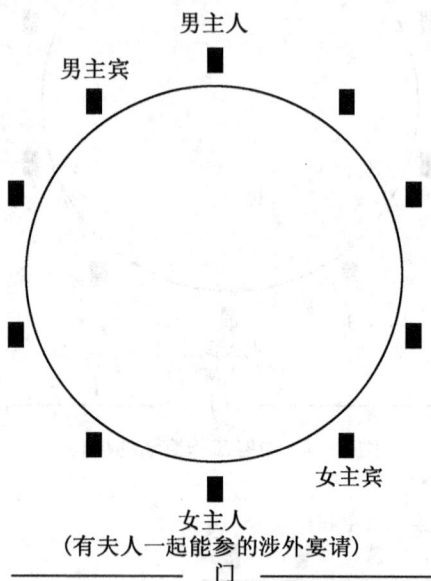

图7-7 涉外宴请席位安排(1)　　　　图7-8 涉外宴请席位安排(2)

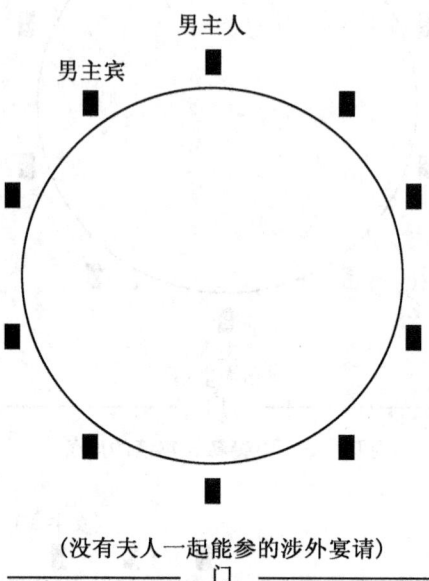

在确定了主人与主宾的位置后,其他宾客的位置主要依据礼宾次序而定。另外,还有一个依据就是方便客人交谈,即把身份大致相同、使用同一语言或是同一专业的、比较谈得来的人安排在一起,尽量避免把不认识的或是没有共同语言的甚至有矛盾或冲突的人排在一起。因为前面已经讲过,宴会需要客人在较长时间内共同进食、共同交谈,如果让没有话题可谈的客人坐在一起,会使客人感到索然无味,这就违背了宴请的初衷。

席位排定后就可以着手写座位卡。如果是涉外宴请,座位卡应写上中、外文两种文字,中文写在上面,外文写在下面。

值得一提的是,家宴和便宴通常不需要座位卡,但主人对客人的位置往往仍需预先有所安排,因此,作为客人也不能随意入座,而应听从主人的安排。

除上述安排外,按国际惯例,应将男女穿插安排,第一主人的右侧和左侧安排主宾夫妇,第二主人的右侧和左侧安排副主宾夫妇,以此类推。我国的习惯是以个人本身职务排列,以便谈话,如夫人出席,常把女方排在一起,主宾夫人坐女主人的右侧。如遇一些特殊情况,应灵活掌握。比如主宾身份高于主人,为表示对他的敬重,可以把主宾排在第一主人的位置,而主人则坐在主宾位置上,第二主人坐在主宾的左侧。假如需要配译员,一般应将译员安排在主宾的右侧;同一桌上需安排第二译员时,可将其安排在第二主人右侧、与第三宾客隔开的座位上。

(六)桌次的排法

如果宴请的客人不止一桌,往往还需要排桌次。排桌次也需先确定主桌,主桌通常是正对门、离门最远，或是处于场地的中间。其他桌次的位置则依据离主桌距离的远近确定高低，即：离主桌越近的位置越高；位置相同的，右高左低。各种桌次排法通常如下图，其他桌次的排法均按照此法类推。

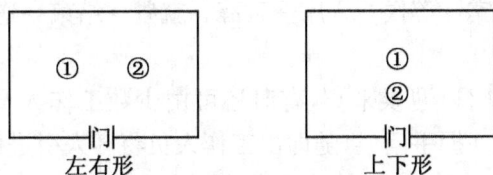

左右形　　　　　　　　上下形

图 7 - 9　两桌的桌次排法

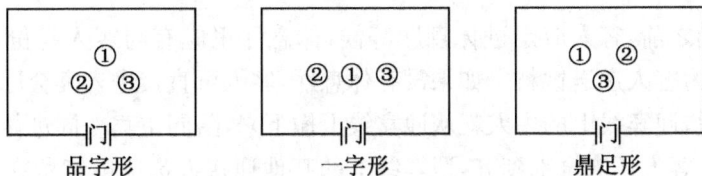

品字形　　　　　　一字形　　　　　　鼎足形

图 7 - 10　三桌的桌次排法

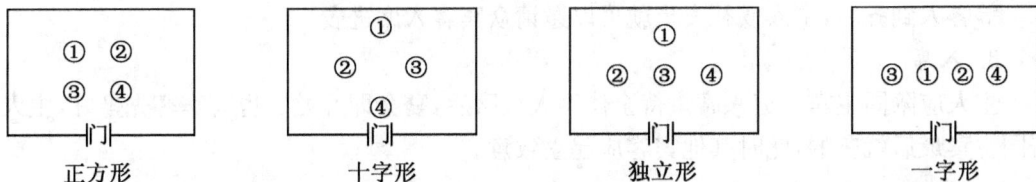

正方形　　　　　十字形　　　　　独立形　　　　　一字形

图 7 - 11　四桌的桌次排法

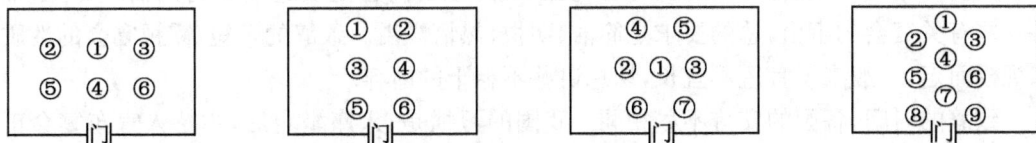

图 7 - 12　六桌及六桌以上的桌次排法

如果在宴请之前有仪式，那么越靠前台的位置越高，位置相等的右高左低。

为了保证全体赴宴者临场不乱，都能迅速找到自己的席位，应在请柬上注明桌次。还可以在宴会现场悬挂桌次图，在每张桌上放置桌次牌、座次牌或姓名牌。宾客入场时，安排领台人员引导客人入座。

（七）宴会场地环境和背景音乐

场地环境布置要与主题吻合，官方的正式宴会布置应该严肃、庄重、大方，可以少量点缀鲜花、雕花等，不要用红红绿绿的霓虹灯做装饰。

总体环境要求：整洁、卫生、安静、高雅，灯光柔和不刺眼，充满文化气息。

音乐是美化宴会环境的重要添加剂，它对调节宴会气氛、增进客人就餐兴趣具有相当的影响力。

席间音乐可以由小乐队现场演奏，如演奏小提琴、中提琴、大提琴、钢琴，或扬琴、琵琶、笛子、二胡等；也可以播放音带。

音乐要求：轻快、愉悦、抒情，注意音量宜轻。

（八）宴会程序

宴会程序一般是：迎宾→等候→入席→致辞→就餐→结束→送客。

1. 迎宾

宴请开始，主人应在门口迎候来宾，有时还可由少数工作人员陪同主人列队欢迎客人。客人抵达后，宾主相互握手问候，随即由工作人员将客人引进休息厅。

在一些隆重场合，客人到达时设有专人负责唱名。

2. 等候

在主宾未到之前，客人应走进休息厅等候，休息厅里应有与客人身份相当的人员照应，并有招待员为客人递送饮料。如果没有休息厅，客人可直接进入宴会厅，但不入座。

主宾到达后，迎宾线上的主人就从迎宾线上撤下来，陪同主宾一同进休息室与其他客人见面。如其他客人还未全部到齐，迎宾线上的其他迎接人员应继续留在迎宾线上迎接客人的到来。

等客人到齐后，主人或礼宾员就可以邀请众宾客入席进餐。

3. 入席

主人应陪同主宾一道入席。待全体客人入席后，宴会即开始。也有宾客先坐好，主人陪同主宾最后就座的，此时其他宾客应起立致意。

4. 致辞

宴会开始时一般由主人致祝酒词。祝酒词的主要内容是欢迎宾客的光临，也可随带讲一些有关宴会的事由，总的要求是简洁、明快、热情洋溢。致辞的长短，需视宴会的性质和规模而定，一般来说宜短不宜长，切忌讲些不相干的内容。

致辞的时间，各国的安排不尽相同。我国的习惯是，入座坐定后，主持人宣布宴会正式开始即可致辞，也有的在第一道菜上来之后致辞。主人致辞后，主宾可以接着致辞。

5. 就餐

宾主双方致辞完毕，宴会即进入比较放松、自由的就餐阶段，此时宾主间可以相互敬酒、言谈。这一阶段应注意的礼仪有下述一些。

（1）敬酒礼仪。敬酒可使宴会气氛更趋热烈。在高朋满座的宴会上，觥筹交错，相互敬酒，会起到表示礼貌和友好、活跃气氛的作用。因此，宴请的主人一方，特别是公关人员，应设法寻找各种由头，向各位宾客敬酒，或促使他人之间相互敬酒。

一般应由比较年轻的、身份较低者主动地向较年长的、尊贵的宾客敬酒。但筵席进行到中途以后，后者也可向前者敬酒，以示自己宽容、和蔼、大方。

宴请桌数较多时，主人或主宾在主桌敬完酒后，往往要到其他各桌敬酒，此时，公关人员应紧随其后进行照料，或做些必要的介绍等。

总之，敬酒在宴请的进行过程中有着非常重要的作用，公关人员应有一定的酒量，最好不要滴酒不沾。

（2）交谈礼仪。① 提出共同关心的话题。不时提出一些能引发共同兴趣的话题，可以使进餐过程有一定的节奏感。但要注意，话题都不要谈得太久，因为任何一个话题都会有人非常感兴趣或非常擅长,同时也会有人不太感兴趣或不太擅长,长时间议论某一话题,势必会冷落一部分人。② 注意引发更多人的谈话兴趣。公关人员要特别关心说话很少甚至没有说话的客人,应根据对其背景的了解,设法提出一些他们熟悉并感兴趣的话题。必要时,可以故意向他们提问,让他们有机会开口。③ 应与同桌的所有宾客交谈。不要只同几个熟人或只同一两个人说话,邻座如果不相识,可以主动自我介绍。讲话要掌握时机,内容要看具体对象而定。④ 始终保持热烈气氛。随着宴席时间的推移,人们的精力会发生变化,并呈下降状态。因此,进餐过程的后半段,往往会出现"降温现象"。此时,公关人员应注意要始终保持精神饱满、有说有笑的状态,将热烈的气氛保持至终。

6. 结束

水果送上来往往是宴会接近尾声的标志。吃完水果后,通常由主宾先起身离席,宴会即告结束。

7. 送客

宴会结束后,主宾告辞,主人送至门口;主宾离去后,原迎宾人员按顺序排列,与其他客人握手告别。

宴请礼仪方面的工作不仅限于上述方面,其他诸如司机安排、车辆调度、最后送客以及意外情况的处理等,都要考虑周到。总之,只有十分精心地组织,才能保证宴会的进行万无一失。

二、常见宴会的礼仪要求

(一)冷餐会的礼仪要求

冷餐会多为自助餐。比较正式的自助餐多半是站着吃;如果主人准备了很多椅子,坐着吃也无妨;如果椅子不够,就需要将椅子让给老年人或身体较弱者。

年轻的男子应为女士服务,替她们端菜。女士自己要注意,第一盘可让男士为自己服务,但若是从头到尾都像个女王似的,一切让男士服务,就不可取了。

自助餐最大的优点是能随心所欲地选择各色菜肴。但若一味地取用价格昂贵的菜肴,或是盘中的菜肴明明已经堆积如山了还霸占在桌旁不肯离去,甚至为了取食而推挤他人,这些行为都是极不礼貌的。取菜时,还是要依全餐的顺序,即自开胃菜开始,其次才是鱼、肉、沙拉、水果等,这是自助餐的规矩。除此之外,将菜取好就坐在一旁与朋友聊天而不吃,或是选好菜后独自坐在角落埋头大吃,都是不礼貌的行为。

参加自助餐,无须等客人到齐一起用餐,可先后自由进食,这样就免除了主人因所请客人临时有事不能到来而使一部分座位空着的尴尬。

(二)酒会的礼仪要求

1. 酒会的布置

(1)场地。在布置酒会时,寻找大小合适的场地非常重要。场地太小容易显得嘈杂,而场地太大则显得冷清,没有气氛。为了避免酒会过于嘈杂和过于冷清,最理想的场地是可以自动调节人群密度的、由一间大的主厅和几间毗邻的小间组合而成的场地。喜欢热闹的人可以待在大厅里享受酒会的热闹,而喜欢清静的人则可以去小房间享受小范围聊天的乐趣。

由于参加酒会的人通常比较多,因而场地的通风很重要。

酒会里一般不需要配备椅子,客人大都是站着喝酒聊天。但考虑到总会有些需要坐着的客人,特别是年纪大的客人,因此在四周最好能放些椅子。

（2）饮品。应准备数种酒品,由客人选择。如果不想花费太多,可以只备两三种酒,同时别忘了另备两三种饮料给那些不喝酒的人饮用。

普通的鸡尾酒会,一般给每人预备三杯酒。在一些特殊场合,最上等的是香槟鸡尾酒。调制鸡尾酒的器具必须备齐,包括鸡尾酒摇拌器、刀(用以切柠檬或柑橙)、过滤器、冰、混酒用的玻璃棒、柠檬、柑橙及樱桃等。

（3）点心。鸡尾酒会中也要准备些点心,简单即可,一般包括果仁、脆薯片、各式三明治、热香肠、饼干等,有时也会摆些中式点心。

在酒会上,一般有招待员专门为客人调酒和斟酒,而食品可以让客人自己取或由招待员送到各位客人面前供其选用。

2. 参加酒会人员的礼仪要求

（1）主人的礼仪。主人在酒会开始之初应站在离门较近的地方,便于迎接客人。主人有义务为不认识的客人作介绍,并应保证不让任何一位客人孤独地待在某个角落里。如果人太多,无法为客人一一作介绍,可以拜托几个好朋友做这件事。另外,主人还应尽量同每一位客人交谈几句。

由于有些客人可能会晚到,所以必须有专人负责留意门口。在较大的酒会,男女主人都是分工合作的:男主人照顾酒水的供应,欢迎客人并给他们安放衣物;女主人则留在会场中欢迎来客,和他们应酬寒暄。

一些鸡尾酒会如举行的时间不长,则可不必另外预备房间让女客人存放衣物。但在较正式的场合下,这个房间是必需的,同时灯应一直亮着,以便女宾可以直接在那里梳理头发或化妆等。

在宾客众多的场合,女主人应经常留意大门口,看有无客人到来,并上前欢迎,把他们介绍给他们可能想结识的朋友。

在酒会进行过程中,主人要随时注意观察烟灰缸是否太满了,酒和食品是否充足。

当酒会快结束时,主人应站在离门较近的地方,便于和客人告辞。

（2）客人的礼仪。客人应当在会场中四处行走,同时自我介绍或为别的朋友介绍。如一群朋友正在聊天,某一个人走来试图加入,此时正在聊天的人中认识他的人便应主动把他介绍给其他不认识的人,然后再继续谈论话题。考虑周到的人还会对后加入的人略述一下刚才谈话的内容,便于其进入状态,成为圈子之中的一分子。

客人可以随意选取自己合意的食物,不过要注意,狼吞虎咽是十分失礼的。

自始至终地一个人坐着喝酒或是只跟一个人交谈是不合适的,醉酒当然就更不合适了。

鸡尾酒会是允许客人半途离开正在和他谈话的人,而去跟别的朋友会面的,但这么做时应讲究技巧,不要让人有突兀之感。

中途要离去的客人得在人群中把男主人找出来,向他道别。如果男主人很忙,不必强求他抽身出来送客。

（三）茶会的礼仪要求

1. 茶具选择

茶具一般选择陶瓷器皿,"宜陶"和"景瓷"被称为茶具艺苑中的两朵奇葩。一般不宜用玻璃杯沏茶,也不要用热水瓶代替茶壶。

2. 茶叶选择

茶叶的选择应尊重客人的饮茶习惯,外国人一般饮红茶,并在茶中添加糖、牛奶或奶油等。我国由于幅员辽阔、气候各异,各地饮茶习惯也不尽相同:广东、福建、广西、云南一带习惯饮红茶,近几年由于受港澳台的影响,饮乌龙茶的人渐渐多起来;江南一带饮绿茶比较普遍;北方人习惯饮花茶;西藏、新疆、内蒙古地区的少数民族,则大多习惯饮浓郁的砖茶。

喝茶时,对茶的评价主要是从色、香、味来评。色,即水色,以液艳色秀、水底明净为上;味,即滋味,以味醇甘鲜、苦而不涩为妙;香,即香气,以甘香清郁为佳。

有些涉外茶会还应准备咖啡和冷饮。

3. 饮茶礼仪

为客人沏茶前,要先洗手,并洗净茶杯或茶碗。要特别注意茶杯或茶碗有无破损或裂纹,残破的茶杯、茶碗是不能用来待客的。还要注意茶杯、茶碗里有无茶垢,茶垢一定要清洗掉。

沏茶前可事先征求客人意见,询问其是喜欢红茶、绿茶还是花茶。

茶水不要沏得太浓或太淡,每一杯茶宜斟得八成满。正规的饮茶讲究把茶杯放在茶托上,一同敬给客人,杯把要放在左边。若是饮用红茶,可准备好方糖,请客人自取。喝茶时,不允许用茶匙舀着喝,而应直接端起茶杯、茶碗喝。

上茶时可由主人向客人献茶,或由招待人员给客人上茶。主人向客人献茶时,应起立,并用双手把茶杯递给客人,然后说一声"请"。客人亦应起立,以双手接过茶杯,道以"谢谢",不要坐着不动,任主人为自己张罗,添水时亦应如此。

招待人员上茶时,要先给客人上茶,而后再给主人上茶。若客人较多,应先给主宾上茶。上茶的具体步骤是:先把茶盘放在茶几上,从客人右侧递过茶杯,右手拿着茶托,左手轻附在茶托旁边。若茶盘无处可放,应以左手拿着茶盘,用右手递茶,注意不要把手指搭在茶杯边上,要小心不要让茶杯撞在客人手上以致茶水洒客人身上。若妨碍了客人的工作或交谈,招待人员要说一声"对不起",客人则应对招待人员的服务表示感谢。

如果用茶水和点心一同招待客人,应先上点心,点心应给每人上一小盘,或几个人上一大盘。点心盘应用右手从客人的右侧送上,待其用毕,即可从右侧撤下。

不论是主人还是客人,喝茶时只宜小口仔细品尝,切忌大口吞咽、发出声响。遇到漂浮在水面上的茶叶,可用杯盖拂去,或轻轻吹开,不可用手从杯中捞出扔在地上,也不要吃茶叶。

我国旧时有再三请茶作为提醒客人应当告辞的做法,因此在招待老年人或海外华人时要注意,不要一而再、再而三地劝其饮茶。

尽管不少国家有饮茶的习惯,但饮茶的讲究是各不相同的。比如日本人崇尚茶道,将之作为陶冶人的性情的一种艺术,以茶道招待客人重在渲染一种气氛,至于茶则每人小小的一碗,或全体参加者轮流饮一碗茶,不能喝了一碗又一碗,这和我国的饮茶礼节有所不同。

【补充知识7-3】

世界各国的"茶文化"

茶起源于中国,但饮茶并非中国人的专利,事实上,世界上很多的国家都有独具一格的饮茶的习惯,下面来一起看看世界各国的茶文化:

1. 阿根廷:"非茶之茶"马黛茶

去过阿根廷的人都知道,随处都可见到阿根廷马黛茶 YerbaMate,这种平民且普遍的马黛茶是阿根廷的"国宝",在当地语言中,"YerbaMate"就是"仙草""天神赐茶"的意思。

马黛茶本是冬青科的一种多年生木本植物,通常称它为巴拉圭草,树叶翠绿,呈椭圆形。南美人把绿叶和嫩芽采摘下来,经过晾晒、烘烤、发酵和研磨等工序,就制成了芳香可口的阿根廷马黛茶。然而按照我们东方人对茶的理解,阿根廷耶巴马黛茶应该算是"非茶之茶"。

2. 德国:"有花无茶"花果茶

德国是花果茶出口第一大国,主要是用各种花瓣加上苹果、山楂、洛神花、覆盆子、接骨木果、蓝莓、樱桃、葡萄、玫瑰果等果干制成的,再加上向日葵花、矢车菊、紫罗兰、玫瑰等花瓣则作为调色和装饰,里面一片茶叶也没有,可谓真正的"有花无茶"。

3. 泰国:"清凉之茶"——冰茶

泰国人喜欢在茶里加冰,常常在热茶中加入一些小冰块,这样茶很快就冰凉了。在炎热的泰国,冰茶使人凉快舒适。泰国的冰茶可谓多种多样,在杯中放入薄荷或是加上各种各样的新鲜水果汁,都可以调出一杯特别的冰茶。

4. 南非:豆科植物路易波士

南非国宝茶是一种呈针状,被称为"路易波士"。这种茶树的种植条件极为苛刻,只生长在开普敦周围方圆三百公里内的塞德博格地区,茶树的种植需要18个月的时间才可以收割。

5. 斯里兰卡:锡兰红茶

斯里兰卡红茶,又称"锡兰红茶",是世界红茶市场的佼佼者。斯里兰卡是世界上第三大茶叶生产国,仅次于印度和中国。这样一个面积和台湾岛差不多的小岛,茶叶出口量居世界第一位。锡兰红茶被称为"献给世界的礼物"。

8. 加拿大:"茶加乳酪"乳酪茶

加拿大人比较喜欢喝茶,但是他们的泡茶的方法比较特别,先将陶壶烫热,放入一茶匙茶叶,然后以沸水注以其上,沁上七八分钟,再将茶叶倒入另一个壶供饮用,通常还要加入乳酪和糖,因为这个是他们的最爱。

9. 马来西亚:"是汤非茶"肉骨茶

肉骨茶是风靡马来西亚的早餐,其实就是肉骨汤,是马来西亚的美食之一,是一道以猪肉和猪骨配合中药煲成的汤底。肉骨茶主要是选用肉排、猪肚等原料,加党参、当归等十余种中药和香料泡煮,汤汁浓郁,药材浓香不苦形成了肉骨茶,所以肉骨茶并不是茶,因为很多人在吃它的时候配上一杯茶以去油腻,所以有了这样的称呼,再配上特别的五彩紫米,醒神饱肚。

10. 土耳其:"活水"之称苹果茶

在土耳其,人民最青睐的茶叶当属土耳其苹果茶,苹果茶并不是苹果和茶制成的,是果酸粉末调制的,不仅是这一个寒冷的冬天的夜晚流行的饮料,但它就像美味倒在冰,在阳光明媚的夏季消费。

11. 印度人:独特奶香奶茶

印度人在喝茶时要加入牛奶、生姜、豆蔻、肉桂、槟榔等,这样泡出的茶味与众不同,让奶茶更香烈且有益健康。然而他们喝茶方式也十分奇特,把茶斟在盘子里,伸出舌头去舔饮,可谓独具一格。印度奶茶又名焦糖奶茶,印度语叫 Chai。主要是由红茶、牛奶、多种香料以及糖或蜂蜜组成。印度人忌用左手敬茶,认为左手是低下的,不洁的,必须用右手敬茶。

12. 俄罗斯:"因人而异"——花样茶

俄罗斯人先在茶壶里面泡上一壶浓浓的红茶,喝时倒少许在茶杯里,然后冲上开水,根据自己的习惯,因人而异调成浓淡不一的味道,俄罗斯人泡茶,每杯常加柠檬一片,也用果酱代替柠檬的。在冬季时则有时加入甜酒,预防感冒。

【实训项目】 商务宴请准备

1. 实训目标:掌握商务宴请前准备工作的要点。
2. 实训地点:教室。
3. 实训方法:
(1) 学生自选主题,确定宴请的规格、邀请对象及范围。
(2) 确定宴会时间、地点及菜单,准备宴会邀请函。
(3) 拟定讲话稿或祝酒词等。
(4) 学生上台演讲,各位同学进行评价,老师点评。
4. 训练总结:通过训练,我的收获是＿＿＿＿＿＿＿＿＿＿＿。

表 7-4　商务宴请礼仪考核评分标准

	评价项目与内容	标准分	扣分	实得分
准备工作	宴请时间、地点的选择恰当	15		
	宴会主题及菜单设计合理	15		
	邀请对象、邀请函	10		
宴请安排	宴会座位安排恰当	15		
	宴请程序规范	15		
	讲话稿或祝酒词	15		
	宴会服务礼仪	15		
合　计		100		

第八章 国际商务国别礼仪

【实训目标】

1. 通晓和掌握各国商务活动的礼仪规范。
2. 理解和遵守各国的礼仪禁忌。

导入案例

小李刚进公司不久,就得到一次随总经理赴法国进行商务洽谈的机会,他非常兴奋。会谈结束后,法方代表请他们到当地一家知名餐厅用餐。谁知在餐厅门口,小李被侍者拦住了。原来,来此就餐的男士必须穿西服、打领带。而小李在会谈结束后,就把领带解开,留在了饭店客房里。幸好,餐厅借了一打领带供小李挑选,解除了他的尴尬。

案例分析

在法国,很多高档餐厅都对客人的着装提出了要求。男士需着西装、打领带,女士要穿连衣裙或职业套装,不可以穿露趾凉鞋。如果是与外国客户一同进餐,着装要求则更加正式。

第一节 亚洲主要国家商务礼仪

亚洲(英文名为 Asia),全称是亚细亚洲,意思是"太阳升起的地方"。绝大部分地区位于北半球和东半球,是全世界人口最多、人口密度最大的洲。在 18 世纪工业革命开始之前,世界的经济重心在亚洲,大部分人类的技术成就都产生于亚洲,为世界发展做出了巨大贡献。亚洲语言分属于蒙语系汉藏语系、南亚语系、阿尔泰语系、马来-波利尼西亚语系、达罗毗荼语系、闪含语系、印欧语系。亚洲各国和各地区的工业发展水平和结构存在巨大差异,大多数国家工业基础薄弱,农产品加工、轻纺工业和采矿业占主要地位。当前,中国工业发展非常迅速,工业体系较为完整。日本是高度发达的世界经济大国,制造业是国民经济的主要支柱,教育水平居世界前列,传统文化保存较好。印度是世界第二大人口大国,也是世界上发展最快的国家之一,产业结构多元化,涵盖农业、手工艺、纺织业等,近年来服务业增长迅速,已成为全球软件、金融服务的重要出口国。新加坡、泰国、马来西亚是新兴的工业化国家。印度尼西亚和文莱以生产原油为主。多数西亚国家以生产原油和炼油为主,在世界能源中占有重要地位,也是这一地区纷争不断的重要原因。亚洲国家的政体非常复杂,几乎包括了世界上所有形式的政府结构,也是世界热点地区。

按著名学者余秋雨先生的总结,亚洲文化存在三大特征。第一,亚洲文化历史极其悠久,所有的世界性宗教(基督教、佛教、伊斯兰教、印度教等)都诞生于亚洲,四大文明古国中的三个(中国、印度和古巴比伦)都位于亚洲大陆。除此之外,还有希伯来文明、波斯文明、阿拉伯文明、蒙古文明等,都产生过世界性的影响。第二,多元化。亚洲地域广大,地理环境复杂,民族众多,形成了具有奇特性、自足性特点的丰富文化生态,文化的多样性很强,差异很大,几乎没有统一的"亚洲文化"。第三,要争取世界话语权。由于历史原因,亚洲文化缺失了的世界话语,亚洲文化和东方智慧应该得到更好的传播。

一、日本

(一)概况

日本,全称日本国,国名意为"日出之国",位于亚洲东部、太平洋西北部,与朝鲜、韩国、中国、俄罗斯等国隔海相望。领土由北海道、本州、四国、九州四大岛及 7 200 多个小岛组成,总面积 37.8 万平方千米。日本以温带和亚热带季风气候为主,夏季炎热多雨,冬季寒冷干燥,四季分明。全国横跨纬度达 25°,南北气温差异十分显著。日本位于东九区,比北京时间早 1 个小时。亦即北京时间上午 8 时,东京时间为上午 9 时。

日本是仅次于美国和中国的世界第三大经济体,发达的制造业是国民经济的主要支柱。科研、航天、制造业、教育水平居世界前列。此外,以动漫、游戏产业为首的文化产业和发达的旅游业也是其重要象征。

日本为君主立宪国,天皇没有政治实权,但备受民众敬重。日本是世界上唯一一个宪法没有赋予君主任何权力的君主制国家。日本政治体制实行三权分立,立法权归两院制国会,司法权归裁判所即法院,行政权归内阁、地方公共团体及中央省厅。宪法规定国家最高权力机构为日本国会,分为众参两院。

日本的民族构成比较单一,主体民族为大和族,约占 98%,其他民族还有阿依努族和琉球族。通用日语,总人口约 1.27 亿。主要宗教为神道教(简称神道,源于萨满教)和佛教。民间的茶道、花道、书道,历史悠久,极负盛名;武士精神源远流长,崇尚一对一格斗,相扑、空手道、柔道、剑道蓬勃发展;日本在环境保护、资源利用等许多方面堪称典范,其国民素质普遍较高。

日本皇室的家徽"十六瓣八重表菊纹"即菊花纹章被视为国家徽章。国花包括樱花(民间)和菊花(皇室),国鸟是绿雉,国石是水晶。

(二)服饰礼仪

日本人在正式场合特别注重形象,男子需着西服、系领带,女性着套裙。参加各类庆典仪式时,不论天气多么热,都要穿套装或套裙。和服是日本传统民族服装,但目前仅在一些在民间活动时穿着。

(三)会见礼仪

日本人时间观念很强,因此,赴约必须准时,或者稍早一些到达。见面多行鞠躬礼,双脚合拢、直立,两手垂放,弯腰低头,根据礼节轻重程度不同,从一般性行礼到上身成90°的鞠躬。与社会地位比较高的人或长辈见面的时候,要等对方抬头以后才能把头抬起来。年轻一代日本人与外国人会面时,已习惯握手礼。因此,在商务活动场合,如果主人伸出手来,客人就握手;如果主人鞠躬,客人应回以鞠躬礼。

称呼日本人时,不可直呼其名,应使用"先生"、"小姐"、"夫人"或头衔尊称。名片在日本人的商务活动中发挥着非常重要的作用,是衡量商务礼节的重要标准。互赠名片时,双方要先行鞠躬礼,将名片正面朝向对方,双手递送名片。接收名片亦需使用双手。日本人将名片视为个人的代表,因此,接到名片后,要认真阅读,看清对方身份、职务、公司,同时说"见到您很高兴"等话。日本社会的等级非常森严,一个部门内不会有两个头衔相同的人,因此,名片上的头衔能够准确地反映其在公司的地位。交换名片时,要按职位高到职位低的顺序,切不可大意。

(四) 宴会礼仪

日本人经常宴请他们的商业伙伴,一般宴席都设在饭店或者夜总会。出席宴席必须穿着整齐。就餐过程中,通常吃得很慢。切勿将筷子直立插在米饭里(与祭祀仪式中的香烛形似),忌讳使用筷子传递食物(日本僧侣使用筷子将骨灰包传递给家属)。日本人对他们的烹饪艺术非常自豪,因此,如果懂得一些欣赏、品尝日本菜的知识,将会赢得他们的尊重。宴席上,日本人有相互斟酒的习惯,主人斟的头一杯酒一定要接受,否则是失礼的行为。往后如果不愿意喝酒,可以诚恳的婉拒,日本人一般不强迫人饮酒。与西餐礼仪不同的一点是,日本人喝汤时会发出响声,以表示汤食很美味。

(五) 商务谈判礼仪

日本社会等级森严,因此,商务关系中的等级差别与公司的规模、声誉、行业地位等有关,谈判代表双方在性别、年龄、职务等方面应基本一致。与日本人进行商务谈判,通常经历四个阶段:准备阶段、信息交流阶段、说理争辩阶段和达成协议阶段。根据郝夫斯特(Hofstede,1980,1991)的文化维度理论,日本是典型的长期导向社会,因此,在第一次与对方公司的代表见面时,日本人会花很多时间介绍自己公司的发展历史、产品体系、企业组织结构等,并要求对方公司介绍自己的情况,还会陪同参观、设宴招待乃至安排游览活动等。经过漫长的准备阶段之后,才会进入具体的项目洽谈。日本人认为这样的准备工作,有利于双方增进了解,建立友好与互相信任的关系,为谈判的成功和开展长期合作打下基础。因此,初始的准备阶段至关重要。而美国等短期导向文化中的企业,会认为介入那些与生意没有直接关系的活动纯粹是浪费时间。

作为东方国家和高语境文化的典型代表,日本人追求和谐的人际关系,注重认真倾听,不会打断对方说话,也不会直接否定对方的建议或观点。日本企业的谈判代表往往言辞含蓄,眼神、面部表情、手势甚至沉默等非语言沟通方式却可能显示其真实意图。谈判时应注意,不要妄图通过赞扬日本政府或贬低自己政府来博取对方好感。商业竞争使日本人十分敏感,因此,不要在他们面前提及竞争对手,更不要用与别的公司洽谈同一笔生意作为筹码来向他们施压。

日本人在商务谈判中的耐心举世闻名。只要能达成目标,他们愿意花费几个月的时间对待。他们也喜欢通过中间人来发展和建立商业关系,中间人安排双方的第一次会面,如果双方发生争端,由中间人出面调解。

(六) 商务馈赠礼仪

在日本,礼品被称为"精神交流的润滑剂"。日本人认为送礼是表达尊敬、友谊和感谢的重要方式。中国的丝绸、文房四宝、名酒、字画、对笔、工艺品等是非常受欢迎的商务礼品,食物、图书、中药材等是非常受欢迎的私人礼品。但无论商务馈赠还是私人送礼,切忌馈赠刀具、梳子以及绘有狐獾等动物形象以及菊花图案的礼品,也不要送过于昂贵的礼物。日本人对送花有很多忌讳,荷花、仙客来、山茶花、菊花等不宜作为礼物赠送。日本人送礼非常注重包装,但要避免选择红、绿、黑、白四种颜色的包装纸(与文化禁忌有关)。接送礼物要使用双手,并且不能当面打开礼物。

(七) 商务禁忌

除了前文中提到的禁忌之外,4 和 9 是日本人忌讳的数字,因为与日语"死"和"苦"谐音。日本人忌讳紫色和绿色,认为这是悲伤和不祥的颜色。此外,还忌讳三人一起合影,因为中间的人被夹着是不祥的预兆。

二、印度

(一) 概况

印度共和国是南亚次大陆最大国家,东北部与中国接壤,国土面积 298 万平方千米。全境炎热,大部分属于热带季风气候。印度位于东五区,比北京时间晚 2.5 个小时。亦即北京时间上午 8 时,印度时间为上午 5 时 30 分。

印度是金砖四国之一,也是世界上发展最快的国家之一,经济产业多元化,涵盖农业、手工艺、纺织、服务业等,近年来服务业增长迅速,已成为全球软件、金融等服务业重要出口国,拥有丰富的文化遗产和旅游资源。

印度是世界四大文明古国之一,现为英联邦成员国。总统是象征性的国家元首,行政权力由以总理为首的部长会议(即内阁)行使。

印度人口 12.67 亿,仅次于中国,是一个多民族国家,主要民族包括印度斯坦族、泰卢固族、孟加拉族、马拉地族、泰米尔族等。官方语言是印地语和英语。主要宗教包括印度教、伊斯兰教和锡克教。

印度国徽雄狮图案来源于孔雀王朝阿育王石柱顶端的石刻,代表着印度悠久的历史文化。国鸟是蓝孔雀,国树为菩提树,国花是荷花。

(二) 服饰礼仪

印度男性多穿宽松立领长衫,搭配窄脚的长裤,部分地区男性有包头巾的习俗。印度妇女传统服饰是纱丽,色彩、质感和穿裹方式因种族、地区、宗教信仰等不同而有所不同。

在商务场合,职业服装已经趋于西化,男性穿西服打领带,女性穿保守的裙装或长裤套装。在一些要求体现民族特色的正式场合,男子穿"尼赫鲁服",是象征印度民族精神的服装,类似于中国的"中山装"。牛在印度是神物,印度人禁止穿戴皮革制品(包括衣服、腰带、鞋、钱包、手提包等)。

(三)会见礼仪

印度人欣赏守时的行为。见面时,同性之间行握手礼或合十礼,异性之间则应避免身体接触,因此合十礼也是通用的问候方式。摸脚礼和吻脚礼是印度的最高礼节,但在商务场合并不适用。迎接贵宾时,主人会献上花环,套在客人的脖颈上,花环大小视客人的身份而定。

印度人等级观念很强,地位由年纪、学历、世袭等级、职业等决定。他们高度重视头衔,要使用专业头衔称呼对方,或者使用"先生"、"夫人"、"小姐"。交换名片是商务活动中必要的环节,递送英文名片即可,英语是印度的商业语言。

(四)宴会礼仪

在菜式创造和就餐礼仪上,印度已经开始国际化,但仍有一些独特的差异。实行分餐,因此不要残留下剩菜。进餐速度太快或太慢都不适宜,尽量保持和对方相同的速度把菜吃完。就餐时,印度教徒最忌讳在同一个容器里取用食物,也不吃别人接触过的食物。因此,不要把自己盘中的食物递给别人,也不要用手接触公用的餐盘。印度人认为左手不洁净,应使用右手拿食物、礼品和敬茶,不用左手,也不用双手。信奉印度教、锡克教和伊斯兰教的人,忌讳吃牛肉和猪肉,一般不喝酒,有喝茶的习惯,方式是"舔饮"。主人一般会殷勤地为客人布菜,客人不能拒绝。餐后要向主人表示敬意并赞扬食物很好吃,但不要说"谢谢你"。印度人比较喜欢中国的粤菜和苏菜。由于有不少素食主义者,因此,宴请印度商人时,应与对方进行确认。

(五)商务谈判礼仪

与印度政府部门或公司会谈应提前预约,并尽量按时赴约,但不要期望印度人像北美国家的人那样守时。商务谈判往往历时较长,政府部门办事也相当费时。印度属于等级社会,公司的最高层拥有绝对的决策权,应在相互尊重和信任的基础上尽可能建立亲密的私人关系。商业高度私人化,商务洽谈过程中掺杂着大量的好客礼节。在谈判中,通常遵循甘地的谈判方式,即"坚信善良",将对真理的爱与力量组合使用。印度商人习惯讲价,而且讲价时非常有耐心,所以报价不能过低,以便为自己留有余地。印度人喜欢谈论文化成就、印度的传统以及外国人的生活,但忌谈个人私事、贫困状况、印巴关系、军事开支等问题。

宗教信仰在生活中发挥着重要作用,对印度人的生活工作的方方面面产生着深刻的影响。但只要不与宗教和社会结构相冲突,印度人能够以比较开放的心态来接收信息。大多数人的思维方式是联想型的,与高语境文化有相似之处。

由于印度的宗教节日繁多,节日期间可能无法正常开展商务活动,因此,安排行程之前应向对方咨询。

（六）商务馈赠礼仪

印度人喜欢送礼，准备的礼物要有象征意义，不宜太过贵重，最好是具有本国特色的礼物，如中国结。忌送牛皮制成的皮革礼物。印度人不习惯当着送礼者的面拆开礼物，而是放到一边，直到送礼者离开。但如果他们是送礼者，则有可能要求你当面拆开礼物包装，这时应照做并表示对礼物的喜爱。不要用黑色或白色包装纸装饰礼物，应选用绿色、红色或黄色或其他鲜艳的颜色。

（七）商务禁忌

在印度，黑、白、灰三色是消极和不受欢迎的颜色。百合花是悼念用品，弯月图案也被视为不祥。忌讳的数字是1、3、7。和印度人交谈，要回避有关宗教矛盾、印巴关系、工资及两性关系等话题。印度人认为头部是灵魂的寄居之处，因此不要触碰他们的头部，也不要抚摸孩子的头。用手招呼别人的时候应使掌心向下，用手指做出收拢动作，掌心向上招呼别人会被视为一种侮辱。双手叉腰站立、用手指指点、吹口哨以及用脚指向别人，都是粗鲁的行为。

三、韩国

（一）概况

韩国全称大韩民国，位于东亚朝鲜半岛南部，总面积约10万平方千米。韩国国境南北部分属亚热带气候和温带季风气候，海洋性特征显著。韩国位于东九区。

韩国是20国集团（G20）和经合组织（OECD）成员之一，也是亚太经合组织（APEC）和东亚峰会的创始国，亚洲四小龙之一，拥有完善的市场经济制度，钢铁、汽车、造船、电子、纺织等是韩国的支柱产业，科技产业发达。中国是韩国的第一大贸易伙伴、第一大出口目的地和最大的进口来源地。

韩国实行三权分立、依法治国的体制，总统是国家元首和全国武装力量司令，国会是国家立法机构。

韩国总人口约5 042万，主体民族为韩民族，官方语言为韩语（朝鲜语），主要宗教为佛教、基督教、基督新教，儒家文化对韩国影响深远。文学艺术独具特色，韩国人以喜爱音乐和舞蹈著称，戏剧历史悠久，种类繁多，其中假面剧又称"假面舞"，为韩国文化象征，在韩国传统戏剧中占有极为重要的地位。

国徽中央为一朵盛开的木槿花，花朵中央是一幅红蓝阴阳图，象征着国家行政与大自然规律的和谐。木槿花是韩国国花，也称"无穷花"。

（二）服饰礼仪

韩国人非常注重个人形象，十分在意社交场合的穿着打扮。在商务场合，通常都穿西服。韩国人注重衣着，但讲究朴素、整洁、庄重和保守。在传统节日和有特殊意义的日子里，韩国人会穿上传统服装——韩服，服装颜色以白色为主，韩国因之又称"白袍之国"。

（三）会见礼仪

韩国素有"礼仪之邦"的美称，韩国人十分重视礼仪修养。商务会面必须提前预约，守时是基本的准则。韩国人通常安排一对一的会面，见面时男性之间行握手礼或鞠躬礼。与长者握手时，除右手相握外，还要把左手轻置于其右手之上，以示尊重。女性一般不与男性握手，以点头礼或鞠躬礼代替。如果是初次会面，需递送名片，名片分别用英语和汉语印上自己的姓名、公司和职位，这将有助于赢得韩国人的尊重。在称呼上多使用敬语和尊称，不宜直呼名字。交谈时不宜大声喧哗。韩国人认为诚实谦虚是一种美德，因此，对自己在公司的职位和做出的贡献应抱有谦虚的态度，如果受到韩国人的称赞，应礼貌地否认，但对韩国人应不吝赞美之词。

韩国属于等级社会，有严格的等级制度，在韩国文化中，背景和经验很重要，在会谈中，应找机会提及自己的职位、头衔，但要避免表现出傲慢或夸耀。

（四）宴会礼仪

韩国商人一般把晚宴设在餐馆里或酒吧间，晚宴也是谈判活动的一部分。在这样的场合，男子不能携带妻子出席。接受韩国人宴请后，应设法回请一次，并注意他们的饮食习惯。在与韩国人的商务交往中，他们会主动邀请客人参加晚间的娱乐活动。一般来是说，韩国的男子善饮，对烧酒、清酒、啤酒往往来者不拒，妇女则多不饮酒。给长辈倒酒时需用双手，喝酒时应侧身手掩以示敬意。为环保，一般用铁制餐具。餐桌上，筷子只用来夹菜，吃饭、喝汤则使用勺子。

与长者吃饭时不能先动筷，也不可以用筷子对别人指指点点，不能端起饭碗吃饭。吃饭时，不宜高谈阔论，咀嚼的声音尽可能小。如果宴请需盘腿席地而坐，切勿用手摸脚、伸直双腿或是双腿叉开。

（五）商务谈判礼仪

韩国是一个组织严密的社会，如果要与一家韩国公司接触，最好请一位有影响的人物出面做介绍人。韩国的商业文化和谈判行为在很多方面与邻近的中国、日本相似，但韩国商人比中国和日本的同行们更加直接，在谈判中更倾向于直接的表达情绪，也更具有对抗性。但总体上说，他们仍处于高语境文化之中，会尽量避免直接冒犯对方。除了语言交流，非语言的方式在沟通中扮演着重要角色。"点头"不一定表示认可，可能只是表达"也许"或者"我听明白了"；牙缝里吸气、半眯着眼睛或者歪头，可能暗示着听者的否定回答。在商谈过程中，保持目光接触，以显示诚意和尊重。

年龄和职位在韩国很重要，商务谈判团队的成员应与韩方相当，一般来说，谈判代表应当年纪较大并在公司中担任重要职位。谈判桌上，要有足够的耐心，因为重大决策都由公司最高管理层来下达，而他们通常很忙碌，并且韩国公司的办事速度也比较缓慢。韩国人很注重"脸面"，应尽力维护他人的尊严，避免令对方难堪。

与韩国人成功建立业务关系的基础是建立个体间相互尊重的和谐关系，商务拜访结束后继续保持个人联系，这一点非常重要。

（六）商务馈赠礼仪

韩国人拥有强烈的民族自尊心，反对崇洋媚外，倡导使用国货。商务场合通常会互赠礼品，工艺品或者印有公司商标的礼品非常受欢迎。由于历史原因，韩国人对日本非常敏感，因此不要馈赠日本的礼物，也不要提及与日本人的个人关系。收受礼物时，应再三推让后再接受。赠礼者在场时，不应拆看礼物。不要过分夸奖韩国人的某件物品，否则他们会觉得应该把这件物品作为礼物送给你。

（七）商务禁忌

商务交往中，不应与老人、异性或者关系一般的人发生身体接触。切勿用脚接触他人或物体。切勿使用红笔签署合约或写姓名。韩国人忌讳数字"4"，因其发音与"死"相同。

✍【案例分析 8-1】

张达所在公司与韩国乐华株式会社刚刚达成了一项合作协议。为庆祝顺利签约，中方公司高层邀请韩方有关人员两男一女前往酒店用餐，张达也陪同前往。席间，公司高层与韩方人员相谈甚欢，张达插不上话，就自顾自喝了起来。没喝几口，就看到两名韩国业务伙伴正看着他，于是赶紧为他们斟酒，随即又走到韩国女士旁边，准备为她倒酒。但是这位女士用手盖住了酒杯口，并表示自己不宜饮酒。张达却认为对方只是客套，仍然拨开她的手，为她倒了满满一杯酒。结果这位女士面露不悦之色。

请讨论：张达的举止存在哪些不合礼仪规范的地方？

【实训项目一】　亚洲主要国家的商务会面礼仪

1. 实训目标：掌握与日本等国家客商的商务会面礼仪，提高礼仪素养。

2. 实训地点：礼仪实训室。

3. 实训准备：不同场合的男女服饰、名片、摄像机、照相机、投影设备、扩音设备。

4. 实训方法：角色扮演法。教师提供实训背景——接待日本客户。扮演中方接待人员的学生从所提供的服装中，挑选适合的着装。扮演日本客户的学生，应事先了解日本客商的商务习惯。练习见面行礼、名片递送、互相介绍等细节。通过现场演练，进一步掌握与日本人进行商务交往的礼仪和注意事项。教师将学生实训过程录像并播放，请全体学生进行点评。完成一轮演练后，可替换另一个亚洲国家，进行新一轮实训。

5. 训练总结：通过训练，我的收获是＿＿＿＿＿＿＿＿＿＿＿＿＿＿＿＿＿＿＿＿＿＿。

表 8-1 亚洲主要国家的商务会面礼仪

	评价项目与内容	标准分	扣分	实得分
商务会面礼仪	仪容仪表符合商务礼仪规范	10		
	鞠躬或握手动作到位,保持微笑,目光自然	10		
	正确的语言问候,使用恰当的称谓	10		
	相互介绍时称谓恰当,顺序合规,手势正确	15		
	双手递送名片,正面朝向对方	10		
	双手接收名片,仔细阅读名片,妥善存放	10		
	能迅速记住对方姓名与称谓	10		
	会面过程保持良好的仪态	15		
	会面过程声音运用恰当,语言得体	10		
评价	总分	100		

【实训项目二】 亚洲主要国家的商务馈赠礼仪

1. 实训目标:掌握美国等亚洲国家的商务馈赠礼仪,提高礼仪素养。

2. 实训地点:礼仪实训室。

3. 实训准备:各类礼品和包装纸、摄像机、照相机、投影设备、扩音设备。

4. 实训方法:角色扮演法。教师提供实训背景——拜会韩国商业伙伴,并向其赠送礼物。扮演中方商务人员的学生从各类礼品中挑选合适的礼物并进行包装。扮演韩国客户的学生,应事先了解韩国人的商务馈赠礼仪与禁忌。通过挑选和包装礼物、见面、交谈、送(收)礼等过程演练,掌握韩国商务馈赠礼仪要点。教师将学生实训过程录像并播放,请全体学生进行点评。完成一轮演练后,可替换另一个亚洲国家,进行新一轮实训。

5. 训练总结:通过训练,我的收获是_____。

表 8-2 亚洲主要国家的商务馈赠礼仪

	评价项目与内容	标准分	扣分	实得分
商务馈赠礼仪	仪容仪表符合商务礼仪规范	20		
	礼物的选择合乎规范,没有触犯禁忌	20		
	礼品的包装合乎规范,没有触犯禁忌	20		
	递呈礼物时,体态良好,手势正确,表情合宜	25		
	递呈礼物时,使用恰当的语言	15		
评价	总分	100		

第二节 欧洲主要国家商务礼仪

欧洲,也称作"欧罗巴洲"(Europe),位于东半球的西北部,面积世界第六,人口规模世界第三,99%以上人口属欧罗巴人种,是人种比较单一的大洲。欧洲有近 50 个国家和地区。在地理上习惯分为北欧、南欧、西欧、中欧和东欧五个地区。欧洲在推动人类历史进程方面贡献巨大,18 世纪,爆发第一次工业革命,成为当时世界经济中心,奠定了现代文明的基础。其经济发展水平居各大洲之首,工业、交通运输、商业贸易、金融保险等在世界经济中占重要地位。在科学技术的若干领域内也处于世界较领先地位,居民生活水平高,环境以及人类发展指数都位于世界前列。

一、英国

(一) 概况

英国,全称大不列颠及北爱尔兰联合王国(The United Kingdom of Great Britain and Northern Ireland),本土位于欧洲大陆西北面的不列颠群岛,由大不列颠岛上的英格兰、威尔士和苏格兰,爱尔兰岛东北部的北爱尔兰以及一系列附属岛屿共同组成。除本土之外,其还拥有 14 个海外领地。英国属温带海洋性气候,全年温和湿润,四季寒暑变化不大,但天气多变。一日之内,时晴时雨。英国位于格林尼治标准时区即零时区,每年 3 月最后一个星期天至 10 月最后一个星期日采用夏令时。实行夏时制期间,伦敦时间比北京时间晚 7 个小时,非夏时制比北京晚 8 个小时。

英国是世界上第一个工业化国家,世界重要的贸易实体、经济强国以及金融中心,世界第五大经济体系,也是全球最富裕、经济最发达和生活水准最高的国家之一。英国还是欧盟、申根公约和 20 国集团成员、北约创始会员国、联合国安理会五大常任理事国之一。国民拥有较高的生活水平和良好的社会保障制度。英国与世界 80 多个国家和地区有贸易关系,主要贸易对象是欧盟、美国和日本。

英国政体为议会制的君主立宪制,国王是国家元首,但实权在内阁。议会是最高司法和立法机构。

英国总人口超过 6 451 万,以英格兰人(盎格鲁-撒克逊人)为主体民族。英国以英语为主要语言。在英国,每个人都享有宗教自由,多种宗教信仰并存。居民多信奉基督教新教,另有天主教会及伊斯兰教、印度教、锡克教、犹太教和佛教等较大的宗教社团。英国历史悠久,有着深厚的文化底蕴,同时也是礼仪之邦,特别讲究文明礼貌。

英国国徽即英王徽,盾面上左上角和右下角为红底上三只金狮,象征英格兰;右上角为金底上半站立的红狮,象征苏格兰;左下角为蓝底上金黄色竖琴,象征北爱尔兰。盾徽两侧各由一只头戴王冠、代表英格兰的狮子和一只代表苏格兰的独角兽支扶着。盾徽周围是嘉德勋章,用法文写着一句格言,意为"心怀邪念者可耻";下端悬挂饰带上写着"天有上帝,我有权利"。盾徽上端为镶有珠宝的金银色头盔、帝国王冠和头戴王冠的狮子。国花是白心红玫瑰。

(二) 服饰礼仪

英国是"绅士"与"淑女"的国度,特别注重礼仪。在正式场合,英国人的穿着庄重而保守。男士一般要穿二件套的深色西服,但不能佩戴条纹领带;女士穿深色套裙,服装质地一流,不可着暴露的服装。英国人通常会"以貌取人",所以必须非常注意仪容仪表。

（三）会见礼仪

英国每年有许多贸易博览会和展览会，出访的时间最好与对口展览会相一致，以便于了解英国市场和接触英国商人。从事商务活动要避开7、8两个月以及圣诞节和复活节。

拜会或洽谈生意须预先约会。英国人的时间观念很强，约会必须守时，最好提前几分钟到达。如因故延误或临时取消约会，一定要设法通知对方。英国人在与客人初次见面时行握手礼，女子行屈膝礼。如果女士先伸手，男士方可与其握手。忌讳四人交叉式握手。如果男子戴帽子遇见朋友，微微把帽子揭起行"点首礼"。他们不喜欢客户随意称呼名字，应使用荣誉头衔、专业头衔、爵位或"先生"、"夫人"加姓氏尊称，但不会使用商业头衔。问候语使用"How do you do"而不是"Nice to meet you"。英国人交谈时，身体会保持半米以上的距离，目光接触比北美人少。

英国人待人彬彬有礼，很有教养，讲话十分客气，对英国人讲话也要客气，请人办事时说话要委婉，不要使人感到有命令的口吻。英国人很有绅士风度，要时刻遵守"女士优先"的原则，例如为女士开门、在女士进入房间的时候起身迎接。

（四）宴会礼仪

英国的宴请方式多种多样，主要有茶会和宴会。不流行邀对方早餐谈生意；午餐比较简单，对晚餐比较重视，视为正餐。英国商人一般不喜欢在家中宴请客户，商务宴请大都在酒店进行。英国人讨厌浪费，宴会往往比较俭朴。在正式宴会上，需着正装。夏天可以只穿短袖衬衫，不穿西服，但也必须打领带。晚宴一般会边吃边聊，以促进相互了解，一顿晚餐可能要花上好几个小时。用餐以英式西餐或法式西餐为主，习惯左手拿餐叉，右手用餐刀。在正式宴会上尽量避免一次性把食物全部切好后，以右手拿餐叉吃，也不要把餐叉从左手换到右手。席间不布菜也不劝酒，全凭客人的兴趣取用。宴会上一般不准吸烟。要将取用的菜吃光才礼貌。受到款待一定要致谢，事后应致函表示谢意。英国人偏爱甜、酸、微辣口味，喜爱饮酒和饮茶，尤其是加糖的浓红茶。喜欢中国的川菜和粤菜。忌用味精调味，也不吃狗肉。

（五）商务谈判礼仪

同英国人谈生意，讲究谈判的方法和策略是很重要的。重要的业务谈判，要与公司的决策人物，如董事长、总经理商谈。英国商人谈生意态度保守谨慎，不喜欢硬碰硬地讨价还价。除了重要谈判，他们希望谈一、两次便有结果，有时还利用午餐时间讨论业务。相对于长期合作而言，他们更关注短期收益。在商谈中讲究礼节，保持矜持，不过分流露感情，因此和英国人谈生意，要仪表整洁，谈吐文雅，举止端庄。

英国商人在商谈中既保守又多变，有时在谈判会突然改变主意，应抓住时机，及时签约。

（六）商务馈赠礼仪

向英国客户赠送小礼品能增加友谊，但并非必须。不宜送过于贵重的礼品，以免被误认为贿赂。适宜的礼品一般有高级巧克力、名酒、鲜花以及具有民族特色的工艺品，但不宜赠送印有自己公司标记的礼品。英国人习惯当面打开礼品,并热情赞扬表示谢意。

英国人在送礼时十分看重礼品的包装,习惯用包装纸和丝带包扎。赠礼的方式一般以面交为好。圣诞节、新年和对方的生日,寄上一张贺卡也将会加强双方的友好合作关系,可以促成生意。

（七）商务禁忌

由于宗教的原因,英国人非常忌讳"13"和星期五,尤其是 13 日恰逢星期五,非常不吉利。不要直接使用"英国人"这样的称呼,而应称他们为"大不列颠"人。同样的,交谈中要尽可能使用"British"而不是"English"。忌谈婚否、年龄、职业、收入、政治、宗教等话题,也不要批评长辈和身份高的人,不要讥笑讽刺他人。手背朝外、用食指和中指表示"V"形手势,是蔑视别人的一种敌意做法。用手捂着嘴笑的动作是"嘲笑"人。

英国人认为墨绿色和紫色不吉祥,也不喜欢红色,忌讳白色大象和山羊图案,讨厌孔雀,把百合花看作是死亡的象征,并认为看到黑猫会遭遇不幸。菊花在任何欧洲国家都只用于万圣节或葬礼,一般不宜送人。他们喜欢熊猫图案、马蹄铁。

二、德国

（一）概况

德国全称德意志联邦共和国（英文名为 The Federal Republic of Germany）,位于欧洲中部,领土面积约 35.7 万平方公里。以温带气候为主。德国位于东一区,每年 3 月最后一个星期天至 10 月最后一个星期日采用夏令时。实行夏时制期间,柏林时间比北京时间晚 6 个小时,非夏时制比北京晚 7 个小时。

德国是联邦议会共和制国家,欧洲最大的经济体,欧盟和欧元区的创始成员之一,北约、申根公约、20 国集团成员。德国国内生产总值位列全球第四,是世界最大的资本输出国、第三大出口国以及最大的汽车生产国之一。德国产品以品质精良著称,并以其服务周到、交货准时而享誉世界。中国是德国在亚洲最重要的经济伙伴,德国是中国在欧洲最重要的贸易伙伴。

德国总人口约 8 089 万,是欧盟人口最多、人口密度最高的国家之一,以德意志人为主体,有少数丹麦人和索布人,通用德语。居民中近三成信奉基督教新教,近三成信奉天主教。德国的社会保障制度完善,国民生活水平极高。其基础科学和应用研究发达。

德国国徽以金色盾牌为背景,背景上是一只黑色的雄鹰,雄鹰的喙和两爪为红色,是至高无上的皇权的象征。德国国花是矢车菊,象征日耳曼民族爱国、乐观、顽强、俭朴的特征。

（二）服饰礼仪

德国商业场合的着装十分保守,男士着深色三件套西装,系稳重色调的领带,穿深色鞋袜;女士穿过膝套裙或连衣裙,化淡妆,佩戴的首饰不超过三件。女士在商务场合不能穿低胸、紧身、透明的上装和短裙。即便在炎热的夏天,他们也穿戴整齐。观赏戏剧、音乐会等场合,需穿着晚礼服。德国人对发型较为重视,不宜剃光头。

(三)会见礼仪

德国人时间观念很强,就连公共汽车都有时刻表。拜访德国客户一定要提前预约,准时赴约。如果不能准时到达,一定要提前打电话告知对方。交谈时尽量说德语,或配备翻译。见面行握手礼,握手的力度较法国人要大,时间要长,同时要坦然地注视对方。德国人非常重视称呼,切勿直呼其名,应使用"先生"、"女士"等尊称,要经常使用"您"的尊称,"你"则表示地位平等、关系密切。切忌四个人交叉握手,或在交际场合进行交叉谈话。德国的乡村生活、业余爱好、体育运动等是不错的闲谈话题。

(四)宴会礼仪

在德国,商务午餐非常普遍。宴会一般会提前邀约,应按时赴宴。用餐前后可以讨论业务,但用餐时不宜谈论。德国人讲究餐具的质量和齐备,桌上通常摆满盘子、刀叉和酒杯,不同的酒要使用不同的杯子,吃鱼用的刀叉不得用来吃肉或奶酪,而且吃鱼的时候不能交谈。盘中不宜堆积过多的食物,进餐时要始终使用餐具,不能用手抓食。他们偏爱甜、酸口味,非常喜欢吃中餐,尤爱鲁菜和淮扬菜。忌食核桃,也不喜欢吃油腻或辛辣的菜肴。德国人喜欢喝酒,尤其爱喝啤酒,但席间不劝酒。在接受款待之后几天内,应送上表示感谢的短柬。

(五)商务谈判礼仪

德国人非常注重规则和纪律,商务谈判亦是如此。他们珍视时间,讲究效率,喜欢单刀直入,不喜欢拖拖拉拉,推崇理性思维,谨慎而稳重。他们在谈判之前会进行充分的准备,不仅对产品进行研究,还会对公司的信誉、资金状况、管理状况、生产能力等进行仔细分析。德国人很善于商业谈判,他们会认真研究、仔细推敲合同中的各项具体条款,不轻易向对手作较大的让步。重视商业信誉,一旦签订合同,很少出现毁约行为。此外,德国人在个人交往上也十分严肃正统。

(六)商务馈赠礼仪

与德国人初次会面,一般不送礼物。如果送礼,不宜过于贵重,但应保证质量上乘,可选择具有民族特色和文化品位的礼品,但不要带有明显的公司标志。不宜选择刀、剑、剪、餐刀和餐叉作为礼物。德国人对礼品的包装很讲究,忌用白色、黑色或褐色的包装纸和彩带包装礼品。不能在礼品中放自己的名片。

(七)商务禁忌

由于宗教信仰,德国人厌恶"13"和"星期五"。不宜送玫瑰或蔷薇(前者表示求爱,后者用于悼亡)。与德国人交谈时,不宜涉及纳粹、宗教、政党以及东德和西德等敏感话题,也不宜过问年龄、工资、婚姻状况等私人问题。德国人不喜欢听恭维话,也不喜欢向人炫耀关系。德国人认为在公共场合窃窃私语是十分无礼的。

三、法国

(一)概况

法国全称法兰西共和国(英文名称为 the French Republic),本土面积 54.4 万平方千米,是西欧面积最大的国家。海外领土包括南美洲和南太平洋的部分地区。包括海外领土面积为 632 834 平方公里。本土东部和中部地区属大陆性气候,西部属海洋性温带阔叶林气候,南部属亚热带地中海气候。法国位于东一区,每年 3 月最后一个星期天至 10 月最后一个星期日采用夏令时。实行夏时制期间,巴黎时间比北京时间晚 6 个小时,非夏时制比北京晚 7 个小时。

法国是世界主要发达国家之一,联合国安理会五大常任理事国之一,欧盟和北约的创始会员国、申根公约和 20 国集团成员国,是欧洲大陆主要的政治实体和四大经济体之一,国内生产总值位居世界第五,是仅次于美国的世界第二大农产品出口国。第三产业在法国经济中所占比重逐年上升,服务业从业人员约占总劳动力的 70%。法国是世界贸易大国,外贸进出口总额排名世界第五。法国是中国在欧盟的第四大贸易伙伴。法国在中国的投资主要集中在能源、汽车、化工、轻工、食品等领域,中国在法国的投资主要集中在家电、旅游、化工等领域。近年来双方不断拓展科技交流、环境保护、和平利用核能、卫生医学科学合作、和平利用空间等方面的合作。

法国全国总人口 6 620 万,通用法语。64% 的居民信奉天主教,近三成居民声称无宗教信仰,其他居民信奉伊斯兰教、基督教新教、犹太教。法国由多民族混合构成,主体为法兰西民族。国民拥有较高的生活水平和良好的社会保障制度。在漫长的历史中,法国产生了对人类发展影响深远的著名文学家、思想家和艺术家,还拥有全球第四多的世界遗产。

法国没有正式国徽,但传统上采用大革命时期的纹章作为国家标志。纹章为椭圆形,上绘古罗马高级执法官的权标——束棒,两侧饰有橄榄枝和橡树枝叶,其间缠绕的饰带上用法文写着"自由、平等、博爱"。国花是鸢尾花。

(二)服饰礼仪

法国人对服饰非常讲究,在正式场合,通常穿深色西装、套裙或连衣裙,质地要好。如果出席庆典仪式,男士穿燕尾服、佩戴领结,或是黑色西装套装;女士多穿连衣裙式的单色礼服。法国人注重服饰的搭配,选择发型、手袋、帽子、鞋子、手表、眼镜时,都十分强调要使之与自己着装协调一致。

(三)会见礼仪

与法国人进行商务会谈,须事先预约并准时赴约,但是法国人自己很可能会迟到,并会准备一大堆迟到的理由。在正式宴会上,主客的身份越高就可能来得越迟,对此应有心理准备。法国人喜欢度假,整个 8 月份几乎全国都在度假,应尽可能避免在这一时期访问法国。圣诞节和复活节前后两周也不宜拜访。

法国人生性浪漫,但法国商人往往比较保守和拘礼。见面时,一般行握手礼,异性之间握手要等女士先伸手。离开时也要握手。法国人握手的力度不像美国人那么有力,轻轻地上下晃动两下即可。本国男女之间或女士之间见面乃至男性之间行贴面礼和亲吻礼。在一定社会阶层中"吻手礼"也颇为流行。初次见面一定要保持高度的礼貌,在交谈过程中始终使用头衔或"先生"或"女士"的尊称。名片应使用母语加法语双语印刷,以显示你的尊重。法国人非常健谈并且喜欢健谈的人,他们有很强的民族自尊心和自豪感,喜欢与会讲法语的人交谈。交谈时他们习惯于频繁的目光交流,并用手势来表达或强调自己的意思,但他们的手势与我们的有所不同。

(四)宴会礼仪

法国是世界三大烹饪王国之一,在西餐之中,法国菜最为讲究,注重菜肴的色、香、味、形,对烹调技术极为重视,尤为偏重于菜品的鲜嫩程度。重视菜肴和酒的搭配,不同的酒要配不同的杯子,饭前一般喝甜酒作为"开胃酒",吃肉时配红葡萄酒,吃海味时配白葡萄酒或玫瑰酒,饭后是带甜味的"消化酒"。干酪是法国人餐桌上的主要食品之一。法国人非常喜欢中国菜肴。

工作宴会通常都在饭店进行,个人不要迟到。工作宴会或商务性饭局往往很正式,而且要耗费数小时。用餐时,要将手放在桌面上,不能用手抓取食物。虽然法国人不劝酒,但如果酒杯空了,他们会不断地给你续满。如果不想继续喝了,就留一点酒在杯子里。用餐时,不宜谈论公务,但当甜点上完之后,则可以探讨合作事宜。聚餐时,男女通常间隔而坐,女士要表现的落落大方。

(五)商务谈判礼仪

法国人以讲法语为荣,即使英语讲得很好,也会要求使用法语进行谈判,而且很少让步,除非是在法国以外的地方谈判并且在商业上对你有所求。法国商人生性比较保守,因此谈判过程一定要表现出专业和谨慎的态度,并且一定要有耐心,不要催促他们做决定。只有经过反复而详细的讨论之后,高层人士才会做出决策。但他们对合同的具体条款却可能朝令夕改,变数很多。所以一定要用书面文字相互确认,明确所有细节,即使签约之后,也要一再地确认。如果合约对他们有利,他们会要求双方严格遵守协议,但如果发现合约对他们不利,他们就会要求修改条款,甚至撕毁合约。与法国人进行商务谈判的过程中,可以聊一些关于社会新闻或文化艺术方面的话题,创造良好的气氛,有利于合作的开展。在谈话中,打断对方并非不礼貌的表现,很可能是对话题很感兴趣,同样,你也不要害怕打断对方说话。法国人虽然健谈,但要想和他们建立友好关系却需要付出长期的努力,这种关系一旦建立,他们会是很好的合作伙伴。

(六)商务馈赠礼仪

与法国人初次见面一般无须送礼。赠送礼品,宜选具有艺术品位和纪念意义的礼品,CD、艺术画册、名人传记等都是不错的选择,但不宜送刀、剑、剪、餐具以及带有明显广告标志的礼物。如果送法国人鲜花,应注意花的支数应为单数(避开"1"和"13"),菊花不宜送人,玫瑰花不可送给已婚妇女。男士不宜送女士香水、化妆品。接收礼物后,要当着送礼者面打开包装欣赏并表示感谢。

（七）商务禁忌

法国人大多信奉天主教，忌讳"13"、"星期五"。忌讳黄色和墨绿色，视孔雀为祸鸟，仙鹤是蠢汉和淫妇的象征，视菊花为丧花，认为核桃、杜鹃花、纸花也是不吉利的。要回避个人问题、政治倾向、工资待遇之类的话题。

四、俄罗斯

（一）概况

俄罗斯全称俄罗斯联邦（英文名 The Russian Federation），是联邦共和立宪制国家。地跨欧亚两大洲，国土面积为 1 707.54 万平方千米，是世界上面积最大的国家。大部分地区处于北温带，气候多样，以温带大陆性气候为主，北极圈以北属于寒带气候。俄罗斯位于东三区，莫斯科时间比北京时间晚 5 个小时。

俄罗斯工业、科技基础雄厚，航空航天、核工业具有世界先进水平。俄罗斯是有较大影响力的强国，联合国安全理事会五大常任理事国之一，20 国集团成员和金砖国家之一。其军工实力雄厚，特别是航空航天技术，居世界前列。目前，中国已经成为俄罗斯第三大贸易伙伴，俄罗斯是中国的第八大贸易伙伴。

俄罗斯总人口 1.44 亿，民族成分复杂，共有 193 个民族，其中俄罗斯族占 79.82%。俄语是官方语言。居民多信奉东正教，其次为伊斯兰教。国徽主体为双头鹰图案，国花为向日葵。

（二）服饰礼仪

俄罗斯人大都注重服饰，讲求仪表。在特殊的场合，俄罗斯人会穿上民族服装。商业交往时宜穿庄重、保守的西服，颜色方面俄罗斯人偏爱灰色、青色。在他们看来，衣着是否考究，不仅是身份的体现，还是彼此合作是否重要的主要判断标志之一。

（三）会见礼仪

与俄罗斯客商会面，一般需要提前预约。他们的时间观念很强，要准时赴约。初次见面，俄罗斯人一般行握手礼。告别时也要握手。亲朋好友间常用亲吻和拥抱礼。

俄罗斯的很多公共场合、办公大楼都设有衣帽间，应将外套存放在衣帽间，不宜身着外套进入剧院、办公室等场所。如果应邀到俄罗斯人家做客，进屋后应先脱衣帽，向女主人问好，再向男主人和其他人问好。男士吸烟，要先征得女士们的同意。

俄罗斯商人初次交往时，往往非常认真、客气。他们非常看重名片，一般不会轻易递送自己的名片。俄罗斯人通常会向贵宾献上"面包和盐"，这是一种极高的礼遇，应该欣然笑纳。俄罗斯人非常看重社会地位，对有职务、头衔人，最好以其职务或头衔相称，也可采用"先生"、"小姐"、"夫人"之类的称呼。俄罗斯人非常注重礼貌礼节，相互常称呼"您"。

（四）宴会礼仪

饮食方面，一般以吃俄式西餐为主，讲究量大实惠、油大味厚，偏爱酸、辣、咸味，喜爱炸、煎、烤、炒的食物，尤其爱吃冷菜。俄罗斯人善饮，最爱喝本国的烈酒伏特加。用餐时，多用刀叉和盘子。忌讳用餐发出声响。参加俄罗斯人的宴请时，应对其菜肴加以赞美，并且尽量多吃一些。俄罗斯人将手放在喉部表示已经吃饱。他们喜爱中国的川菜、粤菜和湘菜，但一般不吃乌贼、海参、海蜇、木耳等食品。

（五）商务谈判礼仪

俄罗斯人固守传统，习惯于按计划行事，谨慎而缺乏灵活性。政府部门办事流程复杂，需要很多审批环节。谈判节奏缓慢，过程漫长。但他们十分注重建立长期关系，尤其是私人关系。

俄罗斯人的谈判能力很强，特别重视谈判项目中的技术内容和索赔条款，可能会在技术问题上进行反复大量的商谈，对此要有充分的准备。俄罗斯人非常谨慎，很注意合同内容的精确程度，因此不要轻易承诺某些不能做到的内容。他们对价格非常敏感，而且讨价还价的能力很强，总希望用最低的价格买到最有用的产品和技术。因此在报价的时候应留有余地。在进行商业谈判时，俄罗斯人对合作方的举止细节很在意，不要做一些有失庄重的小动作。

（六）商务馈赠礼仪

与俄罗斯人初次见面一般不送礼。俄罗斯人认为礼物不在重而在于别致，具有中国特色的小工艺品，如折扇、围巾、丝织手帕、双面绣、景泰蓝制品等，是非常不错的选择。太过贵重的礼物会被认为是有所企图。如果应邀到俄罗斯人家中做客，可以带上白酒、香槟酒或蛋糕等，并为女主人送上一束鲜花，如玫瑰、石竹、水仙等。按俄罗斯人的习俗，除非祭奠鲜花使用双数，正常赠送鲜花的朵数只能是单数。

（七）商务禁忌

俄罗斯人认为"左凶右吉"，忌讳以左手接触别人，或递送物品。美国人习惯使用的ok的手势，在俄罗斯是粗俗的动作。俄罗斯人对盐十分崇拜，认为盐具有驱邪除灾的力量。如果不慎打翻了盐罐，或是将盐撒在地上，被视作家庭不和的预兆。他们讨厌兔子和猫。忌讳黑色。俄罗斯人认为镜子是神圣的物品，打碎镜子意味着灵魂的毁灭。但是如果打碎杯、碟、盘则意味着富贵和幸福，因此在喜筵、寿筵和其他隆重的场合，会特意打碎一些碟盘表示庆贺。信奉天主教的人忌讳数字"13"。

【实训项目】

1. 实训目标：掌握法国等有关国家的商务宴请礼仪，提高礼仪素养。
2. 实训地点：礼仪实训室。
3. 实训准备：不同场合的男女服饰、餐厅服务员制服、餐桌椅、全套西餐餐具、西餐餐点、葡萄酒、摄像机、照相机、投影设备、扩音设备。
4. 实训方法：角色扮演法。教师提供实训背景——受法国客户邀请，前往法国餐厅用餐。扮演中方商务人员的学生从所提供的服装中,挑选适合的着装,准备赴约。扮演法国客户的学生,应事先了解法国人的商务习惯,从所提供的服装中,挑选适合的着装,准备迎接中方商务人员。扮演法国餐厅侍应生的学生,穿着制服,迎候宾客。通过见面、打招呼、迎宾、入座、点餐、用餐等过程演练,巩固法国商务宴请的有关礼仪和注意事项,同时巩固宴会服务礼仪。教师将学生实训过程录像并播放,请全体学生进行点评。完成一轮演练后,可将法国替换成英国、德国、俄罗斯等其他欧洲国家,进行新一轮实训。

5. 训练总结:通过训练,我的收获是_____。

表8-3　商务宴请礼仪(一)

	评价项目与内容	标准分	扣分	实得分
商务宴请礼仪(法方主人)	仪容仪表符合商务礼仪规范	10		
	迎接并招呼客人入座,仪态良好,表情合宜,语言得体	10		
	座位安排得当	10		
	点餐过程中,菜品、酒水搭配适宜	10		
	用餐过程中,餐具使用得当	10		
	用餐过程仪态良好,举止得当	10		
	作为主人,能给予客人必要的协助	10		
	用餐过程中,宾主交流愉快	10		
	恰当运用"女士优先"原则	10		
	对服务人员保持应有的礼节礼貌	10		
评价	总分	100		

表8-4　商务宴会礼仪(二)

	评价项目与内容	标准分	扣分	实得分
商务宴会礼仪(中方宾客)	仪容仪表符合商务礼仪规范	10		
	与主人见面并相互招呼,举止得当	10		
	在主人的安排下入座,仪态良好,表情合宜,语言得体	10		
	掌握西餐常识,点餐过程中,菜品、酒水搭配适宜	15		
	用餐过程中,餐具使用得当	15		
	用餐过程仪态良好,举止得当	10		
	用餐过程中,宾主交流愉快	10		
	恰当运用"女士优先"原则	10		
	对服务人员保持应有的礼节礼貌	10		
评价	总分			

表8-5　商务宴会礼仪(三)

评价项目与内容		标准分	扣分	实得分
商务宴会礼仪(服务)	着装整齐,微笑服务,态度殷勤	10		
	亲切礼貌地问候来宾,将其引领到预定的座位	10		
	按先主后宾、女士优先的原则依次将菜单送至每位宾客手中,礼貌地请宾客阅读菜单	10		
	为宾客提供必要的信息和建议,适度推销	10		
	根据宾客订单重新摆换餐具	10		
	酒水服务中,示酒、开酒、品酒、斟酒服务符合规范,不滴不撒,不少不溢;用餐过程中随时观察宾客续酒需求	15		
	菜品服务过程中,优雅有序,动作正确熟练	15		
	根据菜品顺序,随时掌握好撤盘和更换餐具的时机,及时有序撤换餐具,且不打扰宾客用餐	10		
	随时巡台,及时提供优质服务	10		
评价	总分	100		

✍【案例分析8-2】

　　苏州某公司接待了一个德国商务访问团,在安排客人游览苏州美景后,公司向客人赠送了苏州特产丝绸手帕。但陪同人员很快发现,原本兴致勃勃的德国客人变得沉默,有些客人甚至面露怒色。陪同人员打开手帕包装一看,是菊花刺绣图案,立即明白发生了什么。

　　请讨论:德国客人情绪变化的原因是什么? 从中应吸取什么经验教训?

第三节　北美主要国家商务礼仪

　　由于历史原因,美洲存在自然地理学和政治地理学两个概念,从自然地理学角度,美洲分为北美洲和南美洲;从政治地理学角度,美洲分为北美和拉丁美洲。在此,我们采用"北美"的概念,介绍最主要的两个国家——美国和加拿大的商务礼仪,并将在下一节介绍拉丁美洲主要国家。

一、美国

(一) 概况

美国全称美利坚合众国,由华盛顿哥伦比亚特区、50 个州和关岛等众多海外领土组成的联邦共和立宪制国家。国土面积 963 万平方千米,其主体部分位于北美洲中部,大部分地区属于大陆性气候,南部属亚热带气候。美国横跨西五区至西十区,共六个时区,每个时区对应一个标准时间,首都华盛顿位于西五区。每年 3 月第二个周日开始至 11 月第一个周日实行夏令时。实行夏时制期间,华盛顿时间比北京时间晚 12 个小时,非夏时制比北京晚 13 个小时。

美国是当今世界上唯一的超级大国,其政治、经济、军事、文化、创新等实力领衔全球。现代市场经济高度发达,是世界第一经济强国。在其经济体系内,企业和私营机构做主要的微观经济决策,政府在国内经济生活中的角色较为次要,政府对商业的管制也低于其他发达国家。美国是世界上第一大进口国和第三大出口国,主要货物贸易伙伴有加拿大、中国、墨西哥、日本和德国等。

美国人口约 3.2 亿,通用英语。白人占 80%(包括拉美裔白人),其余分别为非洲裔、亚裔等。51.3% 的居民信奉基督教新教,其他居民信奉天主教、犹太教等,4% 的居民不属于任何教派。美国的人类发展指数极高(2013 年为 0.937),仅次于挪威和澳大利亚。

美国的国徽主体为一只胸前带有盾形图案的白头海雕(秃鹰)。白头海雕是美国的国鸟,它是力量、勇气、自由和不朽的象征。国花为玫瑰花,象征着美丽、芬芳、热忱和爱情。

(二) 服饰礼仪

总体而言,美国人日常穿着崇尚自然随意,但非常注重服装的整洁,讲究着装体现个性。在商务场合,一般穿着正式的职业服装,并且服装的质地应较好。拜访美国人时,进门后最好脱下帽子和外套。女性不穿黑皮裙,且不可在男士面前脱下自己的鞋子。此外,在大庭广众化妆或补妆会被认为缺乏教养,商务场合女士切忌浓妆艳抹。

(三) 会见礼仪

商务会见一般需提前预约。美国人有高度的时间观念,一定要准时赴约,如果遭遇堵车等情况耽误行程,一定要打电话通知对方。

美国人书写日期的方法较为独特,为月、日、年(2016 年 5 月 10 日写作 5/10/2016),与中国的习惯不同(2016 年 5 月 10 日写作 2016/5/10/),也与欧洲和南美国家的习惯完全不同,后两者是日、月、年(2016 年 5 月 10 日写作 10/5/2016),在商务信函中,必须与对方进行确认。

美国人在称呼对方时,比较喜欢对方直呼其名,正式头衔一般只用于法官、军官、医生、教授等,但绝少使用"××局长"或"××经理"这样的称呼。商务人士一般都备有名片,但只会向需要继续保持联系的人递送名片,而且很可能会将你的名片放入他们的钱包,再放进裤子后面的口袋。

商务活动中,不论男女见面时一般都相互握手,但与女性握手时最好让对方采取主动。彼此很熟悉的女性之间、男女之间也行贴面礼。在社交场合,美国人喜欢主动跟别人打招呼并且攀谈。但美国人十分讲究"个人空间",因此交谈时,双方应保持一定的身体距离,一般在 1.2 米~1.5 米之间。

美国人崇尚男女平等,所以在商务场合一般没有性别差异,但"女士优先"始终是一条受欢迎的准则。

(四)宴会礼仪

美国商界流行早餐与午餐约会谈判。一旦答应对方参加宴会,一定要准时赴宴。如遇特殊情况不能准时赴约,一定要打电话通知主人。

就餐时,应从桌子的左侧入座,身体要端正,手肘不能放在餐桌上,也不能跷二郎腿。用餐遵循一般的西餐礼仪原则。美国人习惯于饮用啤酒、葡萄酒、果酒等,商务宴请中不会劝酒。美国社会有付小费的习惯,用餐后一般需付小费或加收 15% 的服务费。

(五)商务谈判礼仪

美国人注重实效,谈判风格比较直接,委婉、含蓄、模糊的方式会影响谈判效果。谈判通常直入主题,并且对每一项内容都明确表态。美国人的法律意识很强,因此谈判中要注意推敲每一项条款,以免引起法律纠纷。

美国人具有很强的文化优越感,善于分析问题,能在极短的时间内总结和概括概念。创新能力强。美国是普遍主义倾向的社会,企业经营必须无条件服从普遍规则。

谈判中,美国人根据积累的客观实际提出观点,主观情感很少影响其观点。

美国人有很强的职业道德,业务处理速度非常迅速。竞争是生活的法则。

(六)商务馈赠礼仪

由于国的税务法规定,如果赠送礼物的价值高于 25 美元,就要缴税,因此美国送礼文化并不发达。如果与对方尚不熟悉,则不需要送礼。应邀赴宴时,苏格兰威士忌、高档英国茶叶、传统的英国食物、巧克力等都比较受欢迎。收到礼物后,他们习惯于当面打开欣赏,并致谢。

(七)商务禁忌

美国人忌讳"13"、"星期五"、"3",这与宗教信仰有关。忌讳黑色,也不太喜欢红色。此外,不喜欢镰刀、锤子之类的图案。

他们不喜欢谈论个人私事,特别忌谈如年龄、收入、婚姻、信仰、堕胎、物品价格、种族问题以及肥胖等。普通的话题有旅游、美食、体育、音乐、电影等。

美国有很多公共场所禁止吸烟,或设有专门的吸烟室。吸烟前,应询问别人是否介意。美国人普遍认为"狗是人类最忠实的朋友",因此也不吃狗肉,并且厌恶食用狗肉的人。

在美国定居的犹太人非常多,因此须注意当地的犹太人节日,复活节与圣诞节前后一般不进行商务活动,不宜前往拜访。

二、加拿大

(一) 概况

加拿大,位于北美洲最北端,南方与美国本土接壤,领土面积998万平方千米,位居世界第二,国土大部分位于北极圈之内,大部分地区属大陆性温带针叶林气候,四季分明。加拿大共分六个时区,首都渥太华位于西五区,加拿大夏令时制与美国相同。

加拿大拥有丰富的自然资源和高度发达的科技,是世界上社会最富裕、经济最发达、生活品质最高的国家之一,是20国集团、北约、联合国、世界贸易组织等国际组织的成员国。

加拿大是英联邦国家之一,实行联邦制、君主立宪制及议会制。

加拿大是典型的移民国家,总人口约为3 554万人,主要为英、法和其他欧洲国家后裔,土著居民(印第安人、米提人和因纽特人)约占3%,其余为亚洲、拉美、非洲裔等。官方语言为英语和法语,是典型的双语国家。主要宗教是基督新教和天主教。

加拿大国徽为盾徽。盾面下部为一枝三片枫叶,上部由三头金色的狮子、一头直立的红狮、一把竖琴和三朵百合花构成,分别象征加拿大在历史上与英格兰、苏格兰、爱尔兰和法国之间的联系。红枫叶既是加拿大民族的象征,也表示对第一次世界大战期间加拿大的牺牲者的悼念。

(二) 服饰礼仪

在加拿大,穿着的原则是舒适,美观,大方,并根据具体场合变化而有所不同。例如出席婚礼或正式宴会,男性一般穿深色西装、打领结,女士穿样式庄重的衣裙。如是非正式的宴会,男子可穿不同颜色的上装和长裤,女士着整套衣裙即可,服装颜色不宜太显眼,款式不能过于奇异。

(三) 会见礼仪

加拿大人友善、随和,讲礼貌但不拘泥于繁文缛节。见面一般行握手礼,且见面打招呼、相互介绍、道别的时候都会行握手礼,握手坚实有力。亲朋好友之间行亲吻礼和拥抱礼。

与美国相似,大多数加拿大人的时间观念很强,无论公事还是私事都要事先预约,按时赴约。在法语区,时间观念略为宽松随意,但作为一名外国人,仍应保持守时。加拿大的日期书写时间为日、月、年。

会面相互介绍时,一般遵循先少后长、先高后低、先宾后主的次序。在正式场合,应连名带姓进行介绍,双方都应站起来,面带笑容,友好地正视对方。初次见面,应使用头衔加姓氏的称呼方式,直到被告知可以使用其他方式称呼。在社交场合,加拿大人非常注重体态,举止优雅,交谈时会保持一定的距离。加拿大人喜欢别人赞美他的服饰或请教一些关于加拿大的风俗习惯、旅游胜地方面的问题。但交谈中不宜询问对方的年龄、收入和私生活。

作为一个移民国家,礼仪风俗上存在某些差别,最好的办法是客随主便。

(四)宴会礼仪

加拿大人拥有丰富的夜生活,多在饭店或夜总会举行活动。最常见的是自助冷餐宴会。宴会中不宜谈及生意。加拿大有禁烟和控烟的规定,宴会上一般不设烟酒,也不会劝酒。吃东西时不要发出太大的声音,嚼东西不要张开嘴等。如果宴请加拿大客户赴宴,则应避忌请他们吃辣味、怪味或腥味的食物,以及动物内脏和脚爪。

(五)商务谈判礼仪

商务谈判风格与美国较为相似,但工作节奏略为缓慢,比较保守,态度谨慎,注重细节。如果与法语区的加拿大人进行商务往来,则应准备英法两种语言的文件,但在谈话中不要把加拿大分成讲法语和讲英语的两个国家。谈判过程中要集中精力,不要心不在焉、东张西望或打断别人讲话。

(六)商务馈赠礼仪

商务活动中赠送礼品,不宜贵重,最好选择具有民族特色的、精致的工艺品。礼物要用礼品纸包好,附带一张写有对方和送礼人姓名的卡片。赴宴前,应询问主人是否可以携带礼物出席宴会,或根据邀请卡上的提示安排。他们会当面拆开并欣赏礼物。

(七)商务禁忌

加拿大人以自己的国家为自豪,反对与美国做言过其实的比较。商务交往中不要涉及宗教信仰、性问题或批驳对方的政见,以免引起误解和争执。加拿大人忌讳送白色百合花,忌讳"13"和"星期五"。

【实训项目一】 美国和加拿大的商务谈判礼仪

1. 实训目标:掌握美国、加拿大的商务谈判礼仪,提高礼仪素养。

2. 实训地点:礼仪实训室。

3. 实训准备:会议桌椅、名片、合同文件样本、签字笔、国旗、茶水、电脑、摄像机、照相机、投影设备、扩音设备等。

4. 实训方法:角色扮演法。教师提供实训背景——两位美国客户来到杭州某照明器材公司,就照明器材的采购业务进行洽谈,由中方副总经理、业务部经理、业务部主管以及办公室秘书四位人员负责接待美国客户。通过两轮谈判,最终达成合作协议。教师将学生实训过程录像并播放,请全体学生进行点评。完成一轮演练后,可将美国替换成加拿大,进行新一轮实训。

5. 训练总结:通过训练,我的收获是_____。

表8-6　商务谈判礼仪(一)

	评价项目与内容	标准分	扣分	实得分
商务谈判礼仪(中方)	仪容仪表符合商务礼仪规范	10		
	迎接客户,符合商务会面的礼仪规范	10		
	谈判之初,认真听取对方谈话,细心观察对方举止表情,并适当给予回应	10		
	熟练掌握合作项目的有关信息	5		
	报价明确无误,态度开诚布公	10		
	磋商过程中保持风度,心平气和,求同存异	10		
	灵活、妥善处理谈判中的冷场	5		
	恪守信用,不欺蒙对方	5		
	注重实效,不过度委婉、含蓄	5		
	谈判过程体态良好,手势正确,表情合宜,保持适度眼神交流	5		
	签约过程符合礼仪规范	10		
	能熟练使用英语进行商务谈判	10		
	未触犯对方礼仪禁忌	5		
评价	总分	100		

表8-7　商务谈判礼仪(二)

	评价项目与内容	标准分	扣分	实得分
商务谈判礼仪(美方)	仪容仪表符合商务礼仪规范	10		
	宾主相见,符合商务会面的礼仪规范	10		
	谈判之初,认真听取对方谈话。	10		
	磋商过程中保持风度,心平气和,求同存异	10		
	熟练掌握合作项目的有关信息	10		
	灵活、妥善处理谈判中的冷场	10		
	恪守信用,不欺蒙对方	10		
	注重实效,不过度委婉、含蓄	10		
	谈判过程体态良好,手势正确,表情合宜,保持适度眼神交流	5		
	签约过程符合礼仪规范	10		
	未触犯对方礼仪禁忌	5		
评价	总分	100		

【实训项目二】 美国和加拿大的商务馈赠礼仪

1. 实训目标：掌握美国、加拿大的商务馈赠礼仪，提高礼仪素养。

2. 实训地点：礼仪实训室。

3. 实训准备：各类礼品和包装纸、摄像机、照相机、投影设备、扩音设备。

4. 实训方法：角色扮演法。教师提供实训背景——拜会美国商业伙伴，并赠送礼物。扮演中方商务人员的学生从各类礼品中挑选礼物并进行包装。扮演美国客户的学生，应事先了解美国人的商务馈赠礼仪。通过挑选和包装礼物、见面、交谈、送（收）礼等过程演练，掌握美国商务馈赠的礼仪和禁忌。教师将学生实训过程录像并播放，请全体学生进行点评。完成一轮演练后，可将美国替换成加拿大，进行新一轮实训。

5. 训练总结：通过训练，我的收获是＿＿＿＿＿＿＿＿＿＿＿＿＿＿＿＿＿＿＿＿＿。

表 8-8　商务馈赠礼仪

	评价项目与内容	标准分	扣分	实得分
商务馈赠礼仪	仪容仪表符合商务礼仪规范	20		
	礼物的选择合乎规范，没有触犯禁忌	20		
	礼品的包装合乎规范，没有触犯禁忌	20		
	递呈礼物时，体态良好，手势正确，表情合宜	25		
	递呈礼物时，使用恰当的语言	15		
评价	总分	100		

【案例分析 8-3】

一天，两位美国客户来到杭州某照明器材有限公司参观并进行商务洽谈。这两位美国客户是大客户，该公司副总经理、业务部经理和主管亲自出来迎接。美国客户到达公司的时候正好是午饭时间，中方人员事先对美国人直截了当的方式有所了解，所以公司副总经理很有礼貌地问："现在是午饭时间，你们想先用午餐吗？"而美国客户却回答说："不是很饿，随便。"其实美方客户这时候已经很饿了，但他们到中国之前也了解过，中国人的表达方式通常比较间接、委婉，所以他们就说"随便"。结果，两位美国客户饥肠辘辘地跟着热情的中方人员参观了公司。

请讨论：在这种情况下，双方应该怎么做，才能让对方了解自己的真实意图？

第四节　拉丁美洲主要国家商务礼仪

拉丁美洲，简称拉美（英文名为 Latin America），由以巴拿马运河为界限的中美洲和南美洲组成，通常指称美国以南的美洲大片以罗曼语族语言作为官方语言或者主要语言的地区。因为罗曼语族衍生于拉丁语，拉丁美洲由而得名。拉丁美洲自然资源丰富但经济水平较低。本区居民主要以农业生产为主。工业以初级加工为主,除了巴巴多斯,本区国家均为发展中国家,贫富差距较大。

拉美地区是世界上人口增长较快的地区之一,但人口分布极不均衡,主要集中分布于西印度群岛、巴西东部和阿根廷沿海,自然条件差的雨林地区人口稀少。城市发展进程较快,人口密集。拉美地区人口的民族——种族构成极为复杂,他们源自当今人类的所有3大基本种族,即蒙古利亚人种、欧罗巴人种和尼格罗-澳大利亚人种,但真正属于这3个人种的纯血统居民已为数不多,半数以上是上述3个人种的混血种人。此外,还有相当数量的日本人印度人华人以及亚洲其他民族的移民。

拉丁美洲国家语言种类较多,主要有西班牙语、葡萄牙语、英语、法语、荷兰语以及多种印第安语等,其中西班牙语是大部分国家的官方语言。主要宗教信仰为天主教。拉美国家的人喜爱美食和音乐,重视家庭生活,热情好客,彬彬有礼。商务交往中,拉美人喜欢真正地去了解他们的生意伙伴,因此谈判过程会很漫长。女性的主要任务是照顾家庭,较少参与商业活动。

一、墨西哥

(一)概况

墨西哥合众国(英文名为 The United States of Mexico),北部与美国接壤,国土面积约197.3万平方千米,墨西哥气候复杂多样,沿海和东南部平原属热带气候,内陆地区为大陆性气候,境内多为高原地形,冬无严寒,夏无酷暑,享有"高原明珠"的美称。墨西哥位于西五时区,每年4月第一个星期日开始至10月最后一个星期日期间实行夏令时。实行夏时制期间比北京时间晚13个小时,非夏时制比北京时间晚14个小时。

墨西哥是拉美经济大国,世界重要的矿业生产国,拥有现代化的工业与农业。墨西哥是一个自由市场经济体,私有经济比重处于大幅提升时期。1994年北美自由贸易区建立后,墨西哥与美国的贸易和投资往来迅速增加。

墨西哥实行总统共和制。总统是国家元首和政府首脑,政府分为经济、安全与司法、人文发展三部分。

墨西哥人口约为1.24亿,在拉丁美洲仅次于巴西,印欧混血种人约占60%,印第安人后裔约占30%,欧洲人后裔约占9%。官方语言为西班牙语,另有7%左右的人讲印第安语。绝大多数居民信奉天主教,少数人信奉基督教新教或其他宗教。墨西哥是一个民族大熔炉,历届政府对印第安民族采取一体化政策,积极促进民族融合。

墨西哥是美洲大陆印第安人古老文明中心之一,玛雅文化、托尔特克文化和阿兹特克文化闻名于世。墨西哥有"玉米的故乡"之称以及"仙人掌的国度"、"白银王国"、"浮在油海上的国家"等美誉。

墨西哥国徽为一只展翅的雄鹰嘴里叼着一条蛇,一只爪抓着蛇身,另一只爪踩在从湖中的岩石上生长出的仙人掌上,描绘了墨西哥人的祖先阿兹特克人建国的历史。国花是仙人掌,象征着墨西哥民族及其顽强的斗争精神。

（二）服饰礼仪

日常生活中,墨西哥人穿着打扮兼具浓厚的民族特色和现代化气息。工作或商务活动场合,男士穿着深色西服套装、打领带,女士穿着套裙或连衣裙。

（三）会见礼仪

商务会面必须提前预约,并且在到达前一周再次确认。请一位当地有关系的人作为中间人,尽可能与企业的中高层人士建立联系。墨西哥人的时间观念不强,迟到现象比较普遍,但在商务活动中,作为外国人,仍应保持守时。非正式的聚会、晚宴等可迟到半个小时至一个小时。赴约之前,不妨向墨西哥主人询问一下是否需要准时到场。7、8、12 月以及圣诞节和复活节前后两星期,不宜拜访。

墨西哥人在社交场合最常用的礼节是微笑和握手礼,与熟人或亲朋好友之间行拥抱礼和亲吻礼。头衔很重要,可以直接使用头衔称呼对方,如教授、医生,只有非常熟悉的人才称呼名字。没有职业头衔的人,则称呼先生、夫人或小姐加上他们的姓氏。

墨西哥人热情好客,交谈时,身体距离很近且有很多肢体接触,如果刻意与对方拉开距离,会被认为是不友好的表示。

（四）宴会礼仪

墨西哥人热情好客,请客吃饭是常用的社交方式。应邀赴宴应迟到 15 至 30 分钟。墨西哥人以嗜酒闻名于世,"无酒不成席"的传统与我国十分相似。如果应邀到墨西哥人家里做客,则不宜谈论生意,应该趁此机会认识他的家里人,巩固双方的个人关系。墨西哥人口味偏辣,尤其喜爱我国的川菜,但不喜欢油腻的菜品和用牛油烹调的菜肴,也不愿意吃用鸡油做的点心。

（五）商务谈判礼仪

墨西哥人性格随和,很好相处,但不会轻易许下诺言。办事慢条斯理,效率比北美或欧洲国家低,需要具备足够的耐心。墨西哥是注重等级的社会,商务谈判应在职位对等的人之间进行。在商务谈判中,他们表现沉着稳重,认真谨慎,精打细算,因此在价格上要留有余地以便谈判。

在墨西哥从事商务活动,建立良好的个人友谊和相互信任的关系是取得成功的基础。因此,要重复多次拜访,行程结束后也要保持联系。

虽然许多墨西哥人会说英语,但如果能使用西班牙语进行交流,会使谈判过程更加顺畅。比较明智的做法是请一个可信的、语言流利的翻译。

（六）商务馈赠礼仪

一般的商务环境下,不需要送礼物。但如果准备一些小礼品,如带有公司徽标的精致礼品会受到欢迎。可象征性地为秘书送一份小礼物(如丝巾、香水),但如果男性给女秘书送礼则需要申明这是代表他的妻子送的。

（七）商务禁忌

墨西哥人认为紫色不吉利，因此不能送紫色类的物品或以紫色包装的礼品，也要避免穿紫色系的衣服拜访商务伙伴。黄色花表示死亡，红色花表示符咒，也忌讳蝙蝠及其图案和艺术造型，应尽量避免使用。墨西哥与美国的战争、非法移民等问题是禁忌话题。女性很少在商务场合出现，因此，外国女性商人一般不宜单独邀请商务伙伴参加宴请。墨西哥人绝大多数信奉天主教，忌讳"13"、"星期五"。墨西哥人忌讳用中国人惯用的手势来比画小孩的身高，认为那是侮辱人的手势。

二、巴西

（一）概况

巴西联邦共和国（英文名为 The Federative Republic of Brazil），国土总面积 854.74万平方千米，是南美洲最大的国家，居世界第五。大部分地区处于热带，北部为热带雨林气候，中部为热带草原气候，南部部分地区为亚热带季风性湿润气候。巴西位于西三区，首都巴西利亚当地时间比北京时间晚 11 个小时。

巴西拥有丰富的自然资源和完整的工业基础，国内生产总值位居南美洲第一，是世界第七大经济体，金砖国家之一、20 国集团成员国。全球发展最快的国家之一，是重要的发展中国家之一。

巴西总人口 2.02 亿，由于历史原因，巴西人口的种族构成十分复杂，种族和文化差异显著。白种人占 53.74％，黑白混血种人占 38.45％，黄种人多来自日本、朝鲜和中国。巴西约有 130 万日本人，25 万华人。巴西的官方语言为葡萄牙语。大多数人信奉天主教，少部分人信奉基督教新教、犹太教以及其他宗教。巴西的文化具有浓郁的拉美特色，极具风情，在音乐舞蹈方面都有十分不同的表现。足球是巴西人文化生活的主流运动，享有"足球王国"的美誉。

巴西国徽中间突出一颗大五角星，象征国家的独立和团结。大五角星内的蓝色圆面上有五个小五角星，代表南十字星座；圆环中有 27 个小五角星，代表巴西各州和联邦区。大五角星周围环绕着用咖啡叶和烟草叶编织的花环，背后竖立一把剑，剑柄在五角星下端。绶带上用葡萄牙文写着"巴西联邦共和国"，"1889 年 11 月 15 日（共和国成立日）"。巴西国花毛蟹爪兰，巴西曾将此花馈赠给中国，丰富了中国兰花珍品。

（二）服饰礼仪

巴西是热带国家，日常生活中男子穿短裤衬衫，女子穿颜色艳丽的裙装。但在正式场合，穿着十分考究，而且主张在不同的场合里，着装应当有所区别。在重要的商务活动中，男子宜穿保守的深色西服、打领带，女子着套裙。

（三）会见礼仪

商务会面至少要提前两周预定，最好约在办公室会晤。巴西狂欢节期间（一般为每年二月中旬或下旬)应尽量避免进行商业交易。像大多数拉丁国家的人一样,巴西人的时间观念不强,迟到1~2个小时也无须大惊小怪。但里约热内卢和圣保罗的商人很注重效率,也很守时。作为外国人,仍应保持守时。如果是参加宴会,则最好比约定的时间晚10~15分钟。巴西人热情奔放,情绪外露,问候的方式也热情洋溢。初次见面行握手礼,赠送名片,名片最好印刷简洁但必须质地较好、印刷精美。一旦建立友谊,就可施拥抱礼或亲吻礼。会面结束离开时,应与在场的每一个人握手道别。巴西人习惯使用头衔称呼,如教授、博士,有时候他们甚至在自我介绍的时候也会使用头衔加名字的方式。也可以使用先生、夫人加姓氏尊称。巴西人交谈时,身体距离非常接近,并且保持肢体接触,如拍打手臂或肩膀。适于谈论的话题有足球、笑话、趣闻等。

（四）宴会礼仪

巴西人用餐惯以欧式西餐为主,讲究菜肴量少而精,注重菜肴的营养成分,偏爱麻辣口味。喜欢饮用葡萄酒、香槟酒、桂花陈酒,也爱品尝中国的茅台酒,但一般酒量都不大。

巴西的餐桌礼仪不像欧洲那么严格,表示用餐完毕应把餐具水平放在盘子上面。巴西人认为用手和手指直接接触食物"不干净",比萨和汉堡通常都使用刀叉。尽量避免在餐桌上谈业务。

巴西有"咖啡王国"之称,对咖啡的偏好类似于中国人饮茶。他们乐于品尝中国菜肴,尤其喜欢川菜。

（五）商务谈判礼仪

在巴西,想要建立强大的关系网络,需要承诺长期的投入(包括时间和金钱)。巴西人通常通过私人关系开展业务,并希望建立长期关系。开展商务活动要有充分的耐心,巴西人的工作效率不如北美人那么高,但切不可用咄咄逼人的业务态度催促他们。会面时,切不要一开始就讨论商业事务,除非你的主人先开始谈。巴西人是有名的"难对付的杀价高手",谈判风格直率,但谈判过程可能非常漫长,并伴随大量的社交活动,因此,要预留足够的时间,并在报价时留足余地。巴西人非常健谈,在整个谈判过程中,要尽量避免沉默。巴西人很重视亲笔签名,无论写信、便条等,都要郑重地签下自己的名字,以表示尊重和礼貌。

（六）商务馈赠礼仪

送礼最好选择商务会谈之后,气氛轻松的时候。小型的电子产品、CD、名牌钢笔等是非常受欢迎的礼物。不宜向其赠送手帕或刀。如果受邀去巴西人家里做客,说明你已经和他建立了良好的个人关系,可携带糖果、巧克力、鲜花、香槟或苏格兰威士忌作为礼物,尤其记得给家里的孩子们带礼物。巴西人接受礼物时,习惯当面打开礼物,向送礼人致谢,再收下。不要特别赞赏巴西人家里的任何一件东西,否则他们将坚持送给你,而且你必须接受。在巴西人家里做客后的第二天,应托人给女主人送一束鲜花或一张致谢的便条。巴西人忌讳紫色,紫色在巴西是死亡的象征,因此切勿送紫色的鲜花。

（七）商务禁忌

巴西人大多数信奉天主教,忌讳数字"13"和星期五。巴西人忌讳棕色、紫色、黄色和深咖啡色。巴西人虽生性开朗,但交谈中仍应避开涉及当地民族、宗教和政治的话题。OK手势在巴西被认为是粗俗和猥亵的手势,他们忌用拇指和食指连成圆圈,并将其余三指向上伸开。此外,墨西哥人忌讳使用中国人惯用的手势来比画小孩子头部的位置。

【实训项目】

1. 实训目标:掌握墨西哥等相关国家的商务谈判礼仪,提高礼仪素养。

2. 实训地点:礼仪实训室。

3. 实训准备:会议桌椅、名片、合同文件样本、签字笔、国旗、茶水、电脑、摄像机、照相机、投影设备、扩音设备等。

4. 实训方法:角色扮演法。教师提供实训背景——作为卖方,前往墨西哥与客户进行商业谈判。扮演中方商务人员的学生进行个人仪表准备和谈判文件准备。扮演墨西哥客户的学生,应事先了解墨西哥人的谈判风格。通过模拟谈判,进一步掌握墨西哥人的谈判风格、谈判方式和注意事项。教师将学生实训过程录像并播放,请全体学生进行点评。完成一轮演练后,可将墨西哥替换成巴西等国,进行新一轮实训。

5. 训练总结:通过训练,我的收获是_____。

表8-9　商务谈判礼仪(三)

	评价项目与内容	标准分	扣分	实得分
商务谈判礼仪(中方)	仪容仪表符合商务礼仪规范	10		
	谈判人员安排合理,与对方职位对等	5		
	迎接客户,符合商务会面的礼仪规范	5		
	谈判之初,认真听取对方谈话,细心观察对方举止表情,并适当给予回应	5		
	熟练掌握合作项目的有关信息	10		
	报价明确无误,并保持一定的灵活性	10		
	磋商过程中保持风度,心平气和,求同存异	10		
	灵活、妥善处理谈判中的冷场	10		
	恪守信用,不欺蒙对方	5		
	尊重对方,不催促对方	5		
	谈判过程体态良好,手势正确,表情合宜,保持适度眼神交流	5		
	签约过程符合礼仪规范	5		
	能熟练使用英语进行商务谈判	10		
	未触犯对方礼仪禁忌	5		
评价	总分	100		

表8-10 商务谈判礼仪(四)

	评价项目与内容	标准分	扣分	实得分
商务谈判礼仪(墨西哥方)	仪容仪表符合商务礼仪规范	10		
	宾主相见,符合商务会面的礼仪规范	10		
	谈判之初,认真听取对方谈话	10		
	磋商过程中保持风度,心平气和,求同存异	10		
	熟练掌握合作项目的有关信息	10		
	灵活、妥善处理谈判中的冷场	10		
	恪守信用,不欺蒙对方	10		
	注重实效,不过度委婉、含蓄	10		
	谈判过程体态良好,手势正确,表情合宜,保持适度眼神交流	5		
	签约过程符合礼仪规范	10		
	未触犯对方礼仪禁忌	5		
评价	总分	100		

✍【案例分析8-4】

上海一家家具企业的总经理杨成光等一行5人,赴墨西哥拜访商务合作伙伴 Miguel Lucas Anaya Antonio 先生。双方之前的合作非常愉快,彼此建立了良好的个人关系。到达墨西哥以后,杨总经理受 Lucas 先生邀请到他家里做客。杨总经理看到 Lucas 先生7岁的小儿子非常可爱,就摸着他的脑袋,习惯性地比画着说:"你的儿子都这么大了,有多高啊?"结果,Lucas 先生和太太都面露不悦之色。

请讨论:杨总经理的举止有何不妥? 墨西哥人有哪些禁忌?

主要参考文献

[1] 吴必达. 成功企业如何管人[M]. 北京:企业管理出版社,2000.

[2] 孙正淇等. 社交礼仪艺术[M]. 北京:中国书籍出版社,2000.

[3] 刘跟科等. 社交礼仪[M]. 北京:中国商业出版社,2000.

[4] 刘桦. 销售语言与服务礼仪[M]. 北京:高等教育出版社,2002.

[5] 杨眉. 现代商务礼仪[M]. 大连:东北财经大学出版社,2000.

[6] 刘毅正. 实用礼仪大全[M]. 呼和浩特:内蒙古:出版社,2001.

[7] [美]简·亚格尔. 商务礼仪[M]. 北京:原子能出版社,2001.

[8] 刘桦. 商业礼仪[M]. 北京:高等教育出版社,2001.

[9] 何明效. 双赢谈判[M]. 北京:机械工业出版社,2003.

[10] 王刚. 这样社交最有效[M]. 北京:九州出版社,2003.

[11] 徐锐. 现代社交礼仪必读[M]. 济南:济南出版社,2004.

[12] 董枉英. 公关礼仪教程[M]. 南京:东南大学出版社,2003.

[13] 熊金浴. 现代实用社交礼仪[M]. 北京:金盾出版社,2003.

[14] 金正昆. 社交礼仪教程[M]. 北京:中国人民大学出版社,1998.

[15] 秦启文. 现代公关礼仪[M]. 重庆:西南师大出版社,1995.

[16] 张敬慈. 公关礼仪[M]. 成都:四川大学出版社,1995.

[17] 杨继明. 实用公关礼仪[M]. 深圳:海南国际新闻出版中心,1997.

[18] 李正仪. 实用礼仪大全[M]. 呼和浩特:内蒙古人民出版社,1998.

[19] 罗列杰. 公务礼仪[M]. 深圳,海天出版社,2003.

[20] 王兮,侯安继. 现代人营销商务交往与健康[M]. 武汉:武汉大学出版社,2002.

[21] 张先亮. 交际文化学[M]. 上海:上海文艺出版社,2003.

[22] 张倩. 社交礼仪[M]. 北京:金城出版社,2003.

[23] 王宗歧. 人人都能成为交际高手[M]. 北京:海潮出版社,2002.

[24] 周朝霞. 人际关系与公共礼仪[M]. 杭州:浙江大学出版社,2003.

[25] 刘晓清. 现代营销礼仪[M]. 大连:东北财经大学出版社,2001.

[26] 秦启文. 现代公关礼仪[M]. 重庆:西南师大出版社,1995.

[27] 黄庆杰,吴琼. 成功者礼仪全书[M]. 北京:中国华侨出版社,2002.

[28] 常建坤等. 现代礼仪教程[M]. 天津:天津科学技术出版社,2002.

[29] 邱伟光,罗国振. 公共关系实务[M]. 上海:东方出版中心,1997.

[30] 张玉平. 现代礼仪[M]. 北京:东方出版社,1998.

[31] 赵景卓. 公关礼仪[M]. 北京:中国财政经济出版社,1995.

[32] 董一飞. 社交礼仪[M]. 沈阳:辽宁大学出版社,1996.

［33］赵修琴，代凯军.中国民俗礼仪婚丧喜庆对联大全［M］.北京：民族出版社，2000.

［34］林可行.嘉典［M］.内蒙古：内蒙古文化出版社，1999.

［35］张百章.公关礼仪［M］.沈阳：东北财经大学出版社，2005.

［36］金正昆.商务礼仪教程［M］.北京：中国人民大学出版社，2003.

［37］何伶俐.商级商务礼仪指南［M］.北京：企业管理出版社，2003.

［38］张百章.公共关系原理与实务［M］.大连：东北财经大学出版社，2003.

［39］潘薇.公关礼仪［M］.北京：中国经济出版社，1998.

［40］任越.公民礼仪学［M］.北京：中国矿业大学出版社，1996.

［41］谷敏，高云生.社交礼仪［M］.北京：中国农业出版社，1994.

［42］段国富，曲丽萍.体育与健康［M］.北京：化学工业出版社，2003.

［43］玺璺.社交心理自测［M］.广州：广州出版社，2004.

［44］甘华，李湘华.沟通［M］.北京：中国国际广播出版社，2001.

［45］覃琥云，张艳平.人际沟通［M］.北京：科学出版社，2003.

［46］［英］克里斯·罗巴克.有效沟通［M］.北京：中国社会科学出版社，2001.

［47］何浩然.中外礼仪［M］.大连：东北财经大学出版社，2002.

［48］潘薇.公关礼仪［M］.北京：中国经济出版社，1998.

［49］朱立安.国际礼仪［M］.广州：南方日报出版社，2000.

［50］陆永庆.旅游交际礼仪［M］.大连：东北财经大学出版社，2001.

［51］司马怡然.形象魅力学［M］.北京：中国戏剧出版社，1999.

［52］何伶俐.高级商务礼仪指南［M］.北京：企业管理出版社，2003.

［53］赵景卓.公关礼仪［M］.北京：中国财政经济出版社，1998.

［54］李柳缤.商务礼仪［M］.北京：中国商业出版社，1995.

［55］黄馨仪.商业礼仪［M］.北京：中国轻工业出版社，1999.

［56］关彤.商务礼仪手册［M］.北京：中国社会出版社，1999.

［57］张蓝.MPA礼仪手册［M］.北京：中国商业出版社，2002.